统计学领域
本科教育教学改革试点
工作计划("101 计划")
研究成果

高等学校统计学类专业人才培养战略研究报告暨核心课程体系

统计学领域本科教育教学改革试点
工作计划工作组　组编
陈松蹊　王兆军　主编

图书在版编目（CIP）数据

高等学校统计学类专业人才培养战略研究报告暨核心课程体系 / 统计学领域本科教育教学改革试点工作计划工作组组编；陈松蹊，王兆军主编. -- 北京：高等教育出版社，2025.7. -- ISBN 978-7-04-064879-9

Ⅰ.C8

中国国家版本馆CIP数据核字第2025DM9464号

Gaodeng Xuexiao Tongjixuelei Zhuanye Rencai Peiyang Zhanlüe Yanjiu Baogao ji Hexin Kecheng Tixi

策划编辑	张晓丽	责任编辑	张晓丽	封面设计	王凌波	版式设计	徐艳妮
责任绘图	裴一丹	责任校对	刁丽丽	责任印制	赵义民		

出版发行	高等教育出版社	网　　址	http://www.hep.edu.cn	
社　　址	北京市西城区德外大街4号		http://www.hep.com.cn	
邮政编码	100120	网上订购	http://www.hepmall.com.cn	
印　　刷	三河市春园印刷有限公司		http://www.hepmall.com	
开　　本	787mm×1092mm 1/16		http://www.hepmall.cn	
印　　张	24.75			
字　　数	540千字	版　　次	2025年7月第1版	
购书热线	010-58581118	印　　次	2025年7月第1次印刷	
咨询电话	400-810-0598	定　　价	78.00元	

本书如有缺页、倒页、脱页等质量问题，请到所购图书销售部门联系调换
版权所有　侵权必究
物　料　号　64879-00

本书编委会

主　编：陈松蹊　王兆军

编　委：（按姓氏拼音排序）

常晋源　陈松蹊　邓　柯　房祥忠
冯兴东　黄　达　荆炳义　李　扬
刘民千　刘卫东　刘玉坤　平卫英
宋旭光　唐年胜　王学钦　王兆军
席瑞斌　杨宇红　姚　方　郁　文
张志华　郑术蓉　钟　威　周　勇
朱利平　朱力行　邹长亮

前　言

"101 计划"是教育部统筹推进的教育教学改革试点工程，整合了顶尖高校、一流师资及知名出版单位等多方优质资源，旨在以课程、教材、师资与实践项目等基础要素的建设为核心抓手，全面带动教育教学系统的深层次变革。2021 年 11 月，教育部决定在部分高校实施计算机领域本科教育教学改革试点工作；2023 年 4 月，在北京大学举办基础学科系列"101 计划"工作启动会；2024 年 8 月，决定启动统计学"101 计划"。

2024 年 11 月，统计学"101 计划"启动会在清华大学举行。会议初步确定用两年时间完成统计学科的核心课程建设，使其成为中国统计与数据科学学科建设、人才培养、教育改革的一个参照系，并积极推动人工智能的统计学基础的系统梳理。

统计学"101 计划"是数据科学时代深化我国统计学教育教学改革，加强统计学科核心要素建设，提升统计学人才培养质量的重大关键战略举措。该项目的核心在于面向"数字中国"建设和国家人工智能战略，以本科教学改革为抓手，着力打造 13 门核心课程，据此建设好兼具"世界一流、中国特色、101 风格"的系列优秀教材，并同步推动高水平师资团队以及核心实践项目的建设，以统计学"新质生产力"驱动统计学科高质量发展，切实提升我国统计学高等教育教学水平。

为了统筹规划和顺利推进统计学"101 计划"的实施，统计学"101 计划"由清华大学陈松蹊院士牵头，邀请 17 位国内外著名学者组成专家团队，担任教材编写指导专家；并组建了综合协调工作组、课程建设工作组、教材建设工作组以及实践项目工作组，各司其职，同步推进"四个一流"建设；16 所参与高校的 24 位知名专家共同牵头完成 13 门核心课程体系和核心教材体系的建设。教材编写人员汇聚了国内统计学领域具有丰富教学经验与顶尖学术水平的教师力量，在课程与教材体系建设中，充分借鉴国际先进做法和宝贵经验，为培养未来能在基础研究与应用领域实现突破的创新型领军人才做有力支撑。

本书在教育部高等教育司的指导下，由统计学"101 计划"工作组统一协调编写完成，是统计学"101 计划"快速有效推进的典型成果，可作为国内相关高校统计学类专业建设和课程建设的参考。本书共分为三个部分：

第一部分"高等学校统计学类专业人才培养战略研究报告"，主要从统计学类专业学科概况、统计学类专业人才培养需求和国内外高校统计学类专业教育教学比较三个方面，较为系统地整理了国内统计学学科布局、人才培养举措、人才需求等方面的现状，并对国内外统计学类专业课程设置、教学方法等进行对比分析。最后，全面介绍了统计学"101 计划"的基本情况。

前言

第二部分"高等学校统计学类专业核心课程体系",详细介绍了统计学"101 计划"13 门核心课程的建设内容,包括课程定位、课程目标、课程设计、课程知识点以及课程英文摘要等,给出了每门课程的知识模块和重要知识点,以及知识点间的关联。

第三部分"高等学校统计学类专业人才培养方案",汇编了 16 所参与统计学"101 计划"高校的统计学类本科专业的培养方案和教学计划,以促进参与高校之间的相互交流和借鉴,同时可为其他相关院校的教师和学生参考。

本书第一部分由房祥忠负责执笔,陈松蹊进行了审核。第二部分由 13 门核心课程建设负责人在指导专家的跟踪指导下,与参与建设的教师共同完成,由秘书处整理和审核。第三部分由参与高校负责提供,由陈松蹊、王兆军进行了审核。

致谢

感谢教育部高等教育司领导的悉心指导、国家统计局统计教育中心的帮助。感谢 16 所参与统计学"101 计划"高校的关心和帮助,他们在提供各高校的统计学类专业培养方案的同时,还对参与课程建设的教师给予人力物力的支持。尤其感谢 17 位指导专家,他们在百忙之中多次组织会议为各门课程知识点的内容和结构顺序提供了宝贵的意见。感谢清华大学教务处等相关部门对统计学"101 计划"的多方面协助。

最后要感谢高等教育出版社的领导和各位编辑老师给予的大力支持。

由于内容较多、时间紧迫,难免会有疏漏,敬请各位读者批评指正。

本书编写组

2025 年 4 月

目　录

第一部分　高等学校统计学类专业人才培养战略研究报告 ··· 1
    1. 统计学类专业学科概况 ··· 2
    2. 统计学类专业人才培养需求 ··· 11
    3. 国内外高校统计学类专业教育教学比较 ·· 13
    4. 统计学"101 计划"简介及建设进展 ·· 20

第二部分　高等学校统计学类专业核心课程体系 ··· 25
    统计推断（Statistical Inference）··· 26
    多元统计分析（Multivariate Statistical Analysis）······································· 33
    非参数统计（Nonparametric Statistics）·· 42
    回归分析（Regression Analysis）··· 49
    数据抽样与试验设计（Data Sampling and Experimental Design）················ 56
    时间序列分析（Time Series Analysis）··· 62
    贝叶斯统计（Bayesian Statistics）·· 68
    统计机器学习（Statistical Machine Learning）·· 76
    统计计算（Statistical Computing）·· 80
    人工智能的统计基础（Statistical Foundation for AI）································· 88
    数据科学导论（Introduction to Data Science）·· 93
    生物统计（Biostatistics）·· 101
    经济统计（Economic Statistics）··· 109

第三部分　高等学校统计学类专业人才培养方案 ··· 117
    清华大学　统计学专业培养方案（2025 级）··· 118
    北京大学　统计学专业培养方案（2024 级）··· 126

I

目录

生物统计学专业培养方案 (2024 级) ·············· 134
中国人民大学　统计学专业培养方案 (2024 级) ·············· 143
　　　　　　　应用统计学专业培养方案 (2024 级) ·············· 156
　　　　　　　统计学(统计与数据科学)拔尖班培养方案 (2024 级) ·············· 169
华东师范大学　统计学专业培养方案 (2024 级) ·············· 180
厦门大学　统计学专业培养方案 ·············· 197
东北师范大学　统计学专业培养方案 (2020 级) ·············· 208
南开大学　统计学专业培养方案 (2024 级) ·············· 233
　　　　　数据科学专业培养方案 (2024 级) ·············· 243
北京师范大学　统计学专业培养方案 (2024 级) ·············· 253
　　　　　　　应用统计学专业培养方案 (2024 级) ·············· 263
中国科学技术大学　统计学专业培养方案 (2023 级) ·············· 274
复旦大学　统计学(统计与数据科学)本科培养方案 (2025 级) ·············· 279
江西财经大学　应用统计学专业培养方案 (2024 级) ·············· 288
　　　　　　　数据科学专业培养方案 (2024 级) ·············· 307
上海财经大学　统计学专业实验班培养方案 (2024 级) ·············· 324
上海交通大学　统计学专业培养方案 (2023 级) ·············· 341
云南大学　统计学专业培养方案 ·············· 350
西南财经大学　统计学专业培养方案 (2024 级) ·············· 362
南方科技大学　统计学专业培养方案 (2024 级) ·············· 371

附录 ·············· 379

附录Ⅰ　统计学"101 计划"专家组成员名单 ·············· 380
附录Ⅱ　统计学"101 计划"工作组成员名单 ·············· 381
附录Ⅲ　核心课程体系建设负责人名单及分工表 ·············· 382
附录Ⅳ　16 所建设高校名单 ·············· 383

第一部分
高等学校统计学类专业人才培养战略研究报告

第一部分分析了统计学类专业国内外学科布局、人才培养模式和人才需求，对比了统计学类专业国内外课程体系的差异，最后介绍了"101计划"的建设目标和工作进展。

1. 统计学类专业学科概况

1.1 国内统计学学科与教育的发展

统计学兼具基础性、交叉性和应用性，是一个有特色的学科。按照流行的定义，统计学是关于收集数据、整理数据、分析数据、获得规律并指导实践的科学。统计学所研究的数据是由来源很广的随机现象产生的，可能来自人类行为、自然现象和科学试验的观测和记录，因此统计学具有天然的交叉和应用属性。统计学的思想和理论基于人类经验和严格的数理基础，它是现代科学研究和实践活动的重要基础思想。在生物医学以及大健康领域，统计思想方法的运用是必不可少的，新的医药和新的疗法都需要统计方法的充分论证。在经济和社会学领域，统计学也是一个重要的工具，经济规律的分析，政策措施的评价，都需要统计分析方法。在复杂的物理和化学试验中，数据分析是得到结论的重要手段。随着数据的采集越来越方便，数据的存储越来越便宜，统计学的重要性越来越被人们所认知。在大数据和人工智能飞速发展的今天，统计学发挥着越来越大的作用。为提升国家的竞争力并满足社会发展对统计人才的广泛需求，关键在于着力提高我国高校统计学类专业的本科生和研究生的培养质量。

统计学学科在我国的发展有一个演化过程，中国高等教育学科专业目录分类对于研究生教育和本科生教育是不同的。研究生学科专业目录分为学科门类、一级学科和二级学科三个层级，而本科生学科专业目录分为学科门类、学科类和专业三个层级。在中国高等教育的学科专业分类中，统计学学科的归属一直都在发生变化。

目前的统计学学科主要是由数理统计与经济统计两部分相关学科合并而成的。我们首先看研究生的专业目录变化。在1997年发布的关于研究生的《授予博士、硕士学位和培养研究生的学科、专业目录》中，在经济学学科门类下，有理论经济学和应用经济学两个一级学科。而统计学是应用经济学下的10个二级学科之一。而理学学科门类下有数学一级学科，概率论与数理统计是数学下的5个二级学科之一。而1997年之前的情况也基本如此。目前实行的是教育部2011年颁布的关于研究生的《学位授予和人才培养学科目录》，在理学学科门类下，第一次设立了统计学一级学科，并注明可授理学和经济学学位。由于统计学一级学科的设立，促进了经济统计与数理统计的交叉融合，很多优秀的教学团队和学术研究团队结合自身优势进一步优化组合，促进了统计学学科发展。值得一提的是，由于统计学一级学科的设立，也客观促进了应用统计专业硕士学位的实现，为满足国家大数据发展战略培养了一大批应用型大数据分析人才。

再来看本科的情况。在1998年之前，统计学相关本科专业设在数学学科下的"概率论与数理统计专业"和设在经济学学科下的"统计专业"。在1998年教育部发布的《普通高等学校本科专业目录》中，第一次在理学学科门类下设立了统计学类，下设了统计学专业，并注明可授理学或经济学学士学位。而在数学类和经济学类下不再设立统计学相关专业。在2012年颁布《普通高等学校本科专业目录（2012年）》中，在理学学科门类下仍然设立了统计学学科类，下面设有统计学和应用统计学两个专业，变化为只授理学学位。但同时在经济学学科类下增加了经济统计学专业，而数学类下没有再设任何统计学相关专业。在2012年目录的指引下，开办统计学类专业的学校明显增加。因为三个统计学相关专业的支撑，财经类高校统计学院招生数量明显增加，一般都会同时开设统计学、应用统计学和经济统计学三个本科专业。综合性院校、理工类院校和师范类学院一般选择开设统计学或应用统计学专业，虽然招生数增加量没有财经类高校明显，但无论是学校数量和招生人数总体具有上升趋势。

应用统计专业包含范围比较广，但不同的学校差别很大，有的学校在应用统计学专业下培养金融统计人才，有的学校培养医学、生物学统计人才，有的学校培养大数据方向人才。由于差别比较大，因此不利于国家部门和企事业用人单位进行识别和选拔人才。本着稳健发展和适应时代的要求，教育部于2022年批准从应用统计学专业中抽离出来增加了两个新的专业。一个是以培养人工智能和大数据分析人才为主的数据科学专业，另一个是以培养医学、生物学数据分析人才为主的生物统计学专业。等待条件成熟之后，期望再设立以培养具有解决经济、金融和贸易中微观问题人才为主的商务统计学专业。

1.2 统计学学科发展人才培养需求

根据我们能够获得的数据，截止到2020年初中国大陆共有242个统计学专业，240个应用统计学专业，共计482个专业，其中属于部属高校的有72个，属于地方高校的有410个。在地方高校所办的410个专业中，安徽、山东和广东所办的统计学类专业个数最多，分别是32、31、30。中国大陆毕业生人数、招生人数和在校生人数从2001年到2018年都有了明显的增加。毕业生人数从2462人增加到16727人，招生人数从4971人增加到19926人，在校生人数从15145人增加到79922人，分别是原来的7倍、4倍和5倍。在全部理科生中的占比，三个比例都从3%~4%增加到6%~7%。在"十三五"期间，大陆新增10000个专业，撤销或停招6000个专业，在这样的大背景下，可见统计学无论是专业数还是学生数的增加都有明显的指标意义。

基于这18个年份的数据，我们建立回归方程进行了简单的统计分析并预测。如果按照目前的发展速度，预测出到2035年中国大陆毕业生人数、招生人数和在校生人数分别是32000人、37000人和145000人，大约是目前规模的1.8倍。虽然这个发展速度已经很快，但根据现有的对数据分析和人工智能人才的需求情况，这样的规模和发展速度远远不能满足社会发展对统计人才的旺盛渴求。还要进一步扩大规模，提升发展速度。

现阶段，我国的统计学学科进入了快速发展时期，科研水平和世界影响力逐年快速增长。在全球统计学专业文献中，我国科研产出占比不断提高，一些研究领域已达到或超越世界先进水平，在最顶尖的统计学期刊中，我国学者近年论文发文量稳居世界前列。

1.3 国内统计学学科布局

1.3.1 学科分类

我国高校研究生教育按"学科门类""一级学科""二级学科"三个层次来设置专业。1990年10月，国务院学位委员会和国家教育委员会(今教育部)联合发布《授予博士、硕士学位和培养研究生的学科、专业目录》，并于2022年发布修改版，包括14个学科门类、117个一级学科和67个专业学位类别。我国博士学位和硕士学位的授予、人才培养和学科分类有着紧密的关系，博士、硕士学位按照二级学科授予。按照该专业目录，统计学一级学科下可以授理学或经济学学位，经2024年调整后包括8个二级学科，统计学二级学科布局如表1.1所示。

表1.1 统计学一级学科、二级学科布局

一级学科	一级学科代码	二级学科名称
统计学	0714	数理统计学
		经济统计
		生物统计学
		统计机器学习
		金融统计与经济计量
		风险管理与精算学
		教育与心理统计学
		数据科学与统计应用

我国普通高等学校本科专业目录包含基本专业和特设专业。基本专业一般是指学科基础比较成熟、社会需求相对稳定、布点数量相对较多、继承性较好的专业。特设专业是满足社会经济发展特殊需求所设置的专业，在专业代码后加"T"表示。截至2022年底，统计学类共设置了4个专业，全国专业布点数超过500个。在传统的统计学、应用统计学专业基础上，根据学科发展规律和人才培养需求，增设了生物统计学和数据科学，开展跨学科和国家战略急需人才培养，如表1.2所示。

1. 统计学类专业学科概况

表 1.2　普通高等学校本科专业目录(2022 年)摘录

门类/专业类	专业代码	专业名称
理学/统计学类	071201	统计学
	071202	应用统计学
	071203T	数据科学
	071204T	生物统计学
经济学/经济学类	020102	经济统计学

国家自然科学基金统计学专业的申报方向涵盖了近年来统计学领域的主要发展方向，反映了当前统计学研究的热点和趋势。对于本科生和研究生的人才培养具有重要的意义，不仅有助于确定高等教育机构的教育内容和前瞻性，还对学生的研究兴趣引导起到了关键作用。国家自然科学基金主要用于资助自然科学基础研究和部分应用研究，发现和培养科技人才，促进科学技术进步和经济、社会发展。在 2024 年度国家自然科学基金委申请指南中，统计学专业申报方向集中于数学物理科学部，该学部继续加大力度支持以推进学科发展、促进原始创新、培养高水平研究人才和适应国家长期需求为主要目的的基础研究。此外，管理科学部管理科学与工程方向(G01)、经济科学方向(G03)、智能科学与智能制造方向(T02)以及生命科学与健康领域方向(T03)都有与统计学相关的申请方向。统计学相关的申请方向代码和申请方向如表 1.3 所示。

表 1.3　统计学相关的申请方向代码和申请方向

学科代码	学科方向	申请方向代码	申请方向
A04	统计与运筹	A0401	数据采样理论与方法
		A0402	统计推断与统计计算
		A0403	贝叶斯统计与统计应用
		A0404	大数据统计学
		A0405	连续优化
G01	管理科学与工程	G0105	管理统计理论与方法
		G0111	数据科学与管理
G03	经济科学	G0301	计量经济与经济统计
T02	智能科学与智能制造		
T03	生命科学与健康领域		

1.3.2 学科教育相关组织

下面介绍教育部高等学校统计学类专业教学指导委员会以及中国现场统计研究会、中国数学会概率统计分会、中国统计学会、中国统计教育学会、中国商业统计学会、全国工业统计学教学研究会等6个较有影响的统计学学术团体。

教育部高等学校统计学类专业教学指导委员会：教育部设立了高等学校统计学类专业教学指导委员会(以下简称统计学类专业教指委)。统计学类专业教指委是教育部组建并领导的指导高等学校统计学本科教育教学工作的最高专家组织。教指委接受教育部委托，开展统计学教育教学的研究、咨询、指导、评估、服务、制定标准、组织培训等工作，同时引领各高校进行专业建设、课程建设、教材建设、教学实验室建设和教学改革等。统计学类专业教指委定期召开会议，讨论统计学类专业的建设和发展，就"双万计划"和"双一流"建设展开讨论。统计学类专业教指委制定大学统计学类专业课程教学质量标准，组织大学统计学类课程教学师资培训、学术研讨和信息交流等活动。

中国现场统计研究会：中国现场统计研究会于1979年8月22日在北京科学会堂成立。中国现场统计研究会是在中国科协领导下，由我国热心于数理统计和科学管理工作的专业科技工作者自愿组成的具有公益性、群众性依法登记成立的学术团体，具备法人社团资格，是中国科协的组成部分，是发展我国应用统计科技事业的一支重要力量。该研究会宗旨是团结和组织致力于数理统计、管理科学及相关学科的科技工作者，促进应用统计学科的发展，促进应用统计的普及和发展，促进应用统计人才的成长和提高，促进应用统计在工农业、医药卫生、科学技术及经济等领域和社会科学中的应用，为社会主义精神文明建设和物质文明建设服务。目前有21个分会或专业委员会。

中国数学会概率统计分会：该分会是我国概率论和数理统计学工作者的群众性学术团体，是中国数学会的一个组成部分。分会的宗旨是团结全国的概率论和数理统计学工作者，进行本学科方面的国内和国际的学术交流，促进本学科在国民经济、科学技术和国防建设中的应用，提高本学科的研究和教学工作的水平，发现和扶持本学科方面的新生力量。

中国统计学会：中国统计学会成立于1979年11月10日，同年经国务院批准参加国际统计学会第42届会议，并被接纳为该会的团体会员。中国统计学会是由从事统计工作和开展统计科学研究的相关单位和个人自愿结成的全国性、学术性、非营利性社会组织。学会接受社团登记管理机关民政部和业务主管单位国家统计局的业务指导和监督管理。学会现有单位会员45个，分会12个。学会的宗旨是：以马克思列宁主义、毛泽东思想、邓小平理论、"三个代表"重要思想、科学发展观、习近平新时代中国特色社会主义思想为指导，贯彻"百花齐放、百家争鸣"的方针，研究统计科学理论和实践问题，提高我国统计科学水平，促进统计事业的发展，为建设有中国特色的社会主义现代化事业服务。

中国统计教育学会：中国统计教育学会成立于1990年7月，1992年11月经民政部批准注册登记，是国家统计局指导下的进行全国统计教育研究的学术性社会团体。中国统计教育学会以马克思列宁主义、毛泽东思想和建设有中国特色的社会主义理论为指导，坚持实事求是、理论联系实际和"百花齐放、百家争鸣"的方针，组织和团结全体会员及全国广大统计教育工作者，开展统计教育教学学术研究、经验交流和咨询服务活动，为提高统计教学水平、促进统计教育的改革和发展、培养适应我国社会主义现代化建设和现代统计工作需要的统计人才服务，为社会主义市场经济的发展服务。该学会现设有四个分会：高等教育分会、职业教育分会、继续教育分会和基础教育分会。各分会根据学会章程和理事会的决定，在理事会的指导下，独立开展学术交流、理论研究、业务培训、国际合作、咨询服务等各种活动。该学会设立的全国大学生统计建模大赛已经举办十届，影响越来越大，给全国大学生和研究生开展科研活动提供了很好的平台。

中国商业统计学会：中国商业统计学会成立于1987年，由原商业部、国家粮食局、国家烟草专卖局、中华全国供销合作总社、中石化销售总公司等九大行业部门和单位共同发起，在民政部正式注册的全国性、学术性、非营利性社会组织。学会现隶属于国务院国有资产监督管理委员会，由国家统计局及商务部对其进行业务指导。学会现下设市场调查与教学研究分会、职业教育与大数据分会、数据科学与商业智能分会、大数据营销分会和中医药健康分会。该学会设立的全国大学生市场调查与分析大赛非常成功，对推动全国本科生和研究生的课外实践活动发挥了重要作用。

全国工业统计学教学研究会：全国工业统计学教学研究会成立于1984年，是由民政部登记，教育部主管的社会团体。宗旨是汇聚全国工业统计领域的学者专家、教育工作者及行业精英，共同推动工业统计学的教学与研究。

1.4　统计学类专业人才培养举措

我国十分重视基础学科人才培养工作。从20世纪90年代起，陆续开展"国家理科基础科学研究和教学人才培养基地"和"国家工科基础课程教学基地"建设，开展人才基地名牌课程建设，实施了"高等学校本科教学质量与教学改革工程"，开展精品课程、精品资源共享课程、精品视频公开课程、国家级实验教学示范中心等项目的建设。近期，教育部又推出新一轮改革与建设计划，推动人才培养改革向纵深发展。

1.4.1　双万计划

为深入落实全国教育大会和《加快推进教育现代化实施方案(2018—2022年)》精神，贯彻落实新时代全国高等学校本科教育工作会议和《教育部关于加快建设高水平本科教育全面提高人才培养能力的意见》，做强一流本科，全面振兴本科教育，提高高校人才培养能力，实现高等教育内涵式发展，2019年教育部启动一流专业和一流课程建设"双万计划"。目前共有91个统计学类专业入选国家级一流本科专业建设点，在教育部公布的两批一流课程建设"双万计划"名单中，共有近100门统计学类课程入选。

1.4.2　虚拟教研室

为了推进现代信息技术与教育教学的深度融合，打造"智能+"时代新型基层教学组织，建设教师教学发展共同体，提升教师教育教学能力，引导教师回归教学、热爱教学、研究教学，2021年7月教育部启动教育部虚拟教研室建设试点，有1个统计学类虚拟教研室、1个"一流课程"虚拟教研室入选。虚拟教研室通过建立跨校、跨地域的协调教研交流方式，共同打造精品资源库、教学案例库、开设异地同步课堂、开展研讨交流和师资培训，为统计学教育教学研究提供了有力支撑。

1.4.3 交叉学科培养

交叉学科是指不同学科之间相互交叉、融合、渗透而产生的新兴学科。当代科学的发展和重大科学技术成就的取得，越来越依赖于学科间的交叉与融合。发展交叉学科不仅是科学发展的必然趋势，对于推动科技创新、培养创新型人才也至关重要。2021年，国务院学位委员会、教育部将"交叉学科"设置为我国第14个学科门类。统计学作为重要的基础科学之一，可与诸多学科交叉，如统计学与生物医学的交叉形成了生物统计学，目前已成为重要的统计学二级学科；统计学与经济学的交叉形成了经济统计学等。其他还有农业统计学、林业统计学、心理统计学、体育统计，等等。

"生物统计学"是统计学类专业教指委建议，由教育部批准设立的本科专业，该专业是统计学、生物学与医学等学科的结合而形成的一门多学科交叉的学科，在国外已经有多年的历史。它是利用统计学的理论和研究方法来研究生命科学和医学中问题，是新药上市评估的重要理论基础。自2022年教育部批准设立该本科专业以来，全国已有南方医科大学、南京医科大学、北京大学等10余所高校开设了该专业。该专业致力于培养学科视野开阔、行业适应面宽，能够在统计学、生命科学、药学和医学等学科领域开展工作的专业人才。

"数据科学"也是统计学类专业教指委建议，由教育部2022年批准设置的本科专业，该专业面向国家大数据和人工智能发展战略，培养掌握统计学、大数据与人工智能交叉领域的基本理论和技能，了解人工智能学科前沿动态和发展趋势，能在人工智能及相关领域从事科研、教学等工作的优秀人才。北京交通大学和福建师范大学是最早申请设立"数据科学"本科专业的学校，于2023年正式按专业招生。目前10余所高校相继开设此专业。

清华大学统计学辅修项目于2022年设立。本科主修专业毕业前完成，按照学分制管理机制，修满28个学分，成绩合格并获得第一学位者，可获得清华大学统计学辅修专业证书。

北京大学在跨学科交叉人才培养方面开展了很多实践与探索。"统计学专业"双学位始于2000年，旨在引导其他专业学生学习统计学知识，掌握数据分析方法，提高学生主修专业的科学研究能力。学生完成主修专业学习，成绩绩点在2.0以上，正常毕业并获得主修专业学士学位者将授予"北京大学统计学双学士学位"。

中国人民大学开设了多个统计学类专业双学位项目。于2021年设置的应用经济-数据科学双学士学位复合型人才培养项目由应用经济学院能源经济专业与统计学院数据科学与大数据技术专业合办，旨在培养具有扎实经济学功底、掌握数据科学分析方法、能采用大数据科学分析方法研究经济学问题，知识面宽、关心中国经济和世界经济重大问题，创新意识和创新能力强、具有国际视野、综合素质优秀的复合型拔尖人才。毕业后，学生可获得理学、经济学双学士学位。于 2023 年设置的统计-公共管理双学士学位复合型人才培养项目由公共管理学院土地资源管理专业与统计学院经济统计学专业合办，旨在培养具有公共管理问题意识和统计学思维，具备扎实的公共管理学理论功底以及统计理论与方法基础，定位中国经济和公共管理重要问题，聚焦土地、自然资源和空间治理难题，具有公共服务精神、创新能力和自主学习内在动力的复合型拔尖人才。毕业后，学生可获得经济学、管理学双学士学位。

北京师范大学经济学和统计学双学位项目通过系统的统计学和经济学专业完成 167 学分课程学习和训练，培养理论基础扎实、专业素养突出、关心中国和世界经济重大现实问题，具有开阔的国际视野、较强的融会贯通能力与实践动手能力和有理想信念、有道德情操、有扎实学识、有仁爱之心的复合型拔尖创新统计人才。培养的学生一部分攻读博士学位后在科研院所从事经济统计学相关研究和教学工作。另一部分本科毕业继续深造后在金融行业、政府部门和企事业单位从事数据开发、分析与管理等相关工作。

华东师范大学统计学科着眼国家"大数据""人工智能"等重大战略领域对统计学的需求，联合学校优势专业，推进学科交叉融通，于 2021 年获批设立统计学-计算机科学与技术双学位专业，并招收首届学生。统计学与计算机科学在数据处理与分析中相辅相成，随着大数据与人工智能时代的到来和数据科学的大力发展，统计学和计算机科学进入更深层次的交汇融合。"统计学＋计算机"双学位项目旨在集合统计学和计算机科学两个领域最核心的思想、知识和技能，建立数据科学的基础，涵盖数据感知、模型训练、数据计算和解析等层面。

统计学在理工农医经等各个领域有广泛的应用，而且成为解决各个领域问题的重要思想方法。随着大数据时代的来临，以数据为研究对象的统计学应用更加广泛。应该让统计学的思想方法被更多的领域学生牢固掌握，这对于推动科技进步和拔尖人才的培养具有非常重要的意义。我们可从以下两个方面着手：在统计学专业中推动其他专业领域课程比重，结合各个学校的优势学科，增加其他领域专业课作为必修或选修课程，使得统计学专业毕业的学生也有更多机会成为其他领域专家；鼓励统计学类专业积极推动专业辅修和双学士学位制度，直接培养复合型人才。由于统计学的特点，领域知识和统计知识的学习是一个相辅相成的有益组合，其他专业和统计学的双学士是较好的选择。

1.4.4 统计学创新实践竞赛

统计学是一门理论与实践并重的学科，实践教学在人才培养中具有举足轻重的作用。统计学实践创新竞赛在创新人才培养中发挥了较重要的作用。

全国大学生统计建模大赛由国家统计局统计教育培训中心、教育部高等学校统计学类专业教学指导委员会、全国应用统计专业学位研究生教育指导委员会联合指导，中国统计教育学会主办的全国性赛事。自 2009 年开始每两年举办一届，从 2021 年第七届大赛开始改为每年举办一届。大赛旨在大学生中倡导学习统计、应用统计的良好氛围，促进关注经济社会热点难点问题，适应大数据时代高校及统计部门对统计人才的培养要求，提高大学生数据挖掘、数据分析、运用统计方法及计算机技术处理数据的能力，加强创新思维意识，助力推进统计现代化改革。

全国大学生市场调查与分析大赛由中国商业统计学会创办于2010年，是面向全国高校大学生的一项公益性专业赛事，现已成功举办15届，累计有1400多所高校、140多万人参赛。赛事旨在引导大学生创新和实践，提高大学生组织、策划、调查实施及数据处理与分析等专业实战能力，培养大学生的社会责任感、服务意识、市场敏锐度和团队协作精神。大赛秉持"以赛促学、以赛促教、以赛促改、以赛促创"理念，促进教育链、人才链与产业链的有机衔接，为社会经济发展服务。

全国应用统计专业学位研究生案例大赛由全国应用统计专业学位研究生教育指导委员会和中国统计教育学会高等教育分会联合主办的全国性赛事。宗旨是培养应用统计专业学位研究生发现问题、研究问题、解决问题和评价问题的能力，优化应用统计硕士的教学方法，提高高校统计学教师在应用统计方法与案例教学方面的水平。

统计学的培养目标也要做适当调整。不但要培养能够分析使用统计思想和方法进行数据分析的工程师。更重要的是培养德才兼备，有能力并且有兴趣和意愿运用统计思想和方法解决理工农医经等各个领域中重要问题的优秀人才。

1.4.5 课程改革

顺应时代发展，改革教学内容。适当增加计算机类课程，使得学生能够对大数据进行搜集、整理、贮存、提取以及运算。相关的课程包括数据库、自然语言处理、分布与并行计算等。人工智能类课程可以包括人工神经网络、统计学习、深度学习、联邦学习等。统计类新课程可以包括数据挖掘和分析、数据可视化、贝叶斯数据分析等。专业领域知识结合学校优势进行选择。

一些传统的统计课程可以引入新的思路和新的内容。通过统计方法在国家发展建设中成功运用的真实案例和人物，引导学生重视国家需求，把报效国家的决心化作学习的动力，把被动学习转化为主动钻研。教学方法要强调理论和实践的结合。增加统计学教学实践内容，特别是增加课堂实践。在具有条件的课程中引入实景试验，使得学生可以通过试验体会实际数据的搜集过程，自然感知到数据的随机性和随机因素，体验通过数据分析探索科学的真正乐趣。当然，到社会实践当中进行实践也是很重要的一环，精心选择有能力的企事业单位进行实践教学对培养学生提出问题解决问题的实践能力很有帮助。

2. 统计学类专业人才培养需求

2.1 统计学学科发展人才培养需求

统计学通过数据的搜集、整理和分析技术，对众多领域的科学发现、工农业生产与社会实践提供助力，为人类社会的进步和发展做出了贡献。在大数据与人工智能时代，以数据为中心的统计学面临诸多挑战和机遇。统计学将以满足国家人工智能和高科技产业等重大需求为导向，以学科交叉为动力开展创新性理论研究和应用研究。这需要更加有效的统计学教育与人才培养模式。

(1) 统计学高端创新群体：随着各个高新领域在世界的崛起，我国统计学学科迎来了它的发展机遇期，亟待在发现新思想、建立新模式、构建新体系方面取得突破，增强我国统计学的原创力、引领力和话语权。需要培养一大批能够引领学科发展的一流统计学家，能够主导学科战略布局的战略统计学家，能够牵头开展科技攻关的高端创新群体，以全面支撑经济强国和科技强国的建设。

(2) 推动统计技术落地的高级应用型人才：以应用为导向，关注国家战略急需，运用统计学思想深入实践领域，着力在现代农业、现代医学和现代工业等关键领域长期耕耘，推动实施质量强国和科技强国战略。

(3) 助力其他学科复合型人才培养：统计学是众多领域科学发现的工具，能够为生物、医学、环境、工业等领域开展高速有效研究提供强大助力，支持新工科、新农科、新医科、新文科建设，支撑经济社会发展和创新型国家建设。

2.2 国内社会发展人才培养需求

统计学作为基础、交叉与应用并重的学科，在国家经济社会发展中发挥着重要作用。此外，作为基础性中心学科，统计学是支撑现代工业、农业、医药、航天、环境等多个领域的重要学科，是现代科学重要思想基础。在产品设计、新药研制、可靠性评估、质量改进、环境评估等方面都离不开统计方法的运用。这就需要培养大量既具备深厚的统计学理论知识，又能够独立进行创新研究的高水平统计学人才。此外，随着我国科技创新能力的不断增强，统计学研究也从传统的被动型理论研究向主动型的应用研究、交叉研究、体系创新研究等多个方向发展。这就需要培养更多能够适应这种需求变化，具有完备的跨学科知识体系、很强的独立研究能力、优秀的团队协作精神的统计学人才。

近年来,我国陆续发表了大数据、人工智能、生态文明、健康中国等战略。这些战略都对统计学人才提出了新的要求。这就需要培养更多懂得跨学科合作、能够进行前沿科学研究的统计学人才。在生态文明建设中,需要更高效的决策工具,环境统计学、生态统计学等方向的人才将受到更高的重视。而在健康中国战略下,医药统计、生物统计等领域的研究将获得更多的支持,这些领域的人才培养需求也会持续增长。此外,国际形势变化也使得未来我国的科技进步将更多依靠我国科研人员进行原始自主创新,急需具有自主产权的各行业统计软件产品开发人才,这些对统计学科教育提出了新的严峻挑战。

2.3 国内统计学类专业人才培养供需现状

近年来,我国的统计学专业人才培养规模不断扩大,专业招生数量、在校生规模和就业情况均平稳增加。2022年中国大陆统计学类专业年招生数约为2.4万(不包含大类招生),毕业生约为2万。统计学类专业毕业生就业主要去向为金融类、通信类、生物制药、航空航天等行业。

总体来说,我国统计学类专业人才培养与供需关系呈现出以下特点:

(1) 教育培养规模稳步扩大,但与产业发展和社会需求仍存在一定的差距;

(2) 大数据和人工智能领域的发展,对数据分析人才需求迅速增长,医药行业需求有所增强,金融证券领域需求有所下降;

(3) 经济发达地区对统计学人才需求仍然旺盛,其余各省会地区对统计学人才求才若渴;

(4) 企业对于统计学专业毕业生的实际操作能力、团队协调能力、跨学科融合能力等综合素质要求越来越高。

3. 国内外高校统计学类专业教育教学比较

3.1 课程设置与教学内容

3.1.1 我国主要统计学课程设置与教学内容

2018年教育部颁布了《统计学类本科专业教学质量国家标准》，在一定程度上规范和指导高校的专业和课程建设，使得我国高校统计学类专业的课程体系和教学内容比较统一规范，主要体现如下：总学分一般在150学分左右。各校可根据具体情况做适当调整，但应控制在140~180学分。在专业上要求学生具有较扎实的统计学理论基础和较好的外语水平；掌握统计学的基本思想和收集数据的方法，并能够根据数据的特点选用恰当的统计方法进行分析、推断和预测；掌握计算机的基础知识，能熟练应用统计软件并具备一定的编程能力，能正确利用统计思想和方法分析判断统计软件的计算结果；具有理论联系实际的能力，具有一定的创新能力，具备自主学习、知识更新和自我发展的能力；掌握中外文资料查询、文献检索及运用现代信息技术获取相关信息的基本方法，具有初步的科学研究和实际应用能力。除上述共同要求外，统计学专业对数学基础以及统计学软件开发与应用能力的要求应有所加强。应用统计学专业对利用统计方法解决特定领域问题能力的要求应有所加强。2022年设立的数据科学专业加强计算机技术、大数据和人工智能方面的知识。生物统计学专业应该加强生物医学方面知识的培养。各办学单位还应根据自身的定位、学科的优势和人才培养的具体目标，进一步强化或者增加某些方面的知识、能力和素质要求，形成各自的人才培养特色。

这些专业的主要课程和教学内容有：

(1) 数理统计：统计基本概念、估计理论和方法、抽样分布、假设检验、置信区间。

(2) 回归分析：回归分析、虚拟变量与方差分析、模型选择、回归诊断、非线性回归初步。

(3) 多元统计分析：判别分析、聚类分析、因子分析、主成分分析、典型相关分析。

(4) 时间序列分析：平稳过程、自回归模型、滑动平均模型、ARMA模型、谱密度及其估计。

(5) 随机过程：泊松过程、更新过程、马氏链、布朗运动。

(6) 统计计算与软件：计算方法基本知识、软件基础、统计分析软件(如SAS、SPSS、R、Matlab等软件)中的基本功能，以及利用这些功能实现新算法的编程。

(7) 抽样调查：抽样的基本概念、简单随机抽样、分层抽样、比率估计、不等概抽样、系统抽样、整群抽样、多阶段抽样、偏差与抽样误差、调查的经济设计等。

(8) 机器学习：k 近邻法、朴素贝叶斯法、贝叶斯网、决策树、线性回归类方法、支撑向量机、人工神经元网络、隐马尔可夫模型等。

(9) 大数据分析技术：大数据的概念、数据预处理技术、大数据可视化、数据降维、关联分析。

(10) 数据科学导论：介绍基本的数据形式、数据计算和数据模型，介绍数据、数据方向相关的内容。

(11) 生物统计学导论：统计学的基本概念、统计数据的搜集、整理和显示、抽样分布、参数估计、常见假设检验、简单相关和回归分析、研究设计等。

(12) 生存分析：生存资料的描述、生存曲线、生存过程的比较、指数回归模型、韦布尔回归模型、Cox 比例风险模型等。

(13) 流行病学中的统计方法：横断面调查常用的统计方法、病例-对照研究常用的统计方法、队列研究常用的统计方法等。

3.1.2 国外统计学主要课程设置与教学内容

国外统计学类专业的课程体系，在不同国家、不同地区、不同高校均存在较大差异，但多数高校核心课程和我国高校的核心课程相差不多。不过，很多课程会分解成不同层次的两门或者三门课程进行讲解。我们选一些列在下面。

(1) 统计方法引论(微积分课程之前)：数据的整理，数据的集中性、不确定性和关联性度量、计算和解释，估计，置信区间，假设检验，相关和回归。

(2) 应用统计引论(中级统计课程)：线性回归分析，方差分析，分类数据分析，逻辑回归，强调概念而非理论。

(3) 概率与数理统计导论Ⅰ：概率统计基础；概率公理，条件概率与联合分布，独立性；随机变量，单变量与多变量分布和密度，矩，矩生成函数；二项分布，负二项分布，几何分布，泊松分布，均匀分布，正态分布，指数分布；随机变量的变换。

(4) 概率与数理统计导论Ⅱ：简要回顾：样本空间，随机变量，概率；分布：二项分布，正态分布，泊松分布，几何分布；期望值，方差，中心极限定理；估计，检验和置信区间的初步概念；最大似然估计和似然比检验，功效；回归初步。

(5) 回归方法和方差分析：使用线性和非线性回归方法对观测和试验数据进行建模和解释；模型构建与选择方法；多变量分析；固定效应模型和随机效应模型；试验设计。

(6) 抽样方法：如何最好地获取数据以及在哪里进行抽样，例子包括调查和从数据库中进行抽样，重点是有限总体的方法。包括简单随机抽样、分层抽样、整群抽样、比率和回归估计、两阶段抽样。

(7) 应用多元分析：多个数值变量的统计分析方法。重点在于概念，主要利用计算机软件实践这些方法。例子来自经济学、教育学、地质学和心理学。主题包括多元回归、多变量方差分析、主成分分析、因子分析、典型相关分析、多维尺度分析、聚类分析。

(8) 时间序列分析：在经济学和工程学中使用的时序模型。趋势拟合、自回归和移动平均模型以及谱分析、卡尔曼滤波和状态空间模型。季节性、变换以及金融时间序列介绍。

(9) 试验设计：试验与观察、混杂因素、随机化、方差分析、区组设计、拉丁方设计、全因子和部分因子设计、分割区设计、响应曲面、混合设计、最优设计、中心复合设计、Box-Behnken 设计、田口方法、计算机试验和空间填充设计。

(10) 非参数统计引论：非参数方法概述，包括秩次检验、拟合优度检验、2×2 列联表、非参数估计等。

(11) 统计学习和数据科学：监督学习方法：线性回归和多项式回归、逻辑回归和线性判别分析；交叉验证和自助法、模型选择和正则化方法(岭回归和 Lasso 回归)；非线性模型、样条函数和广义可加模型；基于树的方法、随机森林和提升法；支持向量机；无监督学习：主成分分析和聚类分析(k 均值和层次聚类)。

(12) 机器学习理论：涵盖机器学习中的基础概念和原理的算法，特别是那些与现代大规模非线性模型相关的内容。主题包括集中不等式、一致收敛的广义界、非凸优化、深度学习中的隐式正则化效应，以及无监督学习和领域自适应。机器学习：统计模式识别、线性和非线性回归、非参数方法、指数族、广义线性模型、支持向量机、核方法、深度学习、模型/特征选择、学习理论、机器学习建议、聚类、密度估计、期望最大化、降维、独立成分分析、主成分分析、强化学习和自适应控制、马尔可夫决策过程、近似动态规划以及策略搜索。

(13) 数据可视化：通过数据的视觉表示来发现模式、回答问题、传达发现、推动决策和提供有说服力的证据。学生们使用高级编程语言如 Python 和 R 来创建可视化。

(14) 样本调查技术：选择和估计程序的设计与实施。重点在于人类群体。简单、分层和聚类抽样，多阶段和两阶段程序，资源的最优分配，估计理论，复制设计，方差估计，国家样本和人口普查材料。

(15) 非参数回归和分类：涵盖了平滑和分类技术，包括样条模型、核方法、广义线性模型以及多个模型的平均化。描述了预测性能的度量，以及平衡偏差和方差的方法。

(16) 贝叶斯统计方法：主观概率、似然原则、共轭分布族、贝叶斯推断的结构。后验分布的极限理论、序贯实验、交换性、贝叶斯非参数统计、经验贝叶斯方法。

(17) 大数据机器学习：用于分析大规模和高维数据集的机器学习和统计技术。包括正则化线性模型、图形模型、矩阵分解、稀疏性、聚类和潜变量模型。算法包括草图化、随机投影、哈希、快速最近邻、大规模在线学习以及并行学习。

3.1.3 对比

(1) 中外高校课程设置和教学内容都遵循认知规律，按照知识的逻辑顺序，从易到难，循序渐进，在低年级课程中，基础理论的比例较大，而高年级开设深层次、学科前沿类课程。

(2) 中外主要统计学基础课程设置与教学内容基本相同，如回归分析、多元分析、时间序列分析、统计计算、机器学习等。

(3) 国外一些高校同一类型的课程设置层次比较丰富。例如，美国高校课程从内容上，分为初级、中级、高级等，一些课程没有年级和学期的概念，只是按顺序进行上课。同类课程有不同层次，供学生根据自己的情况选修。开设深度递进课程，如"随机过程Ⅰ"和"随机过程Ⅱ"是必修基础课程，"随机过程Ⅲ"等则是为学有余力的本科生开设的选修课。

(4) 国外部分高校选修课程划分比较细，不少高校开设一些短、细、深的课程，有利于学生拓展知识面，为将来研究生阶段学习打下基础。课程模块化、小型化使课程开课灵活、学生选课灵活，同时课程时间短、授课集中，有利于吸引高水平研究人员承担教学工作，推进科教融合。

(5) 国外一些高校十分重视一些方法的应用性课程。比如应用多元分析课程，它将重点集中于概念的理解，主要利用计算机软件实践这些方法，数据例子来自经济学、教育学、地质学和心理学等学科，有利于调动学生的学习兴趣和直观感觉。

3.2 教材建设

3.2.1 我国教材建设概况

改革开放后，国内学者出版编著了许多优秀的教材，他们为统计学的教育普及做出了贡献。以下只列出较有影响的 2010 年前出版或者再版的一些较有影响的统计教材。

(1)《抽样论》，许宝騄，北京大学出版社，1982.

(2)《概率统计讲义》，陈家鼎、刘婉如、汪仁官，高等教育出版社，1982.

(3)《数理统计学讲义》，陈家鼎、孙山泽、李东风，高等教育出版社，1993.

(4)《统计计算》，高惠璇，北京大学出版社，1995.

(5)《应用随机过程》，钱敏平、龚光鲁，北京大学出版社，1998.

(6)《抽样调查》，孙山泽，北京大学出版社，2004.

(7)《抽样：理论与应用(第二版)》，金勇进，高等教育出版社，2016.

(8)《概率论与数理统计教程 第三版》，茆诗松、程依明、濮晓龙，高等教育出版社，2019.

(9)《试验设计(第三版)》，茆诗松、周纪芗、周迎春、王亚平，中国统计出版社，2022.

3. 国内外高校统计学类专业教育教学比较

(10)《应用回归分析(第 5 版)》，何晓群、刘文卿，中国人民大学出版社，2019.

(11)《统计学(第 9 版)》，贾俊平、何晓群、金勇进，中国人民大学出版社，2025.

3.2.2 国外教材引进和使用状况

中国统计出版社于 20 世纪 90 年代末组织高校教师翻译出版了一批优秀的国外统计学著作，称为现代外国统计学优秀著作译丛，为我国当时的大学教育提供了很好的教材，也为日后国内学者编著统计学教材提供了很好的借鉴作用。包括《统计学》《应用线性回归》《统计决策论及贝叶斯分析》《随机过程》《探索性数据分析》《实验设计与分析》《时间序列分析：预测与控制》《金融与经济周期预测》《非线性回归分析及其应用》《抽样调查》《生存数据分析的统计方法》《离散多元分析：理论与实践》《调查中的非抽样误差》《方差估计引论》《寿命数据中的统计模型与方法》15 本。高等教育出版社等出版单位也组织出版了多部国外优秀统计学和数据科学类教材，对于促进国内统计教育做出了贡献。

3.2.3 对比

国内统计学教材与国外相比，一般来说，国内教材的系统性和理论性比较强而实际例子比较少，或者例子多不是来自实践，因而教材难度较大。这主要是由于国内作者大多理论研究出身，很少从事统计实践工作。随着年轻一代的加入，这种现象有明显改善。另外，国内教材大多版本更新较慢，不能及时反映统计科学的发展成就和技术方法。

3.3 教学方法对比

目前，我国虽然有多所高校的统计学学科其 QS 科研影响力排名进入了世界前 100，使统计学学科成为与国际一流水平十分接近的学科，但是，在教学理念和教学方法与国外一流高校相比，仍需要持续改进。

(1) 教学理念。近年来，国内高校在学习国际化专业评估理念和标准的教学改革中，"以学生为中心"开展教学和评价的教学实践不断深化，强调教师要为学生发展服务，围绕学生的特点和需求开展教学，在教学效果评价时强调学生的主体地位，这些以"学生中心、产出导向、持续改进"的人才培养理念吸收和实践已取得很大进步。

(2) 选课方式。国外著名高校多数实行学分制，学校设置不同层次的课程，由学生根据自己的知识水平、专业和未来发展取向等自行选修，培养方案的个性化特色突出。新加坡国立大学不仅为学生提供了选课参考，还安排了 5 位教师指导学生选课。国外很多高校还可以选择"荣誉课程"。"荣誉课程"是为优秀学生提供知识面更宽、挑战度更大的课程。国内高校大多主要采用学年学分制，学生选课的空间、跨学科选课、个性化培养方案、选课指导等方面需进一步加强。

(3) 教学环节。国外高校非常重视课堂教学环节设置，很多学校在其教师发展中心的培训项目中都单独设置课程规划模块。国内高校在课程规划模块设置中，培训、研讨、学生报告、在线学习等这些教学环节还需要进一步进行制度性安排。

(4) 授课方式。美国高校强调调动学生主动参与学习过程，即使是几百人参加的大班课，教师依然能够开展提问、小组讨论、展示等活动。大班课程配有小班研讨环节，由研究生助教引导讨论。美国的课内课外通常相辅相成，课外是教学不可或缺的重要组成部分，很多内容都由教师布置，由学生在课外通过自学完成，老师通过研讨课、作业、报告等形式进行检查，这使得美国大学生学习压力大，也是图书馆通宵开门并按照小组研讨方式摆放桌子的重要原因。国内少数高校的一些课程也开始采用这种授课方式，但大部分课程仍主要采取教师讲授、习题练习、闭卷考试等方式授课。

3.4 质量保证标准

建设统计学类专业认证标准，在开展试点认证的基础上推广到所有统计学类专业，对于推进统计学类专业树立质量理念，强化专业建设，提升育人能力有重要的引领作用和推动作用，意义重大。

2018 年教育部发布《普通高等学校本科专业类教学质量国家标准》。2015 年，教育部教育质量评估中心(Education Quality Evaluation Agency of the Ministry of Education, EQEA)借鉴工程教育专业认证经验，制定了《普通高等学校本科专业认证标准(第三级)(试行)》(以下简称"EQEA 标准")。在试点基础上，EQEA 于 2018 年委托中山大学开展国际相关认证标准的调研，以及认证标准和认证方案的修订工作。整体而言，EQEA 标准不是针对统计学类专业的认证标准，所以缺乏统计学特色，这一缺陷需在未来制定专业认证附加标准时予以弥补。

3.5 总结与建议

综上所述，当前我国高等统计学人才培养已经进入新阶段，彰显新特征，形成新优势，主要体现在：

(1) 学科基础雄厚。当前我国统计学学科的科研影响力已处于国际先进水平，为统计学拔尖人才培养奠定了坚实的学科基础。

(2) 布局持续优化。统计学类专业在统计学和应用统计学 2 个基础型专业的基础上，又发展了生物统计学、数据科学 2 个交叉型专业，构建了面向纯统计学研究、服务学科交叉发展的系统格局，建立了统计学服务"四新"建设的思路和路径，专业特色建设也取得积极进展。

(3) 培养规模持续增长。目前我国统计学类专业总数超过 500 个，年招生数约 2.4 万人，专业数量和招生培养规模还不能较好适应学科和产业发展需要，需要持续稳步增长。

(4) 质量持续提升。近年来统计学类专业教学的标准化、规范化不断推进，建设了国家质量标准、专业教学内容建议，积极推进了专业和课程的一流建设。

(5) 培养理念更新。我国统计学人才培养已完成从纯粹统计学知识研究型人才，向能够结合领域知识具有创造能力的融合领军性人才转变。

对照国家多项发展战略需求与人才培养要求，我国在人才培养模式、课程体系与教学方式方面还需要在以下几方面加强改革：

(1) 注重跨学科能力和素质的培养。跨学科培养和多学科培养是近年来国际统计学教育研究的热点。除了统计学课程之外，注重结合各高校优势学科，鼓励进行跨学科培养，培养既有牢固的统计学基础又有现代科技领域知识的复合型人才。

(2) 升级课程教学目标定位。以知识、能力、素养协调发展为目标，培养学生的综合分析、解决复杂问题能力、创造能力，如增加培养方案的灵活性，注重研究型教学、加强研讨课；增加高阶性课程；增加具有挑战度、需要团队合作完成的大作业；扩大选修范围；引导学生形成系统的知识、综合的观点、发现问题、独立思考和解决问题的能力。重视科学精神、科学道德的培养以及家国情怀、社会责任感的塑造。

(3) 强化信息化技术在教学中的深度应用。将教育技术渗透到教学的方方面面。鼓励教师积极探索新的教学手段，增强学生学习兴趣。

(4) 强化教学和学习状态分析评价。在教学质量测量方面，国外高校注重开发各类评价量表和评量工具，通过信息化和智能化手段，及时了解学生的学习状态，指导学生分析和解决学习困难，指导教师持续改进教学方法，提升教学成效。

4. 统计学"101 计划"简介及建设进展

从新中国成立到现在，我国的统计学教育和人才培养经历了从数量到质量，从基础到应用，从封闭到开放的发展过程。各种政策和项目的实施为统计学人才培养创造了良好的条件，培养出了大量的统计学专业人才，为我国的科技进步和经济发展做出了贡献。回眸百年历程，我国统计学教育与时俱进，高等教育课程经过多次改革，取得了瞩目的成果，培养统计学人才的高校数量稳定增加，专业建设水平在稳步提升，培养质量不断提高。

但是，在传统的统计学教育中仍存在一些问题需要优化。以前的课程和教材体系未能充分融合学科的发展和前沿研究，与学科领域的新思想、新理论和新发展等结合不够紧密。教材更新迭代的速度较慢，也导致内容相对陈旧。这使得学生无法及时了解和学习最新的科学进展，无法掌握学科的前沿知识。

统计学"101 计划"充分考量统计学的学科特点，从整个学科角度去统筹各门核心课程和教材的建设，将统计学领域国际学术前沿科研技术成果有机结合融入教学内容，每门课程凝练核心知识点，构建知识图谱，彼此关联，各具侧重，详略适宜。我们将通过统计学"101 计划"建立一套完整的统计学专业核心课程体系，形成具有中国特色的人才培养核心理念与模型，更好地支撑我国统计学以及相关领域发展。

4.1 建设目标

统计学"101 计划"的总体目标是集中全国统计学领域优势力量，从教学内容和教学方式两方面系统性建设完整的统计学核心课程体系和教材体系，同时通过教学研究、教学示范、教学观察、教学研讨等方式促进课堂教学提升，探索统计学优秀人才培养的新理念、新内容、新方法，用两年时间建设一批统计学领域的名课、名师、名教材，引领带动全国高校统计学人才培养质量的整体提升。具体来讲，包括如下主要建设目标：

(1) 核心课程体系建设。集中全国优势力量，将统计推断、多元统计分析、非参数统计、回归分析、数据抽样与试验设计、时间序列分析、贝叶斯统计、统计机器学习、统计计算、人工智能的统计基础、数据科学导论、生物统计、经济统计等 13 门课程建设成为有高阶性、创新性、挑战度的一流核心课程，形成完整的统计核心课程体系，包括课程知识点建设、知识图谱建设、在线资源建设、学习平台建设等。

(2) 核心教案体系建设。在知识点凝练和知识图谱建设的基础上，进行 13 门课程教案体系的编写、迭代，着重于教学手段和教学方法的改进，建设一套凝聚骨干教师智慧结晶的、蕴含教师学术思想、对教材的理解和教学方法的核心教案体系，出版具有 101 特色的电子教案体系。

(3) 核心教材体系建设。围绕 13 门核心课程的配套教案建设，探索基于知识图谱的教材编写模式，将凝练的课程核心要素与国际学术前沿和国内高水平学术成果有机融合，建设一批集系统性、融合性、前沿性于一体的精品教材，形成"世界一流、中国特色、具有 101 风格特点"的统计学核心教材体系。

(4) 核心师资团队建设。以建设一流课程、教材、实践项目为契机，以虚拟教研室、教学教研会议、课堂观察与研讨等为载体，深入开展协同教研和经验交流活动，着力提升教师教育教学能力，培育一支统计学领域高水平核心师资队伍。

4.2 组织建设

统计学"101 计划"由陈松蹊、崔恒建、范剑青、房祥忠、耿直、黄坚、金加顺、林华珍、刘军、潘建新、邵启满、宋旭光、王启华、王晓军、王兆军、吴建福、杨立坚、姚琦伟 18 位海内外教育名家组成专家组，对项目进行顶层设计和全面指导，每门课程配置一名或多名专家组成员联系指导。由 16 所统计学高校成立工作组，承担具体建设任务。具体做法为：在牵头高校清华大学设立统计学"101 计划"秘书处，负责项目工作的方案制定、资料收集、沟通联络、会议组织、进展汇报、网络平台建设等工作。13 门核心课程分别组建课程组，全面负责课程的课程建设、教材建设、教研活动、课堂提升等。针对具体任务的实施需要，每门课程设有课程建设组、教材编写组、课堂提升组以负责相应工作。由 16 所获批高校相关校院领导组成协调组，负责组织、协调各单位深度参与课程、教材、师资建设等环节，在经费、人员、政策等方面提供支持。

4.3 课程及教材建设

在专家组的指导下，16 所参与高校深入研讨和推荐，明确了统计学"101 计划"建设 13 门核心课程，并确定了课程名称、牵头建设高校及课程负责人(见表 4.1)。

表 4.1　统计学"101 计划"建设课程

序号	组	核心课程及教材名称	牵头高校	牵头专家	指导专家组
1	A	统计推断	北京大学、西南财经大学	姚方、常晋源	邵启满(组长) 王启华 杨立坚
2		多元统计分析	北京师范大学、东北师范大学	朱力行、郑术蓉	
3		非参数统计	中国科学技术大学	王学钦	

续表

序号	组	核心课程及教材名称	牵头高校	牵头专家	指导专家组
4	B	回归分析	清华大学、云南大学	杨宇红、唐年胜	崔恒建(组长) 吴建福 姚琦伟
5		数据抽样与试验设计	南开大学、华东师范大学	刘民千、刘玉坤	
6		时间序列分析	南开大学、复旦大学	邹长亮、黄达	
7	C	贝叶斯统计	清华大学	邓柯	范剑青(组长) 耿直 金加顺 刘军
8		统计机器学习	南方科技大学、上海交通大学	荆炳义、刘卫东	
9		统计计算	中国人民大学、复旦大学	朱利平、郁文	
10		人工智能的统计基础	北京大学、厦门大学	张志华、钟威	
11	D	数据科学导论	华东师范大学、上海财经大学	周勇、冯兴东	林华珍(组长) 房祥忠 潘建新
12		生物统计	北京大学、中国人民大学	席瑞斌、李扬	
13		经济统计	北京师范大学、江西财经大学	宋旭光、平卫英	

在设定课程建设目标时,充分考量了统计学的学科特点和课程属性等因素。理论课重点在于构建教学结构体系,夯实基础;建设生物统计和经济统计为交叉学科服务。每门课程既注重理论基础建设,又加强前沿研究的教学转化。在这些课程建设中,深化科教融合、产教融合,充分利用各个高校的优质科研资源平台,开发一批具有创新性、探索性、启发性的教学案例。

统计学"101计划"核心课程教材的总体目标是在核心课程知识点和不断优化迭代后的成熟教案基础上,将核心课程知识点与国际学术前沿和国内高水平学术成果有机融合,建设一批集系统性、融合性、前沿性于一体的精品教材,形成"世界一流、中国特色、具有101风格特点"的统计学核心教材体系。

统计学领域"101计划"在两年内分八个季度整体推进。有关进度安排计划如下:

表4.2 统计学"101计划"进度安排计划表

季度	进度安排	质量监测有关标准及措施
一	召开工作推进会 组建各工作组、明确分工各工作组落实任务计划书	专家队伍分工、职责明确 任务计划书具体可行 组织协调工作规范可追溯
二	课程与教材设计	完成课程教学大纲设计 明确教材编写框架与分工 启动教材试编写 对教材框架进行评估优化

续表

季度	进度安排	质量监测有关标准及措施
三	教材主体编写 推进实践项目建设	形成教材初稿 进行课程与教材试运行，形成若干实践项目案例 组织课程与教材研讨会
四	教材第一版出版 (正式启动一年之内)	教材评审与定稿 教材试用与出版 教材与课程师资培训 虚拟教研活动与教材推广
五	课程与教材优化拓展	启动二期不同版本教材建设 优化与修订核心课程与教材 建设开放资源提供平台服务
六	质量监测与效果评价	搜集各方反馈 组织中期评审 组织专家研讨与师生座谈
七	教材修订与教学成果开发	根据反馈持续优化教材 形成若干统计教育教学成果
八	总结与持续提升	召开总结大会，展示相关成果 提出未来规划

目前，已完成 13 门课程的知识点凝练和知识图谱编制，统计学"101 计划"核心课程体系初步形成；统计学"101 计划"网络工作平台一期建设也已完成，其上载有完成的核心课程体系内容，即将对广大师生发布。

4.4 核心师资团队建设

核心师资团队建设主要以建设一流课程、教材、实践项目等为载体，充分发挥专家组的引领作用，汇聚各级教学名师和顶尖学者，依托虚拟教研室、101 工作平台等，通过教学研究、教学培训、课堂提升、教学研讨等形式进行，多措并举，致力于切实提升教师的教育教学水平。具体工作如下：

(1) 教学研究。各课程组建有课程建设组和各专项团队，主要通过参与一流课程、教材、实践项目等教学内容建设，协同教研，交流互动，群策群力，切实提升教师教学内容建设水平。

(2) 教学培训。充分发挥名师示范引领，开办核心教师研修班、培训班，就教学中的一些重点和难点问题进行了深度交流和示范教学，并对听课专家和教师进行培训。

(3) 课堂提升。由课程提升组成员借助课程的虚拟教研室平台、101 工作平台等资源，通过线上、线下、线上+线下等方式进行课程观察。听课专家着重于课堂上学生反馈的观察，并在课程结束后与授课教师交流，致力于课堂教学方式和教学效果的改进。

（4）教学研讨。由秘书处或课程组成员单位轮流组织关于教学研讨的线上或线下会议和活动，专家讨论和反馈，改进课堂教授方式，提高讲课效果。

目前，统计学"101计划"的13门核心课程均组建了课程建设团队，为开展教学研究、课堂提升提供了很好的平台。

4.5 小结

统计学"101计划"的项目核心是核心课程建设，而凝练课程的核心知识点是重点。本书包含了统计学"101计划"建设过程中形成的13门核心课程知识点体系，一方面将作为后续教案建设、教材建设、新形态教学资源建设等工作的参考，另一方面也将在后续建设过程中进一步修订和完善。

统计学"101计划"是一个涉及课程、教材、教师、实践、教法等全要素改进的探索性计划，期望通过两年时间系统性建设统计学专业核心课程体系、核心教材体系，开展课堂提升活动，产生一批融入新理念、新内容的诸如课程知识点、知识图谱、基于知识点的教案、系列教材的教育教学资源和授课的新方法，为全国高校统计学人才培养提供参考与借鉴，从而引领带动高校统计学基础人才培养质量的整体提升。

第二部分
高等学校统计学类专业核心课程体系

第二部分包括了统计学类专业的 13 门核心课程及其知识体系，从课程定位、课程目标、课程设计、课程知识点和课程英文摘要 5 个方面对每一门课程进行描述，明确了统计学类专业的核心教学内容及专业建设内涵。

13 门核心课程名称如下：

- ◆ 统计推断
- ◆ 多元统计分析
- ◆ 非参数统计
- ◆ 回归分析
- ◆ 数据抽样与试验设计
- ◆ 时间序列分析
- ◆ 贝叶斯统计
- ◆ 统计机器学习
- ◆ 统计计算
- ◆ 人工智能的统计基础
- ◆ 数据科学导论
- ◆ 生物统计
- ◆ 经济统计

统计推断 (Statistical Inference)

一、课程定位

统计推断研究随机样本的内在规律性，并发展相应的数学理论和方法。它建立在概率论的基础上，通过收集、整理和分析数据，揭示数据的内在规律和特征。课程内容涵盖参数估计、假设检验、区域估计、贝叶斯方法、大样本理论等主题。通过课程学习，学生应能够了解统计学的基本概念、原理和方法，掌握数据的收集、整理、描述和分析的基本技能，培养逻辑思维能力和科学精神。本课程需要以高等数学(或数学分析)、高等代数和概率论作为先导课程。

二、课程目标

本课程目标是使学生具有扎实的统计推断基础，掌握统计学三大内容：抽样分布、估计和假设检验的主要核心知识，并了解其在实际数据分析中的应用；了解统计史，如 t 分布、显著性检验、卡方拟合优度检验等方法的历史背景及其在科学研究中的作用；课程还将通过具体案例，培养学生的统计思维，使学生能够独立进行数据分析和结果解释，掌握实际问题的统计分析技巧。课程强调统计学在国家大数据和人工智能战略中的重要作用，讲述统计学科特有的思政内容，激励学生为国家社会发展做出贡献，培养其科研兴趣和创新思维。最终，本课程将为学生进一步深入学习高级统计学和数据科学知识打下坚实的基础，培养他们为社会和科技发展贡献力量的责任感。

三、课程设计

统计推断课程建立在概率论的预备知识基础上，系统讲解统计学的基本概念、核心工具和经典方法。课程从统计学的基本概念开始，首先介绍样本、参数、统计量等基础内容，帮助学生建立对统计学的初步理解。其次，课程重点讲解参数点估计、假设检验和区间估计，学生将学习如何估计参数并评估估计的有效性，掌握不同检验方法的应用场景和实现方法。最后，课程介绍贝叶斯方法以及大样本推断理论。这些内容不仅增加了课程的广度，也为学生提供了现代统计学的前沿视角。

该课程可作为一学期的课程在大学数学专业或统计学专业或数据科学专业等二年级或三年级开设。课程内容包含七章，不仅涵盖了统计学的经典理论和方法，还突出了现代统计学的新发展，帮助学生从基础到前沿逐步掌握统计推断的核心技术。模块之间的逻辑关系如下所示。

四、课程知识点

模块1：基本概念 (Basic Concepts)

知识点	主要内容	能力目标	参考学时
1. 样本空间 (Sample Space)	样本、统计量、抽样分布	熟悉统计学基本思想概念，理解样本、统计量等知识点，了解常见抽样分布类型	2
2. 充分与完全统计量 (Sufficient and Complete Statistics)	充分统计量、完全统计量	熟悉充分统计量、完全统计量的基本概念，熟练计算分布的充分完全统计量	2
3. 统计决策理论 (Statistical Decision Theory)	统计模型、决策理论、推断与预测	熟悉统计模型和决策理论的基本概念和常见例子，了解统计学中推断和预测的提法	2
4. 概率极限理论回顾 (Review of Limit Theory in Probability)	Markov 与 Chebyshev 不等式、随机变量序列的收敛性、连续映射定理、Slutsky 定理、大数定律与中心极限定理	熟练掌握随机变量序列的四种收敛性(依概率收敛、以概率1收敛、r阶收敛、依分布收敛)的定义以及各自之间的关系，熟悉连续映射定理和 Slutsky 定理，掌握常见大数定律的结论和中心极限定理的运用	3

模块2：参数点估计 (Parametric Point Estimation)

知识点	主要内容	能力目标	参考学时
1. 估计准则 (Estimation Rules)	无偏估计、有效估计、minimax 估计	熟悉各种估计准则的定义，掌握各种估计准则的判别方法	2
2. 无偏估计 (Unbiased Estimation)	一致最小方差无偏估计	掌握一致最小方差无偏估计的概念、构造与计算方法	2
3. 矩估计 (Moment Estimation)	矩估计、经验分布函数	掌握各类分布的矩估计计算，熟悉经验分布相关概念，了解矩估计的大样本性质	2
4. 极大似然估计 (Maximum Likelihood Estimation)	极大似然估计、EM 算法	掌握各类分布的极大似然估计计算，熟悉极大似然估计的大样本性质，了解牛顿迭代法、EM 算法等计算方法	3

模块3：假设检验 I (Hypothesis Testing: Part I)

知识点	主要内容	能力目标	参考学时
1. 假设检验问题基本概念 (Basic Concepts of Hypothesis Test)	显著性检验、p 值	理解显著性检验思想，掌握假设检验的基本概念，熟练计算检验方法的 p 值	2
2. 最大功效检验 (Most Powerful Test)	功效检验基本概念、Neyman-Pearson 引理、一致最大功效检验	理解最大功效检验的概念，熟悉 NP 引理，熟练掌握最大功效检验方法的计算方法	4
3. 似然比检验 (Likelihood Ratio Test)	似然比检验基本方法、Wald 检验和 Rao 得分检验、序贯比检验、经验似然检验	熟练掌握似然比检验的计算方法，掌握 Wald 检验和 Rao 检验计算方法，熟悉这些检验方法的大样本性质，了解序贯比检验、经验似然检验	4
4. 均值相关检验 (Tests for Means)	均值检验、两样本总体推断、多样本问题和方差分析	熟练掌握均值的检验方法，包括 z 检验、t 检验、F 检验等重要知识点，能够对正态数据进行基本的假设检验推断	3

统计推断 (Statistical Inference)

模块 4：假设检验 II (Hypothesis Testing: Part II)

知识点	主要内容	能力目标	参考学时
1. 非参数检验 (Nonparametric Test)	秩检验、拟合优度检验与列联表检验、置换检验	掌握秩检验的方法和 Wilcoxon、Mann-Whitney 等应用场景，了解秩检验的大样本性质，熟悉 Kolmogorov-Smirnov 和 Pearson 卡方(以列联表为典例)等拟合优度检验，了解置换检验	2
2. 自助检验 (Bootstrap Test)	自助法、自助检验	掌握自助法的思想与概念，能够将其应用于假设检验推断	2
3. 多重假设检验 (Multiple Hypothesis Testing)	同时推断、全族错误率和错误发现率、Bonferroni 和 Benjamini-Hochberg 方法	掌握多重检验的概念和评价指标，了解 Bonferroni 和 Benjamini-Hochberg 方法	2

模块 5：区域估计 (Region Estimation)

知识点	主要内容	能力目标	参考学时
1. 置信区域 (Confidence Region)	枢轴量法、正态总体参数的置信区间、反转检验方法	熟练掌握枢轴量法来计算置信区间，掌握反转检验方法	2
2. 自助置信区间 (Bootstrap Confidence Interval)	置信极限方法、Efron 百分位数方法、偏差修正自助法	熟练掌握置信极限的自助法，掌握变换法中的 Efron 百分位数法，了解偏差修正自助法	2
3. 预测性推断 (Predictive Inference)	共形预测、共形得分	理解共形预测基本概念，掌握基本的共形得分计算方法	2

模块 6：贝叶斯方法 (Bayesian Methods)

知识点	主要内容	能力目标	参考学时
1. 贝叶斯估计 (Bayesian Estimation)	先验与后验、先验的选择、经验贝叶斯	熟练掌握贝叶斯估计的基本框架，掌握常见的先验选择以及相应的计算，了解经验贝叶斯方法	3
2. 贝叶斯检验 (Bayesian Test)	贝叶斯因子、贝叶斯模型选择	熟悉贝叶斯因子的概念及计算，了解贝叶斯因子在模型选择中的应用	2

知识点	主要内容	能力目标	参考学时
3. 贝叶斯区域估计 (Bayesian Region Estimation)	可信区域、区域估计评价标准、重新中心化置信区域	掌握贝叶斯区域估计的概念和计算，熟悉决策论的区域估计方法，了解重新中心化置信区域中的 Stein 效应	2
4. 贝叶斯计算 (Bayesian Computation)	Markov 链 Monte Carlo (MCMC)、Metropolis-Hastings 与 Gibbs 抽样算法	熟悉 MCMC 的原理及使用方法，掌握 Metropolis-Hastings 与 Gibbs 算法	2

模块 7：大样本推断 (Large Sample Inference)

知识点	主要内容	能力目标	参考学时
1. Delta 方法 (Delta Method)	delta 定理、多元 delta 定理、高阶 delta 定理	熟练掌握 delta 方法在各种统计学问题中的应用	1
2. U 统计量的渐近性质 (Asymptotic Properties of U-Statistics)	U 统计量的 Hoeffding 分解和极限分布	理解 U 统计量的 Hoeffding 分解，掌握 U 统计量的极限分布及其在秩检验中的应用	2
3. 极大似然估计的渐近性质 (Asymptotic Properties of Maximum Likelihood Estimator)	极大似然估计的极限分布及其在似然比检验、Wald 检验、Rao 得分检验中的应用	熟悉极大似然估计的极限分布，掌握似然比检验、Wald 检验、Rao 得分检验中检验统计量的极限分布	3
4. M 估计和 Z 估计 (M-and Z-Estimation)	M 估计和 Z 估计的定义及渐近性质	理解 M 估计和 Z 估计的定义，熟悉常见的例子，了解 M 估计和 Z 估计的渐近性质	2

五、课程英文摘要

1. Introduction

Statistical Inference studies the inherent regularity of random samples and develops corresponding mathematical theories and methods. Based on probability theory, this course aims to uncover the underlying patterns and characteristics of data through its collection, organization, and analysis. The course content includes topics such as parameter estimation, hypothesis testing, interval estimation, Bayesian methods, and large-sample theory. Through course study, students will gain a solid understanding of the fundamental concepts, principles, and methods of statistics. They will also develop essential skills in data collection, organization, description, and analysis, fostering logical thinking and a spirit of scientific inquiry.

2. Goals

This course aims to equip students with a solid foundation in Statistical Inference, enabling them to master the three core aspects of statistics: sampling distributions, estimation, and hypothesis testing, along with their applications in real data analysis. Students will also gain insights into the history of statistics, such as the development of t-distributions, significance testing, and chi-square goodness-of-fit tests, and their roles in scientific research. Through case studies, the course fosters statistical thinking, empowering students to independently conduct data analyses, interpret results, and solve practical problems using statistical techniques. The course emphasizes the critical role of statistics in advancing national strategies related to big data and artificial intelligence, integrating unique elements of the discipline's social and political significance. It inspires students to contribute to societal development and encourages them to pursue research and cultivate innovative thinking. Ultimately, this course lays a strong foundation for further studies in advanced statistics and data science, instilling in students a sense of responsibility to contribute to societal and technological progress.

3. Covered Topics

Modules	List of Topics	Suggested Hours
1. Basic Concepts	Sample Space (2), Sufficient and Complete Statistics (2), Statistical Decision Theory (2), Review of Limit Theory in Probability (3)	9
2. Parametric Point Estimation	Estimation Rules (2), Unbiased Estimation (2), Moment Estimation (2), Maximum Likelihood Estimation (3)	9
3. Hypothesis Testing: Part Ⅰ	Basic Concepts of Hypothesis Test (2), Most Powerful Test (4), Likelihood Ratio Test (4), Tests for Means (3)	13
4. Hypothesis Testing: Part Ⅱ	Nonparametric Test (2), Bootstrap Test (2), Multiple Hypothesis Testing (2)	6

续表

Modules	List of Topics	Suggested Hours
5. Region Estimation	Confidence Region (2), Bootstrap Confidence Interval (2), Predictive Inference(2)	6
6. Bayesian Methods	Bayesian Estimation (3), Bayesian Test (2), Bayesian Region Estimation (2), Bayesian Computation (2)	9
7. Large Sample Inference	Delta Method (1), Asymptotic Properties of U-statistics (2), Asymptotic Properties of Maximum Likelihood Estimator (3), M-and Z-estimation (2)	8
Total	26	60

多元统计分析 (Multivariate Statistical Analysis)

一、课程定位

多元统计分析是研究多元数据处理方法的一门学科，是统计学中一个最重要的分支。多元统计分析能够在多个对象和多个指标相互关联的情况下分析它们的统计规律，是一门具有很强应用性的课程，包括了很多非常有用的数据处理方法，在自然科学和社会科学等各个领域中得到了广泛的应用，尤其是在大数据技术迅速发展的今天，它的重要性更加突显。多元统计分析课程主要介绍多元统计分析的思想、方法和理论，以及 R 语言和 Python 语言计算，涵盖了经典多元统计分析和现代多元统计分析的主要内容，包括基础知识、多元正态分布、多元正态总体的抽样分布、多元正态分布的参数估计、置信域和假设检验、多元线性回归模型、判别与分类、聚类分析、主成分分析、因子分析、对应分析和典型相关分析等主题和应用，并适当反映该学科的发展历史、科学思想和当前进展。学习多元统计分析这门课之前应该具有统计学、概率论、微积分(或高等数学)、线性代数这些课程的基础。

二、课程目标

本课程目标是让学生能够系统掌握多元统计分析的思想、方法和理论，奠定学生扎实的数理专业基础，培养学生熟练使用统计软件(如 R 语言和 Python 语言)进行编程以及运用多元统计分析方法分析和解决实际问题的能力，培养能够在经济、金融、管理、生物、工程、教育和医学等领域从事统计理论方法和应用的优秀人才，更好地为国家服务。同时，培养学生高度的文化自信、良好的科学素质、事业心及开拓精神。

三、课程设计

多元统计分析课程设计总则：本课程采用"问题导入、理论和方法讲解、编程实践和应用"的教学模式进行，旨在帮助学生更加深入地掌握和运用所学多元统计分析的理论和方法，并在此基础上解决实际问题。

课程讲授知识点的方式：首先，介绍预备知识，如 R 语言和 Python 语言的基础知识和数据可视化，以及矩阵运算等预备知识；其次，介绍多元统计分析的理论知识，如多元正态分布、多元正态总体的抽样分布、多元正态分布的参数估计、置信域和假设检验等理论内容；然后，从实际问题出发，以问题的需求为导向，围绕理论与应用这两个核心介绍多元统计分析的一些数据分析方法、理论和应用，如多元线性回归模型、判别与分类、聚类分析、主成分分析、因子分析、对应分析和典型相关分析等，通过具体案例和算法实践，使学生能更好地理解和运用多元统计分析方法和理论。课程提供宽阔的学科视野，强调知识的系统性、内容的先进性、方法的实用性和选题的广泛性。

多元统计分析课程内容包含 7 个模块，可作为一学期的课程在大学三年级开设，并建议 2 种教学方案：

方案 1：3+1 个学分，其中 3 个学分为方法和理论部分，以课堂讲授为主，1 个学分为实践教学部分，以上机实践为主。

方案 2：3 个学分，课堂讲授方法和理论。

多元统计分析课程主要模块之间的关系如下所示：

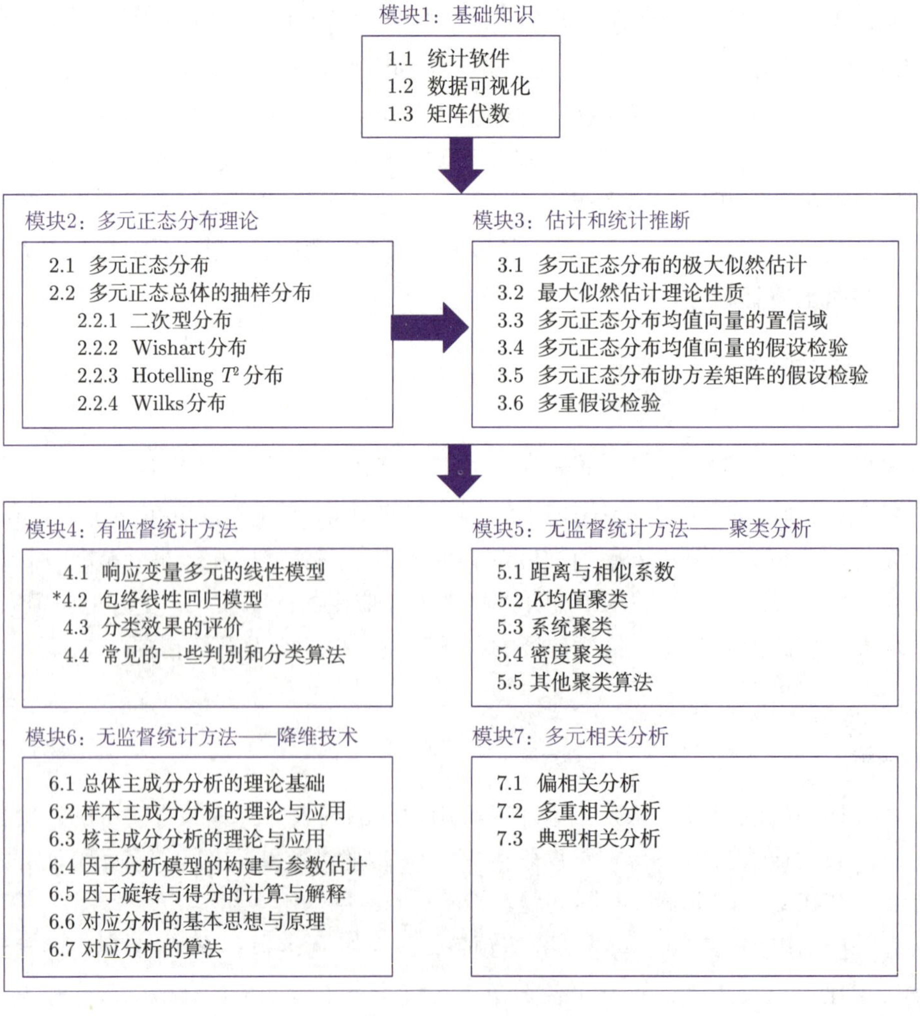

```
模块1：基础知识
  1.1 统计软件
  1.2 数据可视化
  1.3 矩阵代数

模块2：多元正态分布理论              模块3：估计和统计推断
  2.1 多元正态分布                    3.1 多元正态分布的极大似然估计
  2.2 多元正态总体的抽样分布          3.2 最大似然估计理论性质
     2.2.1 二次型分布                 3.3 多元正态分布均值向量的置信域
     2.2.2 Wishart 分布               3.4 多元正态分布均值向量的假设检验
     2.2.3 Hotelling $T^2$ 分布       3.5 多元正态分布协方差矩阵的假设检验
     2.2.4 Wilks 分布                 3.6 多重假设检验

模块4：有监督统计方法                模块5：无监督统计方法——聚类分析
  4.1 响应变量多元的线性模型          5.1 距离与相似系数
  *4.2 包络线性回归模型               5.2 $K$ 均值聚类
  4.3 分类效果的评价                  5.3 系统聚类
  4.4 常见的一些判别和分类算法        5.4 密度聚类
                                      5.5 其他聚类算法

模块6：无监督统计方法——降维技术     模块7：多元相关分析
  6.1 总体主成分分析的理论基础        7.1 偏相关分析
  6.2 样本主成分分析的理论与应用      7.2 多重相关分析
  6.3 核主成分分析的理论与应用        7.3 典型相关分析
  6.4 因子分析模型的构建与参数估计
  6.5 因子旋转与得分的计算与解释
  6.6 对应分析的基本思想与原理
  6.7 对应分析的算法
```

多元统计分析 (Multivariate Statistical Analysis)

四、课程知识点

模块 1：基础知识 (Basic Knowledge)

知识点	主要内容	能力目标	参考学时
1. 统计软件 (Statistical Software)	R 或 Python 软件的介绍及安装	建立起对 R 和 Python 软件的基本认识，搭建起自己的编程环境，并初步掌握这两种语言的基本操作	1（上机实践）
2. 数据可视化 (Data Visualization)	数据可视化概述，基本统计图表：散点图、折线图、直方图、轮廓图、雷达图、星图、脸谱图等的可视化实现	掌握基本的统计图表在 R 和 Python 语言中的实现	1（上机实践）
3. 矩阵代数 (Matrix Algebra)	矩阵的基本概念，矩阵的和、积、正交、逆、分块等运算，矩阵的行列式与特征值	了解矩阵代数的相关概念，掌握矩阵的逆、秩、特征值和特征向量等运算	3（理论方法）

模块 2：多元正态分布理论 (Theoretical Properties of the Multivariate Normal Distribution)

知识点	主要内容	能力目标	参考学时
1. 多元正态分布 (Multivariate Normal Distribution)	1. 随机向量的分布、边缘分布、条件分布、独立性及其数字特征 2. 多元正态分布的定义及基本性质	1. 了解并掌握随机向量的分布、独立性及数字特征的性质 2. 掌握多元正态分布的定义及其基本性质 3. 掌握多元正态分布特征的可视化展示	3（理论方法）+2（上机实践）
2. 多元正态总体的抽样分布 (Sampling Distribution of the Multivariate Normal Population)	二次型分布、Wishart 分布、Hotelling T^2 分布、Wilks 分布及它们的性质	理解并掌握二次型分布、Wishart 分布、Hotelling T^2 分布、Wilks 分布及它们的性质	2（理论方法）

模块3：估计和统计推断 (Estimation and Statistical Inference)

知识点	主要内容	能力目标	参考学时
1. 多元正态分布的极大似然估计 (Maximum Likelihood Estimation of Multivariate Normal Distribution)	极大似然估计基本概念，多元正态分布均值向量与协方差矩阵的极大似然估计	理解最大似然估计思想，掌握最大似然估计的基本概念，熟练掌握多元正态分布均值向量与协方差矩阵的极大似然估计方法，能够结合数据背景进行适当统计推断	3（理论方法）+2（上机实践）
2. 极大似然估计理论性质 (Theoretical Properties of Maximum Likelihood Estimation)	估计的无偏性、充分性、完备性、相合性、渐近正态性，样本均值向量与样本协方差矩阵的独立性	熟悉估计量理论性质的基本证明思想，掌握多元正态分布均值向量与协方差矩阵的极大似然估计理论性质的意义	2（理论方法）+1（上机实践）
3. 多元正态分布均值向量的置信域 (Confidence Region for the Mean Vector of Multivariate Normal Distribution)	置信域定义，置信椭球的构建及其统计意义，联合置信区间表示	理解置信域概念以及意义，熟练掌握多元正态分布均值向量置信域的构建方法与联合置信区间表示	1（理论方法）+1（上机实践）
4. 多元正态分布均值向量的假设检验 (Hypothesis Testing for the Mean Vector of Multivariate Normal Distribution)	Hotelling T^2 检验统计量定义、分布与性质，单总体均值向量的似然比检验，两总体均值向量的检验，多个多元总体均值向量的比较，高维均值向量的检验方法简介*	熟悉 Hotelling T^2 检验统计量在原假设与备择假设下的分布与性质，熟练掌握似然比检验方法的理论证明与势函数计算方法	1（理论方法）+1（上机实践）
5. 多元正态分布协方差矩阵的假设检验 (Hypothesis Testing for the Covariance Matrix of Multivariate Normal Distribution)	球性检验，协方差矩阵的似然比检验，协方差矩阵的同质性检验，协方差矩阵的结构化检验，高维协方差矩阵的估计与检验方法简介*	理解协方差矩阵假设检验目的与意义，了解球性检验与独立性检验的区别与联系，熟练掌握似然比统计量构造方法与理论	1（理论方法）+1（上机实践）
6. 多重假设检验 (Multiple Hypothesis Testing)	多重检验的概念，族错误率和错误发现率，Bonferroni 校正	理解多重检验的概念，掌握多重检验的基本意义和方法	1（理论方法）+1（上机实践）

多元统计分析 (Multivariate Statistical Analysis)

模块 4：有监督统计方法 (Supervised Statistical Methods)

知识点	主要内容	能力目标	参考学时
1. 响应变量多元的线性模型 (Linear Model with Multiple Response Variables)	响应变量一元的线性模型简介，响应变量多元的线性模型的估计、检验和预测	熟练掌握响应变量多元的线性模型的估计、检验和预测方法	4（理论方法）+3（上机实践）
2. 包络线性回归模型* (Envelope Linear Regression Model)	包络线性回归模型的基本思想及求解	熟练掌握包络线性回归模型的基本思想和计算方法，以及回归降秩的基本概念	2（理论方法）+1（上机实践）
3. 分类效果的评价 (Evaluation of Classification Results)	混淆矩阵、精确率、召回率、ROC 曲线、AUC	熟悉掌握并计算分类效果的各种评价指标	1（理论方法）
4. 常见的一些判别和分类算法 (Common Discrimination and Classification Algorithms)	距离判别、贝叶斯判别、朴素贝叶斯判别、Fisher 判别、其他分类算法(KNN、分类树、随机森林、支持向量机)*	理解一些常见判别和分类算法的原理，同时能够基于软件进行实际计算	3（理论方法）+2（上机实践）

模块 5：无监督统计方法——聚类分析 (Unsupervised Statistical Methods——Clustering Analysis)

知识点	主要内容	能力目标	参考学时
1. 距离与相似系数 (Distance and Correlation Coefficient)	欧氏距离、闵氏距离、兰氏距离、三大古典相关系数、距离相关*	熟悉掌握并计算用于聚类的各种距离与相似系数	1（理论方法）
2. 常见的一些聚类算法 (Common Clustering Algorithms)	K 均值聚类、系统聚类、密度聚类(DBSCAN)、高斯混合模型(EM 算法)和谱聚类*	理解一些常见聚类算法的原理，同时能够基于软件进行实际计算	3（理论方法）+2（上机实践）

模块 6：无监督统计方法——降维技术 (Unsupervised Statistical Methods——Dimension Reduction Techniques)

知识点	主要内容	能力目标	参考学时
1. 总体主成分分析的理论基础 (Theoretical Basis of Population Principal Component Analysis)	主成分的定义与基本思想、数学模型与几何意义、主成分的推导与性质	理解主成分分析的基本理论、掌握主成分分析的具体步骤	2（理论方法）
2. 样本主成分分析的理论与应用 (Theoretical and Practical Applications of Sample Principal Component Analysis)	样本协方差矩阵的计算方法、累计贡献率、碎石图、数据降维及其应用场景	熟练掌握样本协方差矩阵计算、累计贡献率与碎石图的应用、灵活运用降维技术解决特征提取、数据压缩和可视化问题	2（理论方法）+2（上机实践）
3. 核主成分分析的理论与应用 (Theoretical and Practical Applications of Kernel Principal Component Analysis)	核主成分分析的基本思想、核函数的定义与常见类型（如线性核、高斯核、多项式核等）、核矩阵的计算方法、核主成分分析在非线性数据降维中的应用场景	理解核主成分分析的非线性特性与数学原理、熟练掌握核函数选择与核矩阵计算、能够应用核主成分分析处理复杂非线性数据并解释结果	1（理论方法）+1（上机实践）
4. 因子分析模型的构建与参数估计 (Construction and Parameter Estimation of Factor Analysis Models)	因子分析的基本思想、因子分析模型、因子荷载矩阵的估计方法	掌握因子分析的基本思想，因子分析模型的构建过程、熟练应用因子荷载矩阵的估计方法	2（理论方法）+2（上机实践）
5. 因子旋转与得分的计算与解释 (Calculation and Interpretation of Factor Rotation and Scores)	公共因子重要性分析、因子旋转的计算与解释、因子得分的计算与解释、以及应用场景	掌握公共因子的重要性分析方法，熟练运用因子旋转技术、能够计算因子得分并解释其在变量分类与特征提取中的意义、灵活应用因子分析方法解决多变量数据分析问题	2（理论方法）+2（上机实践）
6. 对应分析的基本思想与原理 (Fundamental Concepts and Principles of Correspondence Analysis)	列联表数据的标准化处理、SVD 分解方法、对应分析的二维可视化	掌握对应分析的基本原理，熟练掌握列联表标准化和 SVD 分解、能通过二维可视化揭示分类变量关系并解释分析结果	2（理论方法）+1（上机实践）
7. 对应分析的算法 (Algorithms for Correspondence Analysis)	过度矩阵的计算、特征值与方差贡献率、R 型因子分析、Q 型因子分析	掌握对应分析算法，熟悉过渡矩阵计算、特征值与方差贡献率的解析，理解 R 型与 Q 型因子分析方法，能应用对应分析揭示变量间的潜在结构和关系	1（理论方法）+1（上机实践）

模块7：多元相关分析 (Multivariate Correlation Analysis)

知识点	主要内容	能力目标	参考学时
1. 偏相关分析 (Partial Correlation Analysis)	偏相关系数的定义、计算方法及其在控制变量后的应用场景，高维偏相关分析方法简介*	熟练运用偏相关分析方法，理解偏相关系数在控制其他变量后对变量直接关系的量化作用，分析其在多元统计分析中的实际意义和应用场景	1.5 (理论方法)+1（上机实践)
2. 多重相关分析 (Multiple Correlation Analysis)	多重相关系数的计算方法及其在评估多元回归模型拟合优度中的作用，高维多重相关分析方法简介*	掌握多重相关分析的核心概念与计算方法，理解多重相关系数在衡量多个变量组综合相关性中的统计意义，准确评估其在多变量回归模型中的应用价值	1.5 (理论方法)+1（上机实践)
3. 典型相关分析 (Canonical Correlation Analysis)	定义典型变量与典型相关系数，推导其计算公式并讨论其意义。理解典型变量的构建及其在多组变量间关系中的意义，高维典型相关分析方法简介*	熟练掌握典型相关分析的基本思想及应用场景，掌握典型变量和典型相关系数的推导与计算方法，具备利用统计软件进行典型相关分析的能力	2（理论方法)+2（上机实践)

五、课程英文摘要

1. Introduction

Multivariate statistical analysis is one of the most important branches of statistics and a science that studies methods for processing multivariate data. Multivariate statistical analysis is a highly applicable course that can analyze the statistical patterns among multiple correlated objects or variables. It includes many very useful data processing methods and has been widely applied in various fields such as natural sciences and social sciences. Especially in today's rapidly developing big data technology, its importance is even more prominent. The course mainly introduces the ideas, methods and theories of multivariate statistical analysis, as well as applications in R and Python languages. It covers the main contents of classical multivariate statistical analysis and modern multivariate statistical analysis, including fundamental knowledge, multivariate normal distribution, sampling distribution of multivariate normal population, parameter estimation of multivariate normal distribution, confidence intervals and hypothesis testing, multivariate linear regression model, discrimination and classification, cluster analysis, principal component analysis, factor analysis, correspondence analysis, and canonical correlation analysis, and other topics and applications. To an appropriate extent, the course reflects the historical development, scientific ideas, and current advancements of the discipline.

2. Goals

The goal of this course is to enable students to systematically master the ideas, methods and theories of multivariate statistical analysis, lay a solid foundation in mathematics and statistics, cultivate their proficiency in using statistical software (such as R language and Python language) for programming, and develop their ability to analyze and solve practical problems using multivariate statistical analysis methods. It aims to cultivate outstanding talents who can engage in statistical theory, methods and applications in fields such as economics, finance, management, biology, engineering, education and medicine, and better serve the country. At the same time, cultivate students' high cultural self-confidence, good scientific quality and pioneering spirit.

3. Covered Topics

Modules	List of Topics	Suggested Hours
1. Basic Knowledge	Statistical Software (1), Data Visualization (1), Matrix Algebra (3)	3 (Theory and Methods)+ 2 (Computer Practice)
2. Theoretical Properties of the Multivariate Normal Distribution	Multivariate Normal Distribution (3+2), Sampling Distribution of the Multivariate Normal Population (2)	5 (Theory and Methods)+ 2 (Computer Practice)
3. Estimation and Statistical Inference	Maximum Likelihood Estimation of Multivariate Normal Distribution (3+2), Theoretical Properties of Maximum Likelihood Estimation (2+1), Confidence Region for the Mean Vector of Multivariate Normal Distribution (1+1), Hypothesis Testing for the Mean Vector of Multivariate Normal Distribution (1+1), Hypothesis Testing for the Covariance Matrix of Multivariate Normal Distribution (1+1), Multiple Hypothesis Testing (1+1)	9 (Theory and Methods)+ 7 (Computer Practice)

多元统计分析 (Multivariate Statistical Analysis)

续表

Modules	List of Topics	Suggested Hours
4. Supervised Statistical Methods	Linear Model with Multiple Response Variables (4+3), Envelope Linear Regression Model (2+1), Evaluation of Classification Results (1), Common Discrimination and Classification Algorithms (3+2)	10 (Theory and Methods)+ 6 (Computer Practice)
5. Unsupervised Statistical Methods- Clustering Analysis	Distance and Correlation Coefficient (1), Common Clustering Algorithms (3+2)	4 (Theory and Methods)+ 2 (Computer Practice)
6. Unsupervised Statistical Methods- Dimension Reduction Techniques	Theoretical Basis of Population Principal Component Analysis (2), Theoretical and Practical Applications of Sample Principal Component Analysis (2+2), Theoretical and Practical Applications of Kernel Principal Component Analysis (1+1), Construction and Parameter Estimation of Factor Analysis Models (2+2), Calculation and Interpretation of Factor Rotation and Scores (2+2), Fundamental Concepts and Principles of Correspondence Analysis (2+1), Algorithms for Correspondence Analysis (1+1)	12 (Theory and Methods)+ 9 (Computer Practice)
7. Multivariate Correlation Analysis	Partial Correlation Analysis (1.5+1), Multiple Correlation Analysis (1.5+1), Canonical Correlation Analysis (2+2)	5 (Theory and Methods)+ 4 (Computer Practice)
Total	27	49+32

非参数统计 (Nonparametric Statistics)

一、课程定位

非参数统计学是一门无需假设数据分布形式的统计学分支。随着数据科学的飞速发展，尤其是在处理大数据、高维数据和复杂非正态分布数据时，非参数统计方法显示出其独特的优势。非参数统计不仅能提供灵活的推断框架，而且能在没有强分布假设的情况下进行有效分析，广泛应用于社会科学、生命科学、经济学、金融学以及机器学习等多个领域。

本课程旨在介绍非参数统计的核心理论、方法与应用。课程设计将通过理论讲解、编程实践与案例研究相结合的方式，帮助学生掌握非参数统计学的基础方法、进阶技术以及前沿应用。通过课程学习，学生将能够独立进行非参数数据分析，掌握现代数据科学中的核心技能。

二、课程目标

本课程目标是为学生提供全面的非参数统计学基础，培养其在实际数据分析中灵活应用非参数统计方法的能力，具体包括：

1. 掌握非参数统计的核心理论与方法：包括非参数假设检验、核密度估计、自助法、经验分布等。

2. 提升编程实践能力：通过 Python 或 R 软件编程实现非参数统计方法，熟练掌握数据分析的计算工具。

3. 培养批判性思维与创新能力：通过案例研究与小组项目，培养学生独立思考、解决复杂统计问题的能力。

4. 为进一步研究打下基础：本课程为学生提供扎实的统计推断基础，为其进一步深入学习高级统计学和数据科学领域的知识奠定坚实基础。

通过本课程，学生将能够在没有明确分布假设的情况下进行有效的统计分析，为进入统计学、数据科学等领域打下坚实基础。

三、课程设计

本课程需要概率论、统计推断和回归分析的先导课程。本课程遵循两条主线来组织：

1. 分布函数与统计泛函：通过学习分布函数的估计，对总体参数或特征进行抽象刻画，从而建立非参数推断的基础。

2. 方差与偏差的权衡框架：借助逼近理论，通过对非参数回归的分析来实现对方差和偏差的有效平衡。

此外，我们还将借助统计泛函的导数进行稳健估计的学习。课程特别注重将这些理论与方法应用于实际问题，并通过重抽样算法等和编程实践进行实现，使学生能够在真实数据中运用非参数统计方法。

本课程面向大学统计学专业，作为一学期的课程在三年级下学期或四年级上学期开设。课程将仍然分为基础理论阶段、核心方法阶段和现代发展与应用阶段三大部分。为了适应 3 学分的安排，每周将有一个模块或多个子模块，按照内容的难度和教学需要合理划分。内容之间的逻辑关系如下所示。

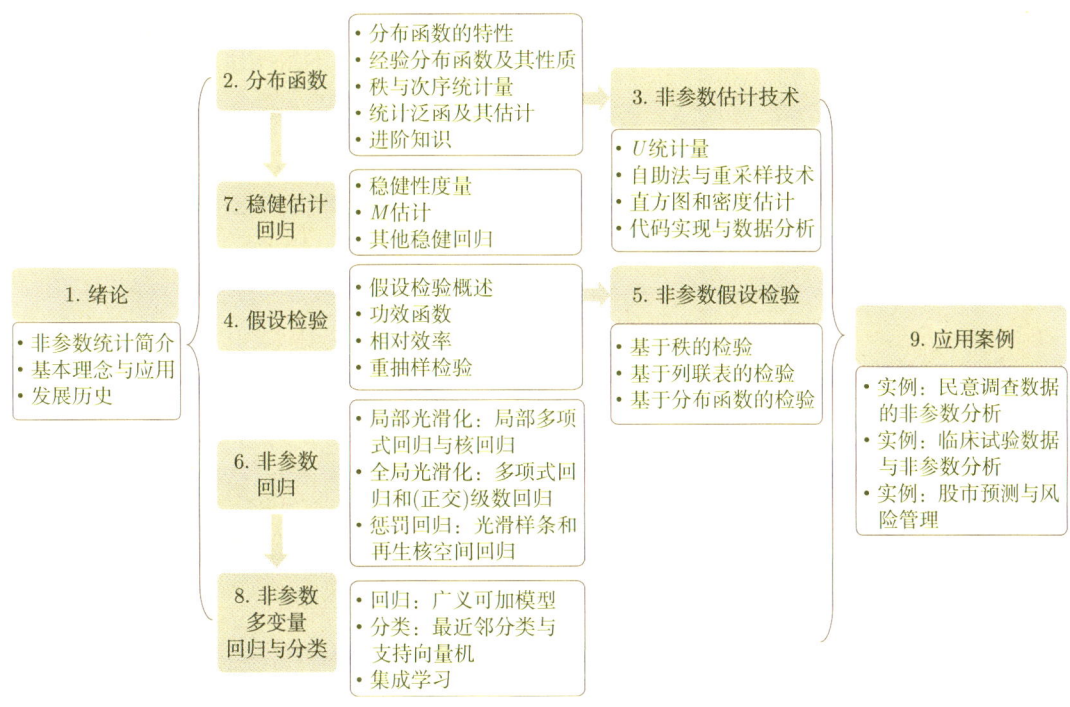

四、课程知识点

模块 1：绪论 (Introduction)

知识点	主要内容	能力目标	参考学时
非参数统计简介 (Introduction)	基本概念	熟悉非参数统计的基本理念与应用，以及其发展历史	1

模块 2：分布函数 (Distribution Function)

知识点	主要内容	能力目标	参考学时
1. 经验分布函数 (Empirical Distribution Function)	经验分布函数的定义、Glivenko–Cantelli 定理、Dvoretzky–Kiefer–Wolfowitz 不等式	熟悉经验分布函数及其性质，并且能够证明 Glivenko–Cantelli 定理	2
2. 次序统计量 (Order Statistics)	次序统计量、秩	熟悉次序统计量和秩等的基本概念，以及与经验分布函数的关系	1
3. 统计泛函 (Statistical Functionals)	统计泛函及其估计、置信区间的构造，影响函数的定义，非参数 delta 方法	熟悉统计泛函的基本概念和常见例子，了解其估计、置信区间的构造	2

模块 3：非参数估计和计算技术 (Nonparametric Estimation and Computational Techniques)

知识点	主要内容	能力目标	参考学时
1. U 统计量 (U-Statistics)	U 统计量、Hoeffding 分解、一样本 U 统计量的渐近分布、两样本 U 统计量的渐近分布	熟悉 U 统计量的定义和渐近性质，掌握 Hoeffding 分解，一或两样本 U 统计量的渐近分布	3
2. 重抽样 (Resampling)	自助法、刀切法、自助置信区间的构造	掌握自助法和刀切法的计算，了解它们之间的异同	2
3. 密度估计 (Density Estimation)	直方图、核函数、窗宽、密度核估计	掌握两类密度估计的计算，了解从直方图到密度核估计的重要性，初步熟悉局部光滑化的思想	2

模块 4：假设检验 (Hypothesis Testing)

知识点	主要内容	能力目标	参考学时
1. 假设检验问题基本概念 (Basic Concepts of Hypothesis Test)	显著性检验、p 值、功效检验基本概念、Neyman-Pearson 引理、一致最大功效检验、相对效率	1. 理解显著性检验思想，掌握假设检验的基本概念，熟练计算检验方法的 p 值 2. 理解最大功效检验的概念，熟悉 NP 引理，熟练掌握最大功效检验方法的计算方法 3. 掌握相对效率的计算方法	1

续表

知识点	主要内容	能力目标	参考学时
2. 重抽样检验 (Resampling Tests)	置换检验和自助检验	掌握置换检验和自助检验的范式	2

模块 5：非参数假设检验 (Nonparametric Hypothesis Testing)

知识点	主要内容	能力目标	参考学时
1. 基于秩的检验 (Rank-Based Tests)	秩检验、秩和检验、秩相关检验、Kruskal–Wallis 检验、Kolmogorov–Smirnov 检验、Cramér–von Mises 检验	熟练掌握各类基于秩检验的方法，并结合重抽样检验，掌握它们精确和渐近检验分布	4
2. 基于列联表的检验 (Contingency Table Tests)	卡方检验、Fisher 精确检验、McNemar 检验	熟练掌握各类基于列联表的检验方法	2
3. 基于分布函数的检验 (Distribution Function-Based Tests)	能量距离检验和距离协方差检验	结合置换检验，熟练掌握两样本的能量距离检验和独立性的距离协方差检验，了解它们和分布函数的关系	2

模块 6：非参数回归 (Nonparametric Regression)

知识点	主要内容	能力目标	参考学时
1. 局部光滑化 (Local Smoothing)	方差与偏差的权衡、局部多项式回归与核回归、窗宽选择、核回归的收敛性与精度	熟练掌握局部光滑的基本框架，掌握常见的窗宽选择和计算细节	3
2. 全局光滑化 (Global Smoothing)	多项式回归和(正交)级数回归	熟悉多项式回归和(正交)级数回归的基本框架和算法	2
3. 惩罚回归 (Penalized Regression)	样条、B 样条、再生核、正定函数、光滑样条和再生核空间回归、交叉验证	熟练掌握样条和再生核等概念，光滑样条和再生核空间回归的理论和算法，了解利用交叉验证选取超参数的方法	3

模块 7：稳健估计回归 (Robust Estimation in Regression)

知识点	主要内容	能力目标	参考学时
1. 稳健性度量 (Robustness Measures)	大错敏感度、局部偏移灵敏度、崩溃点	熟练掌握崩溃点、基于影响函数的大错敏感度和局部偏移灵敏度等稳健性定义	2

续表

知识点	主要内容	能力目标	参考学时
2. M 估计 (M-Estimation)	ψ 型和 ρ 型 M 估计	了解 M 估计是稳健时的 ψ 和 ρ 函数的选取，及相应的效能	2
3. 其他稳健回归 (Other Robust Regression)	L 估计量、R 估计量和 S 估计量、分位数回归、基于指数平方损失函数的稳健回归、基于最小二乘法的稳健回归	了解各类稳健回归的优缺点	2

模块 8：非参数多变量回归与分类 (Nonparametric Multivariate Regression and Classification)

知识点	主要内容	能力目标	参考学时
1. 非参数回归 (Nonparametric Regression)	广义可加模型	了解广义可加模型的算法	1
2. 非参数分类 (Nonparametric Classification)	最近邻分类与支持向量机	了解最近邻分类与支持向量机的算法	2
3. 集成学习 (Ensemble Learning)	随机森林、袋装法和提升法	了解三种基本的集成学习算法，以及和非参数回归的联系和区别	4

模块 9：应用案例 (Application)

知识点	主要内容	能力目标	参考学时
真实案例 (Real-World Case Studies)	民意调查数据的非参数分析，临床试验数据与非参数分析，股市预测与风险管理	综合应用	3

五、课程英文摘要

1. Introduction

Nonparametric statistics is a branch of statistics that does not require assumptions about the data distribution. With the rapid advancement of data science, nonparametric methods have been proven to be particularly effective in handling large, high-dimensional, and complex data with non-normal distributions. These methods offer a flexible framework for statistical inference and enable effective analysis without the need for strict distributional assumptions. As a result, they have found wide applications in diverse fields, including social sciences, life sciences, economics, finance, and machine learning.

This course textbook is designed to introduce the core theories, methods, and applications of nonparametric statistics. It aims to provide readers with a solid foundation in nonparametric statistical techniques, through a combination of theoretical explanation, practical programming, and case studies. By engaging with this material, readers will develop the necessary skills to conduct nonparametric data analysis independently, laying a strong foundation for advanced studies in data science and related fields.

2. Goals

The objective of this course book is to provide students with a comprehensive foundation in nonparametric statistics and to develop their ability to flexibly apply nonparametric methods in real-world data analysis. Specifically, this course aims to:

(1) **Master the core theories and methods of nonparametric statistics**: This course includes nonparametric hypothesis testing, kernel density estimation, bootstrapping, empirical distribution, and other techniques.

(2) **Enhance programming and practical skills:** Students will implement nonparametric statistical methods using Python or R, becoming proficient in the computational tools for data analysis.

(3) **Cultivate critical thinking and innovative problem-solving:** Through case studies and group projects, students will develop the ability to think independently and tackle complex statistical problems.

(4) **Lay the foundation for further research:** This course provides a solid grounding in statistical inference, preparing students for advanced studies in fields such as advanced statistics and data science.

Upon completing the course, students will be capable of conducting effective statistical analyses without relying on explicit distributional assumptions, providing a strong foundation for careers in statistics, data science, and related fields.

3. Covered Topics

Modules	List of Topics	Suggested Hours
1. Introduction	Familiarity with the Basic Concepts and Applications, and Historical Development (1)	1
2. Distribution Function	Empirical Distribution Function(2), Order Statistics (1), Statistical Functionals (2)	5
3. Nonparametric Estimation and Computational Techniques	U-Statistics(3), Resampling(2), Density Estimation (2)	7
4. Hypothesis Testing	Basic Concepts of Hypothesis Test (1), Resampling Tests (2)	3
5. Nonparametric Hypothesis Testing	Rank-Based Tests(4), Contingency Table Tests (2), Distribution Function-Based Tests (2)	8
6. Nonparametric Regression	Local Smoothing(3), Global Smoothing (2), Penalized Regression (3)	8
7. Robust Estimation in Regression	Robustness Measures (2), M-Estimation (2), Other Robust Regression (2)	6
8. Nonparametric Multivariate Regression and Classification	Nonparametric Regression (1), Nonparametric Classification (2), Ensemble Learning (4)	7
9. Application	Real-World Case Studies (3)	3
Total	22	48

回归分析 (Regression Analysis)

一、课程定位

本课程是统计学专业本科生的专业核心课,同时也适用于应用统计学、经济统计学、生物统计学、数据科学与大数据技术等相关专业的学生。回归分析的核心是通过回归模型建立因变量与解释变量间的联系,它将数理科学应用于自然科学、社会科学、工程管理等各学科的量化研究。本课程以最基础的线性回归模型为主,为学生系统介绍线性回归模型的建模思路、方法和原理,并在经典回归分析方法的基础上增加模型选择和模型平均、高维回归、非参数回归等统计前沿知识,这也是相关专业本科生今后学习更加复杂的统计模型的理论基础;同时本课程是一门以解决实际问题为导向的课程,尤其在面向各学科量化分析人才培养时,增加适应于更加复杂应用场景的广义线性模型等内容,提升学生运用回归分析方法解决实际问题的能力。本课程是掌握统计建模技术的核心课程,也是学习其他后续统计学专业课程的必备基础。本课程面向大三学生开设,在学习本课程之前,学生应已学习过微积分、线性代数、概率论、统计推断(或数理统计)等课程。

二、课程目标

本课程要求学生在学习概率与统计推断基本理论基础上,系统掌握回归分析的基本理论、基本方法和基本技能,重点培养和锻炼学生运用回归分析方法定量分析和解决实际问题以服务国家建设和发展需求的能力。学习本课程后应该在基本理论方面,掌握回归分析的概念体系和基本原理,特别是回归分析模型下参数的估计和统计推断;在基本方法方面,要掌握回归分析的应用场合、模型假设、参数估计、模型诊断,理解回归分析模型推断的结果;在基本技能方面,要具有实际案例场合下选择合适回归分析模型、制订回归分析方案、解释回归模型结果的能力,并通过统计软件(R 或 Python)等实现具体的数据分析任务。

三、课程设计

该课程设计主要包含以下五个模块的知识点,关系如下所示。

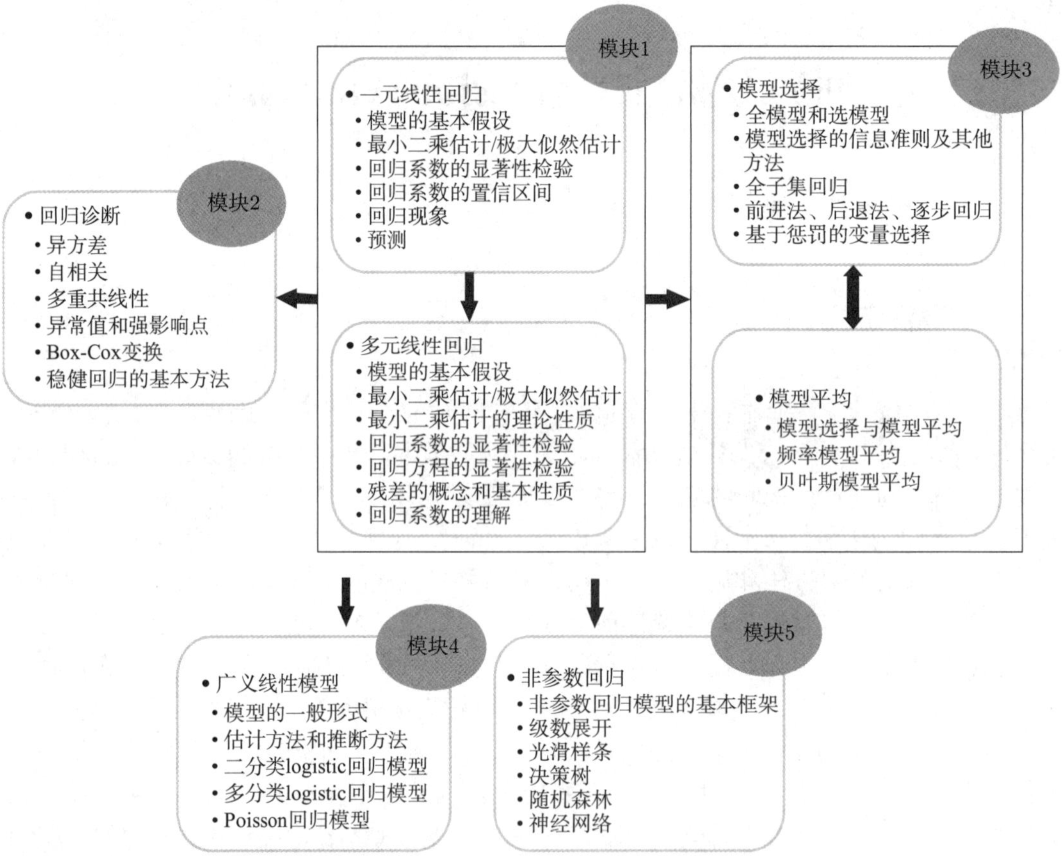

模块1
- 一元线性回归
- 模型的基本假设
- 最小二乘估计/极大似然估计
- 回归系数的显著性检验
- 回归系数的置信区间
- 回归现象
- 预测

模块2
- 回归诊断
- 异方差
- 自相关
- 多重共线性
- 异常值和强影响点
- Box-Cox变换
- 稳健回归的基本方法

模块1（多元线性回归）
- 多元线性回归
- 模型的基本假设
- 最小二乘估计/极大似然估计
- 最小二乘估计的理论性质
- 回归系数的显著性检验
- 回归方程的显著性检验
- 残差的概念和基本性质
- 回归系数的理解

模块3
- 模型选择
- 全模型和选模型
- 模型选择的信息准则及其他方法
- 全子集回归
- 前进法、后退法、逐步回归
- 基于惩罚的变量选择

- 模型平均
- 模型选择与模型平均
- 频率模型平均
- 贝叶斯模型平均

模块4
- 广义线性模型
- 模型的一般形式
- 估计方法和推断方法
- 二分类logistic回归模型
- 多分类logistic回归模型
- Poisson回归模型

模块5
- 非参数回归
- 非参数回归模型的基本框架
- 级数展开
- 光滑样条
- 决策树
- 随机森林
- 神经网络

1. 一元/多元线性回归模型：通过散点图及介绍变量之间的关系引入回归的思想，从最简单的一元线性回归模型开始，扩展到多元线性回归模型，从简单到复杂，深入浅出讲解回归模型的建模思想、估计方法和统计推断理论。

2. 回归诊断及应用：详细介绍数据结构出现异常或违背基本假设的诊断方法和处理方法，包括异方差、自相关、多重共线性、影响分析等内容，以及变量变换、稳健回归等解决办法，通过理论讲解和案例分析，培养学生灵活的统计建模思想。

3. 模型选择和模型平均：介绍模型选择和模型平均的基本思想和原理，在线性回归模型下给出相应的理论结果，并结合具体的案例分析讲述模型选择和模型平均的实际应用，培养学生扎实的理论基础和动手实践能力。

4. 广义线性回归模型：系统介绍广义线性回归模型的估计和统计推断方法，并以logistic 回归和 Poisson 回归为例详细展开，通过理论与实践相结合的方式，增强学生在具体数据分析任务和模型构建中的应用能力。

5. 非参数回归模型：介绍非参数回归模型的基本原理和估计方法，包括级数展开、光滑样条、决策树、随机森林、神经网络等经典非参数回归方法。通过方法讲解和案例分析，帮助学生深入理解非参数方法的原理及其在实际应用中的场景。

回归分析 (Regression Analysis)

除了理论与方法的讲解,还会引入统计软件的学习和实践。通过主流统计软件 R(或 Python)的操作教学,鼓励学生动手实践,利用统计软件完成数据分析的实际任务。通过学习和实践,学生能够从理论上加深对回归思想的理解,从实践上拓展对回归模型应用的认识,实现理论与实践并重的教学目的。

四、课程知识点

模块1:一元/多元线性回归 (Simple/Multiple Linear Regression)

知识点	主要内容	能力目标	参考学时
1. 一元线性回归 (Simple Linear Regression)	一元线性回归模型的基本假设,最小二乘估计和极大似然估计,回归系数的 t 检验、F 检验、相关系数检验,以及三者的等价性,回归系数的置信区间,模型的解释、预测和应用(包括对回归现象的理解)	掌握一元线性回归模型的基本假设、估计方法、假设检验方法、预测和模型解释,并能够利用统计软件解决相关的实际问题	3
2. 多元线性回归 (Multiple Linear Regression)	多元线性回归模型的基本假设,回归系数的估计方法和理论性质,回归系数的 t 检验和 F 检验,回归方程的显著性检验,残差的概念和理论性质,模型的拟合优度,系数的区间估计,模型的解释(Simpson 悖论的理解等)、预测和应用,属性自变量的建模,数据的中心化和标准化过程,以及相关矩阵和偏相关系数的基本概念	掌握多元线性回归模型的基本假设、估计方法、假设检验方法、预测和模型解释,并能够利用统计软件解决相关的实际问题	8

模块2:回归诊断 (Regression Diagnostics)

知识点	主要内容	能力目标	参考学时
1. 异方差 (Heteroscedasticity)	异方差产生的原因和背景,异方差对最小二乘估计的影响,异方差的诊断方法,加权最小二乘估计基本原理,广义最小二乘估计,Box-Cox 变换	掌握异方差的诊断方法和处理方法,并能够解决相关的实际问题	3
2. 自相关 (Autocorrelation)	自相关产生的原因和背景,自相关对最小二乘估计的影响,自相关的诊断方法,差分法和迭代法	掌握自相关的诊断方法和处理方法,并能够解决相关的实际问题	3
3. 多重共线性 (Multicollinearity)	多重共线性产生的原因和背景,多重共线性的影响,条件数,方差膨胀因子,多重共线性的处理方法,岭估计,偏最小二乘,主成分回归	掌握多重共线性的诊断方法和处理方法,并能够解决相关的实际问题	3

续表

知识点	主要内容	能力目标	参考学时
4. 影响分析 (Influence Analysis)	异常值、强影响点以及高杠杆值的基本概念和诊断方法，学生化残差、删除残差、删除学生化残差、Cook 距离等的基本性质，了解稳健回归的原理及其基本方法，M 估计等	掌握异常值和强影响点的诊断方法和处理方法，并能够解决相关的实际问题	3

模块 3：模型选择和模型平均 (Model Selection and Model Averaging)

知识点	主要内容	能力目标	参考学时
1. 经典变量选择方法和模型选择方法 (Classical Variable Selection and Model Selection Methods)	全模型和选模型，全子集回归，变量选择的准则，AIC 准则，BIC 准则，前进法，后退法，逐步回归法，不同种类模型的选择，交叉验证	掌握经典的变量选择方法，并能够解决相关的实际问题	4
2. 基于惩罚的变量选择方法 (Variable Selection Methods Based on Penalty)	Lasso，自适应 Lasso，SCAD，MCP，弹性网等变量选择方法，变量选择准确性的评价方法	熟悉常用的变量选择方法，并能够利用这些方法实现具体问题的变量选择	3
3. 模型平均 (Model Averaging)	模型选择与模型平均的优缺点及适用场景，常见的模型平均方法	掌握模型平均的基本原理，能够判断模型平均是否合适，并能够解决相关的实际问题	4

模块 4：广义线性模型 (Generalized Linear Models)

知识点	主要内容	能力目标	参考学时
1. 广义线性模型 (Generalized Linear Models)	广义线性模型的一般形式，指数型分布族，随机成分，系统成分，连接函数，模型的极大似然估计方法和加权最小二乘估计方法	掌握广义线性模型的基本理论和估计方法	4
2. logistic 回归 (Logistic Regression)	二分类 logistic 回归和多分类 logistic 回归的模型形式、估计方法和估计的理论性质，系数的区间估计，模型的解释、预测和应用	掌握 logistic 回归模型的建模原理和基本性质，并能够利用该类模型解决具体的实际问题	3
3. Poisson 回归 (Poisson Regression)	Poisson 回归模型的基本形式，估计方法和推断方法，模型的解释、预测和应用	掌握 Poisson 回归模型的建模原理和实现过程，并能够利用该类模型解决具体的实际问题	3

模块 5：非参数回归 (Nonparametric Regression)

知识点	主要内容	能力目标	参考学时
1. 非参数回归 (Nonparametric Regression)	非参数回归模型的框架和设定，经典非参数回归方法的基本原理和思想	掌握非参数回归模型的基本框架和经典的估计方法	2
2. 级数展开 (Series Expansion)	非参数回归中级数展开方法的基本思想，基函数的选择，参数估计，截断点的选择	掌握级数展开方法的基本原理和实现方法，并能够利用该方法解决具体的实际问题	1
3. 光滑样条 (Smoothing Splines)	光滑样条的基本思想和模型形式，估计过程，调节参数的选择，误差分析	掌握光滑样条方法的基本原理和实现方法，并能够利用该方法解决具体的实际问题	1
4. 决策树 (Decision Trees)	决策树模型的基本概念和原理，树的结构，树的生成与剪枝，决策树的优缺点	掌握决策树的基本原理和实现方法，并能够利用该类方法解决具体的实际问题	1
5. 随机森林 (Random Forests)	随机森林的基本原理和构建过程，集成学习思想，训练过程，变量重要性	掌握随机森林的基本概念和集成学习的思想，并能够利用该方法解决具体的实际问题	1
6. 神经网络 (Neural Networks)	神经网络的基本概念和结构，激活函数，优化算法	掌握神经网络的基本概念和实现方法，并能够利用该类方法解决具体的实际问题	1

五、课程英文摘要

1. Introduction

"Regression Analysis" is a core course for undergraduate students majoring in Statistics, and it is also essential for students in related fields such as Applied Statistics, Economic Statistics, Biostatistics, Data Science, and Big Data Technology. The main objective of regression analysis is to establish a relationship between the dependent variable and explanatory variables through regression models. Regression Analysis is a subject that applies mathematical and statistical methods to the quantitative research in various disciplines, including natural sciences, social sciences, engineering, and management.

This course primarily focuses on the general linear regression model and systematically introduces the modeling ideas, methods, and principles of regression analysis. It also covers advanced topics such as model selection, model averaging, high-dimensional regression, and nonparametric regression, where the connections with the classical regression analysis methods will be highlighted. These topics form a theoretical foundation for students in statistics and related majors to learn more complex statistical models in the future. It should be emphasized that "Regression Analysis" is a course oriented towards solving practical problems. It is particularly important to train students to acquire skills in quantitative analysis across various disciplines. The course includes content such as generalized linear models, which are adapted to more complex application scenarios, thereby enhancing students' ability to apply regression analysis methods to solve real-world problems.

This course is a core course for mastering statistical modeling techniques and serves as a necessary foundation for learning other advanced statistical courses. This course is designed for third-year undergraduate students. Prior to taking this course, students are expected to have completed courses in calculus, linear algebra, probability theory, and statistical inference (or mathematical statistics).

2. Goals

This course requires students to systematically master the basic theories, methods, and skills of regression analysis, based on a fundamental understanding of probability and statistical inference. The focus is on developing students' ability to apply regression analysis methods to quantitatively analyze and solve real-world problems, in order to contribute to national construction and development needs.

By the end of the course, students should achieve the following objectives. Basic Theoretical Knowledge: Students will understand the conceptual framework and fundamental principles of regression analysis, particularly in terms of parameter estimation and statistical inference under regression models. Basic Methods: Students will master the application scenarios of regression analysis, the assumptions of models, parameter estimation, and model diagnostics. They will also understand how to interpret the estimation results made by regression models. Basic Skills: Students will be able to select the appropriate regression model, design regression analysis plans, and interpret the results of regression models in practical settings. Additionally, they will have the ability of performing data analysis tasks using statistical software (such as R and Python).

回归分析 (Regression Analysis)

3. Covered Topics

Modules	List of Topics	Suggested Hours
1. Simple/Multiple Linear Regression	Simple Linear Regression (3), Multiple Linear Regression (5)	11
2. Regression Diagnostics	Heteroscedasticity (3), Autocorrelation (3), Multicollinearity (3), Influence Analysis (3)	12
3. Model Selection and Model Averaging	Classical Variable Selection and Model Selection Methods (4), Variable Selection Methods Based on Penalty (3), Model Averaging (4)	11
4. Generalized Linear Models	Generalized Linear Models (4), Logistic Regression (3), Poisson Regression (3)	10
5. Nonparametric Regression	Nonparametric Regression(2), Series Expansion(1), Smoothing Splines(1), Decision Trees(1), Random Forests(1), Neural Networks(1)	7
Total	18	51

数据抽样与试验设计
(Data Sampling and Experimental Design)

一、课程定位

数据抽样与试验设计是两类重要的数据采集方法，在自然科学、社会科学、生物医学、经济管理、工业技术等领域中有着广泛的应用。本课程系统讲解数据采集的各种方法，包括简单随机抽样、分层抽样、整群抽样、不等概率抽样、多阶段抽样等抽样方法，正交设计、均匀设计、计算机试验、最优设计、序贯设计等试验设计方法，以及大数据子抽样方法等。本课程是统计数据分析的基础。在学习本课程之前，学生应已学习过微积分、线性代数、概率论、统计推断（或数理统计）、回归分析等课程。

二、课程目标

本课程目标是使学生全面深入地了解数据抽样和试验设计的基本概念、原理和方法，了解数据采集前沿技术及重要应用领域，能够针对复杂的实际问题设计科学的数据抽样或试验设计方案；培养学生批判性思维和创造性思维，培养和锻炼学生综合运用各种数据采集方法解决实际问题的能力；使学生能够从专业角度深刻认识和理解数据抽样和试验设计方法对我国经济社会各领域发展的重要性，树立以扎实的专业学识服务国家战略的理想信念。

三、课程设计

数据抽样与试验设计课程系统讲述数据采集方法的基本原理和方法，课程从介绍数据抽样和试验设计的重要性开始，通过一些实际例子展示选择有代表性样本点的必要性；接着详细介绍基本的抽样思想和方法，重点介绍经典的概率抽样方法；试验设计方面则是从经典的设计、正交设计、均匀设计、最优设计到计算机试验。最后一部分涉及抽样技术和试验设计等综合性的数据收集方法，介绍近年来发展起来的基于试验设计的大数据子抽样理论及应用。

本课程可作为一学期的课程在大学统计学类各专业的三年级或四年级开设。课程内容包含四个模块，模块之间的逻辑关系如下所示。

数据抽样与试验设计 (Data Sampling and Experimental Design)

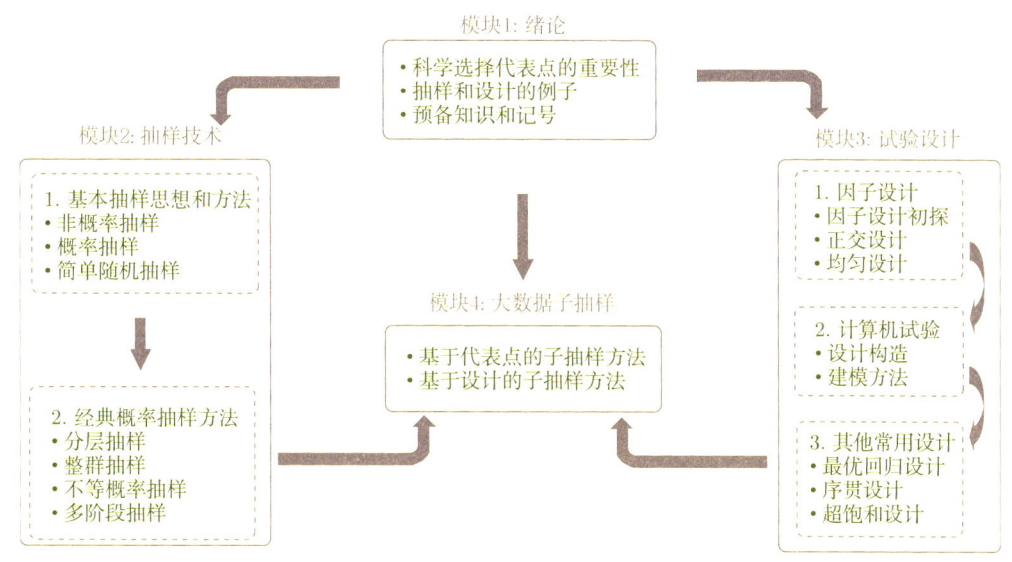

四、课程知识点

模块1：绪论 (Introduction)

知识点	主要内容	能力目标	参考学时
1. 数据采样的重要性和应用 (Importance and Application of Data Sampling)	数据采样的重要意义，不同应用案例	通过应用案例了解不同数据采样方法的应用场景	2
2. 预备知识 (Preliminaries)	本课程中具有共性的统计学知识	掌握本课程通用的基本知识点和常用记号	1

模块2：抽样技术 (Sampling Techniques)

知识点	主要内容	能力目标	参考学时
1. 调查的概念 (Concept of Survey)	抽样调查、抽样调查步骤、抽样误差、非抽样误差、精度	掌握抽样调查的基本概念，理解抽样与非抽样误差以及估计量的评价标准	1
2. 非概率抽样 (Nonprobability Sampling)	方便抽样、判断抽样、敏感性问题调查、滚雪球抽样等	了解非概率抽样的优点和缺点，通过几个例子深刻理解好样本需要具备的特征	2
3. 概率抽样 (Probability Sampling)	入样概率、置信区间	掌握概率抽样的基本框架	1

续表

知识点	主要内容	能力目标	参考学时
4. 简单随机抽样 (Simple Random Sampling)	定义及估计方法，样本量的确定，简单随机抽样（SRS）下利用辅助信息的比率估计和回归估计	理解和掌握简单随机抽样的定义和样本的基本性质、样本均值估计的无偏性、会在各种精度要求下计算所需样本量，能利用辅助信息给出比率估计和回归估计的形式	2
5. 分层抽样 (Stratified Sampling)	定义和估计量方法，样本量的分配和确定，分层抽样的效率分析，设计效应	了解分层抽样的定义和特点，理解和掌握分层抽样下总体均值点估计和区间估计，分层抽样的原则和设计效应，掌握常用的样本量分配方法和样本量确定公式	3
6. 整群抽样 (Cluster Sampling)	定义及估计方法、群内相关系数、分群原则	理解和掌握整群抽样的估值方法、群内相关系数的概念、整群抽样的设计效应	2
7. 不等概率抽样 (Unequal Probability Sampling)	有放回与规模大小成比例的概率抽样（PPS）	理解和掌握有放回 PPS 抽样的实施及估值法	1
8. 多阶段抽样 (Multi-Stage Sampling)	两阶段抽样、多阶段抽样、自加权估计形式	了解多阶抽样的基本概念，理解两阶段都是简单随机抽样的二阶抽样下总体总和的估计思想；掌握最后一阶段采用放回 SRS、其他阶段采用有放回 PPS 抽样的自加权估计形式，并能在实践中使用此类多阶段抽样	2
9. 无回答 (Non-Response)	后果以及处理方法	知道无回答可能带来的问题，掌握提高回答率的处理方法	1

模块3：试验设计 (Experimental Designs)

知识点	主要内容	能力目标	参考学时
1. 单因子试验 (Experiments with a Single Factor)	方差分析、多重比较	理解单因子试验中的基本概念、方差分析流程，掌握多重比较方法	2
2. 区组设计 (Block Designs)	完全随机区组设计、拉丁方、正交拉丁方、平衡不完全区组设计	理解并掌握完全随机区组设计的效应模型、方差分析，理解拉丁方和正交拉丁方的概念	2
3. 二水平完全因子设计 (Full Factorial Designs at Two Levels)	主效应、交互效应、主效应图、交互效应图、协同和对抗、正态和半正态图、Lenth 方法	理解并掌握主效应和交互效应的定义，会画图并理解交互效应图中的协同和对抗性质。会画正态和半正态图，并用其判断效应的显著性，理解并能用 Lenth 方法进行效应显著性的检验	3

数据抽样与试验设计 (Data Sampling and Experimental Design)

续表

知识点	主要内容	能力目标	参考学时
4. 正规部分因子设计 (Regular Fractional Factorial Designs)	效应别名、最大分辨度、最小低阶混杂、纯净效应、设计构造	理解效应别名的概念、熟练掌握常见设计准则、基本思想、区别与联系	3
5. 非正规部分因子设计 (Nonregular Fractional Factorial Designs)	正交表、Plackett-Burman 设计	理解非正规设计的优势,掌握正交表的定义与基本性质,了解常见非正规设计类型	2
6. 正交设计的数据分析 (Data Analysis of Orthogonal Designs)	折叠翻转技术、最优设计技术、条件主效应分析、贝叶斯变量选择技术	了解常见解除效应别名的技术,会利用条件主效应对效应空间重参数化,对复杂别名设计能用贝叶斯变量选择技术进行模型选择	2
7. 均匀性度量 (Uniformity Measures)	总均值模型、偏差	了解均匀设计的理论基础,掌握不同偏差准则的性质、计算式、了解均匀设计的稳健性	2
8. 均匀设计的构造 (Construction of Uniform Designs)	理论求解、好格子点法、门限接受法、逆变换法	掌握均匀设计的不同构造方法	3
9. 均匀设计的应用 (Application of Uniform Designs)	分析应用案例	通过详细分析均匀设计的应用实例,了解均匀设计的性质	1
10. 空间填充准则 (Space-filling Criteria)	最大最小距离准则、最小最大距离准则、正交性、分层性、投影性	理解计算机试验的特点,掌握几种空间填充准则,了解常用设计构造的理论和算法	2
11. 空间填充设计 (Space-Filling Designs)	拉丁超立方体设计、强正交表、均匀投影设计、常用设计搜索算法	掌握各种设计的性质与构造方法、熟练使用搜索算法获取特定参数的设计矩阵	2
12. 计算机试验的建模 (Modeling of Computer Experiments)	高斯过程模型、相关函数、最优线性无偏预测	掌握高斯过程模型的形式、协方差结构、参数估计方法及对响应的预测	2
13. 最优回归设计 (Optimal Regression Designs)	信息矩阵、D-最优设计	掌握信息矩阵的计算、D-最优准则的定义与统计意义,熟练使用确定性 D-最优设计的构造方法	2

续表

知识点	主要内容	能力目标	参考学时
14. 序贯设计 (Sequential Designs)	响应曲面法、复合设计、均匀序贯设计	熟悉常见序贯设计情形，掌握中心复合设计、正交列复合设计、均匀序贯设计等方法的构造，了解期望改进方法	2
15. 超饱和设计 (Supersaturated Designs)	基本概念、优良性准则、构造方法	掌握两水平、多水平及混水平超饱和设计的优良性准则及相应的构造方法	2

模块 4：大数据子抽样（Big Data Subsampling）

知识点	主要内容	能力目标	参考学时
1. 基于代表点的子抽样方法 (Representative Points Based Subsampling Methods)	代表点及其相应的子抽样方法	理解代表点方法的定义及其性质，掌握基于代表点的子抽样方法及其程序实现	2
2. 基于设计的子抽样方法 (Design Based Subsampling Methods)	基于设计的子抽样及其改进方法，稳健子抽样方法	掌握基于设计的子抽样方法的实现过程及其程序实现，了解分布偏移情形下稳健子抽样方法及其程序实现	2

五、课程英文摘要

1. Introduction

Data sampling and experimental design are two important methods of data collection, which have widespread applications in natural sciences, social sciences, biomedicine, economics and management, industrial technology, etc. This course systematically introduces various methods of data collection, including classic sampling techniques (simple random sampling, stratified sampling, cluster sampling, unequal probability sampling, multi-stage sampling, etc.), experimental designs (orthogonal design, uniform design, computer experiment, optimal design, sequential design, etc.), and subsampling methods for big data. This course is the foundation of statistical data analysis. Before taking this course, students should have completed courses such as calculus, linear algebra, probability theory, statistical inference or mathematical statistics, and regression analysis.

数据抽样与试验设计 (Data Sampling and Experimental Design)

2. Goals

The goal of this course is to enable students to have a comprehensive and in-depth understanding of the fundamental concepts, principles, and methods of data sampling and experimental design, to be familiar with the frontier technologies of data collection and their important applications, and to be able to design scientific data sampling or experimental design plans for complex real-world problems; to cultivate students' critical and creative thinking, and to train and exercise their ability to solve real-world problems by integrating various data collection methods; to enable students to have a profound understanding of the importance of data sampling and experimental design methods to the development of various fields in China's economy and society from a professional perspective, and to foster the ideal of serving the national strategy with solid professional knowledge.

3. Covered Topics

Modules	List of Topics	Suggested Hours
1. Introduction	Importance and Application of Data Sampling (2), Preliminaries (1)	3
2. Sampling Techniques	Concepts of Survey (1), Nonprobability Sampling (2), Probability Sampling (1), Simple Random Sampling (2), Stratified Sampling (3), Cluster Sampling (2), Unequal Probability Sampling (1), Multi-Stage Sampling (2), Non-Response (1)	15
3. Experimental Designs	Experiments with a Single Factor (2), Block Designs (2), Full Factorial Designs at Two Levels (3), Regular Fractional Factorial Designs (3), Nonregular Fractional Factorial Designs (2), Data Analysis of Orthogonal Designs (2), Uniformity Measures (2), Construction of Uniform Designs (3), Application of Uniform Designs (1), Space-Filling Criteria (2), Space-Filling Designs (2), Modeling of Computer Experiments (2), Optimal Regression Designs (2), Sequential Designs (2), Supersaturated Designs (2)	32
4. Big Data Subsampling	Representative Points Based Subsampling Methods (2), Design Based Subsampling Methods (2)	4
Total	28	54

时间序列分析 (Time Series Analysis)

一、课程定位

时间序列分析运用时域分析和频域分析的基本理论和方法研究动态数据，使得学生掌握时间序列的建模、预报的基本思路和方法，能够用科学的观点与方法来分析实际问题、解决实际问题。课程内容涵盖 ARIMA 模型、其他常见一维模型、多维模型及前沿分析方法等主题。通过课程学习，学生应能够了解相依数据处理的基本概念、原理和方法，掌握用以分析、探索社会、经济、金融数据的动态结构和发展变动规律的方法，进而对其未来状态进行预测控制。在学习本课程之前学生应学习过统计推断(或数理统计)、概率论、多元统计分析、线性模型等课程。

二、课程目标

本课程目标是使学生掌握时间序列分析的基本概念、基本原理和基本方法，包括时间序列的生成机制、统计性质等；熟练应用时间序列分析方法处理相依数据，包括 ARIMA 模型、其他常见一维模型、多维模型等，同时了解时间序列的前沿分析方法，具备进行简单数据分析的能力。本课程侧重培养学生对分析方法的理解，能够运用时间序列分析方法分析、解决和处理实际问题，为后续学习打下方法论基础。

三、课程设计

时间序列分析课程基于概率论和随机过程的预备知识，讲述该学科的基本概念、工具和方法。课程从基本例子和概念开始，重点讲述 ARIMA 模型、其他常见一维模型等时间序列分析的基本模型。在此基础上讨论多维模型和前沿分析方法等内容。课程将为学生提供宽阔的学科视野，强调知识的系统性、内容的先进性和选题的广泛性。

课程内容包含五个模块，可作为一学期的课程在大学统计学专业三年级开设。模块之间的逻辑关系如下所示。

```
┌─────────────────────────┐      ┌─────────────────────────────┐
│  第一章  基本概念         │      │  第二章  ARIMA模型            │
│  • 概率结构              │ ───▶ │  • MA、AR、ARMA、ARIMA过程   │
│  • 趋势性和季节性         │      │  • 模型的预测                 │
│  • 谱分析                │      │  • 模型的参数估计、诊断和选择  │
└─────────────────────────┘      └─────────────────────────────┘
                                               │
                                               ▼
┌─────────────────────────┐      ┌─────────────────────────────┐
│  第三章  其他常见一维模型  │      │  第四章  多维时间序列模型      │
│  • GARCH模型             │      │  • 向量自回归移动平均模型      │
│  • 门限模型              │ ◀──▶ │  • 回归方法、伪回归、协整、因果检验 │
│  • 状态空间模型           │      │  • 高维模型                  │
│  • 长记忆模型             │      │                             │
│  • 离散值模型             │      │                             │
└─────────────────────────┘      └─────────────────────────────┘
                                               │
                                               ▼
                        ┌─────────────────────────────────┐
                        │  第五章  时间序列的前沿分析方法    │
                        │  • 自助法                        │
                        │  • 时间序列的机器学习方法          │
                        │  • 深度时序模型及预测方法          │
                        └─────────────────────────────────┘
```

四、课程知识点

模块1：基本概念 (Basic Concepts)

知识点	主要内容	能力目标	参考学时
1. 概率结构 (Probabilistic Structure)	弱平稳、严平稳、遍历性、自相关、白噪声、可逆性、高斯过程、线性过程	熟悉时间序列的概率结构的刻画工具，理解两种平稳的关系，知悉常见的用于刻画时间序列的随机过程	4
2. 趋势性和季节性 (Trend and Seasonality)	趋势性和季节性的处理办法	熟悉趋势性和季节性的概念，掌握其处理办法	1
3. 谱分析 (Spectral Analysis)	谱分布、谱密度、周期图、线性滤波、互谱	熟悉谱分析的基本概念，了解时间序列频率域的刻画工具	3

模块2：ARIMA 模型 (ARIMA Models)

知识点	主要内容	能力目标	参考学时
1. MA 过程 (MA Process)	MA(q)过程，MA 过程的平稳性，MA 过程的自相关系数	熟悉移动平均过程及其理论性质，能够推导移动平均过程相关统计指标，能够用软件模拟移动平均过程并考察其相关性特点	2
2. AR 过程 (AR Process)	AR(p)过程，AR 过程的平稳性，线性差分方程，AR 过程的自相关系数	熟悉自回归过程及其理论性质，学会求解线性差分方程，能够推导自回归过程的相关统计指标，能用软件模拟自回归过程并考察其相关性特点	2
3. ARMA 过程 (ARMA Process)	ARMA(p,q) 过程，ARMA 过程的平稳性，ARMA 过程的自相关系数与偏自相关系数	熟悉自回归移动平均过程及其理论性质，能够推导自回归移动平均过程的相关统计指标，能够用软件模拟自回归移动平均过程并考察其相关性特点	2
4. ARIMA 过程 (ARIMA Process)	差分，ARIMA 过程的自相关系数的特点	熟悉 ARIMA 过程及其理论性质，能够计算简单 ARIMA 过程的相关统计指标，熟悉 ARIMA 过程中常数项的处理，模拟 ARIMA 过程并考察其相关性特点	2
5. 模型的预测 (Model Prediction)	最小均方误差预测，截断线性过程，AR 模型预测，MA 模型预测，ARIMA 模型预测，预测置信区间	理解最小均方误差预测，熟悉运用条件数学期望对于一般的 ARIMA 模型进行预测，计算预测的置信区间和预测的更新	2
6. 模型的参数估计、诊断和选择 (Parameter Estimation, Diagnostics and Model Selection)	矩估计，极大似然估计，Ljung-Box 检验，模型选择	熟练使用矩估计和最大似然估计对 ARIMA 模型进行参数估计；使用 Ljung-Box 检验对模型残差进行诊断，使用 AIC、BIC、预测效果等方法进行模型选择	4

模块3：其他常见一维模型 (Other Common Univariate Models)

知识点	主要内容	能力目标	参考学时
1. GARCH 模型 (GARCH Models)	ARCH 模型、GARCH 模型、参数估计、假设检验	掌握平稳 ARCH 模型和 GARCH 模型的定义和基本性质，了解 GARCH 模型的参数估计和假设检验	4
2. 门限模型 (Threshold Models)	门限 ARMA 模型、门限 GARCH 模型	熟悉两类门限模型的定义和性质，了解门限的检验方法	2
3. 状态空间模型 (State Space Models)	Kalman 滤波、状态空间模型的定义和性质	熟悉 Kalman 滤波定义及性质，熟悉模型定义，了解该模型的适用场景	4
4. 长记忆模型 (Long Memory Models)	长记忆 ARMA 模型、长记忆 GARCH 模型	了解长记忆产生的原因，熟悉模型定义，了解长记忆的检验	2
5. 离散值模型 (Discrete-Valued Models)	计数值 ARMA 模型、计数值 GARCH 模型、Z 值模型	了解该模型的适用场景，熟悉模型定义及性质	4

模块4：多维时间序列模型 (Multivariate Time Series Models)

知识点	主要内容	能力目标	参考学时
1. 向量自回归移动平均模型 (VARMA Model)	VMA 模型、VAR 模型、VARMA 模型、参数估计与预测，实例	了解多维时间序列的基本模型；掌握 VARMA 模型的理论性质与估计、检验、预测方法；对于实际数据能够使用软件进行建模、预测	4
2. 回归方法、伪回归、协整、因果检验 (Regression, Spurious Regression, Cointegration, Causality Test)	时间序列趋势项函数的估计，伪回归、协整、因果检验	掌握时间序列趋势项的估计方法，包括核估计、样条等，了解伪回归对时间序列分析带来的问题与解决方案，理解协整的概念并掌握相应检验方法，掌握因果检验方法	4
3. 高维模型 (High Dimensional Time Series Models)	高维时间序列模型及其优缺点	了解常见高维时间序列模型及参数估计方法	2

模块5：时间序列的前沿分析方法 (Advanced Methods for Time Series)

知识点	主要内容	能力目标	参考学时
1. 自助法 (Bootstrap)	时间序列的自助法	了解常见的时间序列自助法，包括分块自助法等	2
2. 时间序列的机器学习方法 (Machine Learning Methods for Time Series Analysis)	时间序列的分类与聚类	了解常见的时间序列的机器学习方法	3
3. 深度时序模型及预测方法 (Deep Learning-based Time Series Analysis Methods)	递归神经网络(RNN)、长短期记忆网络(LSTM)、卷积神经网络(CNN)	了解常见的深度时序模型及预测方法	3

五、课程英文摘要

1. Introduction

Time series analysis employs the basic theories and methods of both time-domain analysis and frequency-domain analysis to study dynamic data. The course aims to equip students with the fundamental ideas and techniques for modeling and forecasting time series, enabling them to analyze and solve practical problems scientifically. The course content covers topics such as ARIMA models, other common univariate models, multivariate models, and advanced methods. Through this course, students should gain an understanding of the basic concepts, principles, and methods for processing dependent data. They will master methods for analyzing and exploring the dynamic structures and evolutionary patterns of social, economic, and financial data, thereby enabling them to forecast and control their future states.

2. Goals

The objective of this course is to equip students with a comprehensive understanding of the basic concepts, principles, and methods of time series analysis, including the generative mechanisms and statistical properties of time series. Students will become proficient in applying time series analysis techniques to handle dependent data, encompassing ARIMA models, other common univariate models, and their multivariate forms. Additionally, students will gain insights into the cutting-edge analytical methods

时间序列分析 (Time Series Analysis)

in time series analysis and develop the ability to conduct basic data analysis. This course emphasizes fostering students' comprehension of analytical methods, enabling them to apply time series analysis techniques to analyze, solve, and address practical problems, thereby laying a methodological foundation for subsequent learning.

3. Covered Topics

Modules	List of Topics	Suggested Hours
1. Basic Concepts	Probabilistic Structure (4), Trend and Seasonality (1), Spectral Analysis (3)	8
2. ARIMA Models	MA Process (2), AR Process (2), ARMA Process (2), ARIMA Process (2), Model Prediction (2), Parameter Estimation, Diagnostics and Model Selection (4)	14
3. Other Common Univariate Models	GARCH Models (4), Threshold Models (2), State Space Models (4), Long Memory Models (2), Discrete-Valued Models (4)	16
4. Multivariate Time Series Models	VARMA Model (4), Regression, Spurious Regression, Cointegration, Causality Test (4), High Dimensional Time Series Models (2)	10
5. Advanced Methods for Time Series	Bootstrap (2), Machin Learning Methods for Time Series Analysis (3), Deep Learning-based Time Series Analysis Methods (3)	8
Total	20	56

贝叶斯统计 (Bayesian Statistics)

一、课程定位

贝叶斯学派是现代统计学中与频率学派并立的主流学派。不同于频率学派建立于"频率稳定于概率"的哲学基础之上，贝叶斯学派通过引入"先验概率"来描述人们对不确定性的主观认知，并通过"贝叶斯公式"将先验知识和数据信息整合起来，从而使得实际问题中可更加充分地利用已知信息，并且完全由概率规则推理，保持逻辑的严谨性。受益于近70年计算技术的长足发展，复杂模型下的解析推理可转化为通过模拟抽样实现，使得贝叶斯统计可以方便地应用于非常广泛的问题和领域。贝叶斯统计是现代统计学教育体系中的一门重要课程，向学生系统讲授贝叶斯统计分析的思想、理论方法、计算技术和应用案例，为学生更加深刻地理解统计学原理提供一个新视角，为学生更加灵活地运用统计推断提供一组新方法、新技术。修习本课程的学生应当具备基础的概率论、统计推断（或数理统计）、回归分析等知识。

二、课程目标

本课程旨在帮助学生建立系统的贝叶斯统计思维，掌握核心的贝叶斯推断方法，并能够熟练地将贝叶斯方法应用于一系列重要的统计学问题。本课程的目标主要聚焦于以下几个核心方面：

建立思维：从科学哲学的角度系统梳理"学习"与"推断"的哲学本源，引导学生充分认识统计推断的核心要点和难点；引入贝叶斯统计推断的基本范式，引导学生从贝叶斯角度深入思考统计推断问题；通过频率学派思维与贝叶斯学派思维的对比分析，帮助学生深入理解两种范式的特点、优势与各自的局限性，从而在更高的层次上认识统计学习的本质，并为后续课程的学习奠定坚实的基础。

掌握方法：系统讲解若干经典参数分布族下的贝叶斯统计推断方法，并结合具体实例揭示统计推断中一些发人深省的现象；简要介绍贝叶斯近似方法、渐近理论和从统计决策理论角度的优良性质，并引入经验贝叶斯和层次贝叶斯方法；讲授基础的贝叶斯计算技术和技巧。

灵活运用：将贝叶斯方法应用于线性回归模型、混合模型、缺失数据处理、因果推断等重要问题，并结合生物序列分析、文本分析、生成式 AI 等重要应用问题讲授贝叶斯方法在实际问题中的应用。

贝叶斯统计 (Bayesian Statistics)

三、课程设计

本课程由如下四个主要模块组成：

模块1. 贝叶斯统计的基本框架和哲学基础

1.1 学习和推理的基本概念和基本范式	1.2 贝叶斯推断的基本框架
• 学习和推理的基本概念和基本范式 • 统计模型的建立 • 基于模型的统计推断 • 不确定性推断是数据分析的核心挑战	• 客观概率与主观概率 • 贝叶斯定理 • 贝叶斯推断的基本框架 • 条件推断的基本思想

模块4. 贝叶斯统计计算技术和技巧

4.1 基本Monte Carlo方法	4.2 贝叶斯推断中的数学和计算技巧
• 反函数抽样法 • 拒绝抽样法及其拓展 • 重要性抽样法及其拓展 • Metropolis Hastings抽样法 • Gibbs抽样法	• 一些矩阵技巧 • 正态及Laplace近似 • Stein方法

模块2. 贝叶斯统计的核心方法

2.1 重要分布的贝叶斯推断	2.2 贝叶斯推断的原则和特色	2.3 贝叶斯推断的理论基础
• 二项分布与多项分布的贝叶斯推断 • 一元及多元正态分布的贝叶斯推断 • 位置族分布的贝叶斯推断 • 指数族分布的贝叶斯推断	• 设定先验分布的原则 • 后验分布的计算和使用 • 贝叶斯学派与频率学派的对比分析	• 贝叶斯近似方法 • 贝叶斯渐近理论 • 统计决策理论与贝叶斯统计 • 层次贝叶斯模型

模块3. 贝叶斯方法在重要统计学问题中的应用

3.1 线性回归模型的贝叶斯推断和模型选择	3.2 混合模型的贝叶斯推断	3.3 缺失数据下的贝叶斯推断	3.4 贝叶斯方法的前沿应用
• 包括共轭及半共轭先验的后验推断 • 岭回归及Lasso的贝叶斯解释 • Horseshoe及其他收缩先验的应用 • 基于Gauss过程的非参数回归简介	• 一般混合模型的贝叶斯推断 • 正态混合模型的贝叶斯推断 • 基于Dirichlet过程的非参数贝叶斯方法简介	• 缺失数据的基本框架 • 随机缺失与非随机缺失 • 基于数据填补的统计推断	• 生物序列分析中的贝叶斯方法 • 文本分析中的贝叶斯方法 • 生成式AI中的贝叶斯方法

模块 1. 贝叶斯统计的基本框架和哲学基础

本模块从统计学习的科学哲学本源出发，系统讲解统计推断所涉及的若干关键要素和贝叶斯统计的核心思想。主要包括如下内容：(1)学习和推理的基本概念和基本范式，(2)统计推断的基本概念和核心挑战，(3)统计模型的建立与基于模型的统计推断，(4)主观概率与不确定性度量，(5)贝叶斯定理与贝叶斯推断，(6)条件推断的基本思想。

模块 2. 贝叶斯统计的核心方法

本模块集中讲授若干经典参数族分布(二项分布、多项分布、一元及多元正态分布、位置族分布、指数族分布)的贝叶斯统计推断方法。主要包括如下内容：(1)先验分布的设定，包括共轭先验、"无信息"先验、有信息先验等；(2)后验分布的计算和使用；(3)贝叶斯推断与频率学派推断的对比分析；(4)贝叶斯近似方法及渐近理论；(5)统计决策理论与贝叶斯统计，包括统计决策理论的基本框架、贝叶斯统计在统计决策理论下的优良性质、James Stein 估计与层次贝叶斯。

模块 3. 贝叶斯方法在重要统计学问题中的应用

本模块系统讲授贝叶斯方法在若干重要统计学问题中的应用。主要包括如下内容：(1)线性回归模型的贝叶斯推断和模型选择，包括共轭及半共轭先验的后验推断、岭回归及 Lasso 的贝叶斯解释、Horseshoe 及其他收缩先验的应用，基于 Gauss 过程的非参数回归等；(2)混合模型的贝叶斯推断，包括一般混合模型、正态混合模型、基于 Dirichlet 过程的非参数贝叶斯方法等；(3)缺失数据下的贝叶斯推断，包括缺失数据的基本框架、数据填补方法和基于数据填补的统计推断、因果推断中的贝叶斯方法等；(4)贝叶斯方法的前沿应用，包括生物序列分析、文本分析、生成式 AI 等前沿应用问题中的贝叶斯方法。

模块 4. 贝叶斯统计计算技术和技巧

本模块讲授基础的贝叶斯计算方法和技巧。主要包括如下内容：(1)基本 Monte Carlo 方法，包括反函数抽样法、拒绝抽样法及其拓展、重要性抽样法及其拓展、Metropolis Hastings 抽样法、Gibbs 抽样法等；(2)贝叶斯推断中基础的数学和计算技巧，包括正态及 Laplace 近似、Stein 方法等。本模块是本课程中一个可选择的补充模块。如果授课对象对基本的贝叶斯计算方法尚无基础，可在模块 1 和模块 2 之间插入本模块，对基本的贝叶斯计算方法进行介绍；如果授课对象已经有较好的贝叶斯计算基础，可直接跳过本模块，节省出来的课时可以对模块 2 及模块 3 的内容进行更细致的讲解。

四、课程知识点

模块 1：贝叶斯统计的基本框架和哲学基础(Basic Framework and Philosophical Foundations of Bayesian Statistics)

知识点	主要内容	能力目标	参考学时
1. 学习和推理的基本概念和基本范式 (Basic Concepts and Paradigms of Learning and Inference)	学习和推理的基本概念和基本范式、统计模型的建立、基于模型的统计推断、不确定性推断是数据分析的核心挑战	理解统计推断的哲学基础，理解统计建模的基本原则，理解不确定性是数据分析的核心挑战	3
2. 贝叶斯推断的基本框架 (Basic Framework of Bayesian Inference)	客观概率与主观概率、贝叶斯定理、贝叶斯推断的基本框架	理解主观概率的概念，掌握贝叶斯定理，掌握贝叶斯推断的基本框架	3

模块2：贝叶斯统计的核心方法(Core Methods of Bayesian Statistics)

知识点	主要内容	能力目标	参考学时
1. 二项分布与多项分布的贝叶斯推断 (Bayesian Inference for Binomial and Multinomial Distributions)	二项分布模型与共轭先验贝叶斯推理、多项分布模型与共轭先验的Dirichlet分布	掌握在共轭先验下二项分布和多项分布的贝叶斯推断，理解共轭先验分布的意义和对统计推断的影响	2
2. 一元及多元正态分布的贝叶斯推断 (Bayesian Inference for Univariate and Multivariate Normal Distributions)	一元正态分布均值参数的共轭先验及后验、均值和方差未知的一元正态分布贝叶斯推断、多元正态分布的贝叶斯推断	掌握在共轭先验下一元及多元正态分布贝叶斯推断，理解共轭先验分布的意义和对统计推断的影响	2
3. 位置族分布和指数族分布的贝叶斯推断 (Bayesian Inference for Location Family and Exponential Family Distributions)	位置族分布的贝叶斯推断、指数族分布的贝叶斯推断、Poisson分布和负二项分布的贝叶斯推断	掌握位置族和指数族分布的概念，掌握位置族和指数族分布的贝叶斯推断框架，以Poisson分布和负二项分布为具体案例加深进一步理解	2
4. 设定先验分布的原则 (Principles for Specifying Prior Distribution)	共轭先验、"无信息"先验、有信息先验	理解"无信息"先验的概念，理解不同先验分布选择的差异和优劣势，掌握在实际问题中选择适当先验分布的基本原则	2
5. 后验分布的计算和使用 (Computation and Utilization of Posterior Distributions)	使用后验分布进行统计推断、使用后验预测分布进行预测	掌握使用后验分布构造点估计和区间估计的方法，掌握贝叶斯因子的概念和应用，掌握后验预测分布的概念和在预测中的应用	2
6. 贝叶斯推断与频率学派推断的对比分析 (Comparison of Bayesian Inference and Frequentist Inference)	贝叶斯统计与条件推断	通过若干具体案例的比较分析，帮助学生体会贝叶斯统计与频率学派统计在哲学思想和推断方法上的差异	2
7. 贝叶斯近似方法及渐近理论 (Bayesian Approximation Methods and Asymptotic Theory)	Fisher信息量、MLE的渐近正态性、后验分布的正态近似、Jeffery先验分布的起源和理由、De Finetti定理	掌握Fisher信息量的概念和基本性质，了解MLE及后验分布的相合性和渐近正态性，理解Jeffery先验分布的概念和缘由，了解De Finetti定理的贝叶斯含义	2

续表

知识点	主要内容	能力目标	参考学时
8. 统计决策理论与贝叶斯统计 (Statistical Decision Theory and Bayesian Statistics)	统计决策理论的基本框架、贝叶斯统计在统计决策理论下的优良性质、James Stein 估计与层次贝叶斯	了解统计决策理论的基本框架，了解贝叶斯统计在统计决策理论下的优良性质，了解 James Stein 估计的概念，了解 James Stein 估计与层次贝叶斯之间的关联，了解经验贝叶斯方法及其与层次贝叶斯模型之间的关联	4

模块 3：贝叶斯方法在重要统计学问题中的应用 (Application of Bayesian Methods in Important Statistical Problems)

知识点	主要内容	能力目标	参考学时
1. 线性回归模型的贝叶斯推断和模型选择 (Bayesian Inference and Model Selection for Linear Regression Models)	包括共轭及半共轭先验的后验推断、岭回归及 Lasso 的贝叶斯解释、Horseshoe 及其他收缩先验的应用、基于 Gauss 过程的非参数回归	掌握线性回归模型在共轭及半共轭先验下的后验推断，掌握岭回归及 Lasso 回归的概念和基本性质，了解岭回归及 Lasso 回归的贝叶斯解释，了解以 Horseshoe 先验为代表的收缩先验及其在回归分析中的应用，了解 Gauss 过程的概念及其在非参数回归中的应用	6
2. 混合模型的贝叶斯推断 (Bayesian Inference for Mixture Models)	一般混合模型的贝叶斯推断、正态混合模型的贝叶斯推断、基于 Dirichlet 过程的非参数贝叶斯方法	掌握混合模型的概念和贝叶斯推断框架，掌握正态混合模型的贝叶斯推断方法，了解 Dirichlet 过程的概念及其在非参数贝叶斯方法中的应用	4
3. 缺失数据下的贝叶斯推断 (Bayesian Inference under Missing Data)	缺失数据的基本框架、数据填补方法、基于数据填补的统计推断、因果推断简介	掌握缺失数据的基本概念，理解随机缺失和非随机缺失机制，了解基本的数据填补方法和基于数据填补的统计推断方法，了解因果推断的基本框架及与缺失数据分析之间的联系	4
4. 贝叶斯方法的前沿应用 (The Frontier Applications of Bayesian Methods)	生物序列分析、文本分析、生成式 AI 等前沿应用问题中的贝叶斯方法	简要介绍生物序列分析、文本分析、生成式 AI 中的核心数据分析问题和相关方法，例如基序发现、主题模型、大语言模型、变分自编码器、扩散模型等，引导学生从贝叶斯推断的角度思考并理解这些问题和方法	4

模块 4：贝叶斯统计计算技术和技巧 (Techniques for Bayesian Computation)

知识点	主要内容	能力目标	参考学时
1. 基本 Monte Carlo 方法 (Basic Monte Carlo Methods)	反函数抽样法、拒绝抽样法及其拓展、重要性抽样法及其拓展、Metropolis Hastings 抽样法、Gibbs 抽样法	掌握基本的 Monte Carlo 抽样方法，能够调用 R 语言实现这些方法	4
2. 贝叶斯推断中的数学和计算技巧 (Mathematical and Computational Tricks in Bayesian Inference)	正态及 Laplace 近似、Stein 方法、EM 算法及其拓展	了解正态及 Laplace 近似、Stein 方法	2

五、课程英文摘要

1. Introduction

Bayesian statistics is a mainstream faction in modern statistics that stands alongside the Frequentist Statistics. Unlike frequentist, which is based on the philosophical foundation of "frequency converges to probability", Bayesian describes people's subjective perception of uncertainty by introducing "prior probabilities" and integrates prior knowledge and data information through the "Bayesian formula". This enables the more complete use of known information in practical problems and maintains logical rigor through probability rule reasoning. Benefiting from the significant development of computational technology over the past seventy years, analytical reasoning of complex models can be transformed into simulation sampling, making Bayesian statistics conveniently applicable to a wide range of problems and fields. Bayesian statistics is an important course in the modern statistical education system, systematically teaching students the thinking, theoretical methods, computational techniques, and application cases of Bayesian statistical analysis. Bayesian statistics provides students with a new perspective for a deeper understanding of statistical principles and a set of new methods and technologies for more flexible use of statistical inference. Students taking this course should have a foundation in probability theory, statistical inference, regression analysis, and other related knowledge.

2. Goals

This course aims to help students establish a systematic Bayesian statistical thinking, master the core Bayesian inference methods, and be able to skillfully apply Bayesian methods to a range of important statistical problems. The primary focus of this course is centered on the following key aspects:

Building Thinking: From the perspective of philosophy of science, systematically explore the philosophical origins of "learning" and "inference", guiding students to fully understand the core points and difficulties of statistical inference; introduce the basic paradigm of Bayesian statistical inference, guiding students to think deeply about statistical inference problems from a Bayesian perspective; through comparative analysis of Frequentist and Bayesian thinking, help students deeply understand the characteristics, advantages, and limitations of the two paradigms, thereby recognizing the essence of statistical learning at a higher level and laying a foundation for subsequent courses.

Mastering Methods: Systematically lecture on Bayesian statistical inference methods for several classical parametric distribution families, and reveal some thought-provoking phenomena in statistical inference through specific examples. Systematically explain Bayesian approximation methods and asymptotic theory. Discuss the excellent properties of Bayesian methods from the perspective of statistical decision theory, and introduce empirical Bayesian and hierarchical Bayesian methods. Teach basic Bayesian computational techniques and skills.

Flexible Application: Apply Bayesian methods to statistical inference, including linear regression models, nonparametric regression based on Gaussian processes, mixed models, and models for biological and text sequence analysis. Discuss model selection and variable selection issues from a Bayesian perspective. Apply Bayesian methods to important issues such as missing data processing and causal inference.

3. Covered Topics

Modules	List of Topics	Suggested Hours
1. Basic Framework and Philosophical Foundations of Bayesian Statistics	Basic Concepts and Paradigms of Learning and Inference (3), Basic Framework of Bayesian Inference (3)	6

贝叶斯统计 (Bayesian Statistics)

续表

Modules	List of Topics	Suggested Hours
2. Core Methods of Bayesian Statistics	Bayesian Inference for Binomial and Multinomial Distributions (2), Bayesian Inference for Univariate and Multivariate Normal Distributions (2), Bayesian Inference for Location Family and Exponential Family Distributions (2), Principles for Specifying Prior Distribution (2), Computation and Utilization of Posterior Distributions (2), Comparison of Bayesian Inference and Frequentist Inference (2), Bayesian Approximation Methods and Asymptotic Theory (2), Statistical Decision Theory and Bayesian Statistics (4)	18
3. Application of Bayesian Methods in Important Statistical Problems	Bayesian Inference and Model Selection for Linear Regression Models (6), Bayesian Inference for Mixture Models (4), Bayesian Inference under Missing Data (4), The Frontier Applications of Bayesian Methods (4)	18
4. Techniques for Bayesian Computation	Basic Monte Carlo Methods (4), Mathematical and Computational Tricks in Bayesian Inference (2)	6
Total	16	48

统计机器学习 (Statistical Machine Learning)

一、课程定位

统计机器学习课程旨在为学生搭建统计学与现代人工智能的桥梁，聚焦统计学习核心原理，讲解如何通过数据优化模型参数并提升泛化能力。本课程以模型拟合为主线，涵盖监督学习、无监督学习、强化学习，深入探讨参数训练方法、模型规模及数据建模技术。详细介绍算法理论与发展背景，帮助学生理解人工智能技术演进，并基于统计学解决实际问题，推动创新。本课程强调基于统计学习原理进行精准建模与科学推理，培养学生提出创新解决方案的能力。

二、课程目标

本课程旨在培养学生具备从理论到实践的全面能力，成为能在统计学与人工智能领域推动创新的复合型人才。着重培养学生以下能力：

1. 掌握核心原理：理解统计机器学习的基本概念和核心方法，包括监督学习、无监督学习，掌握模型优化和参数估计的原理。

2. 培养建模能力：学会利用统计方法对复杂数据进行建模，能够根据不同场景选择合适的算法，并设计高效的学习框架。

3. 增强决策能力：利用统计学习方法，从海量数据中提取信息，科学推理和预测，为复杂决策问题提供数据驱动的解决方案。

4. 理论与实践结合：掌握统计机器学习中关键算法的数学推导，理解其理论背景，同时熟练应用这些算法解决实际问题，提升模型性能和泛化能力。

三、课程设计

本课程从模型拟合的视角统一整个统计机器学习领域需要解决的问题，从线性回归到大模型，我们本质上想要找到一组参数，通过一些数据来优化这些参数，使得这组参数经过训练之后在额外的数据上获得我们希望它获得的能力(泛化性)，而训练这些参数的方法、参数的规模、对问题的建模和数据本身的特点(是否有标签，是否存在代理)构成了本课程的三个模块：监督学习、无监督学习和强化学习。各模块的知识点关系如下所示。

统计机器学习 (Statistical Machine Learning)

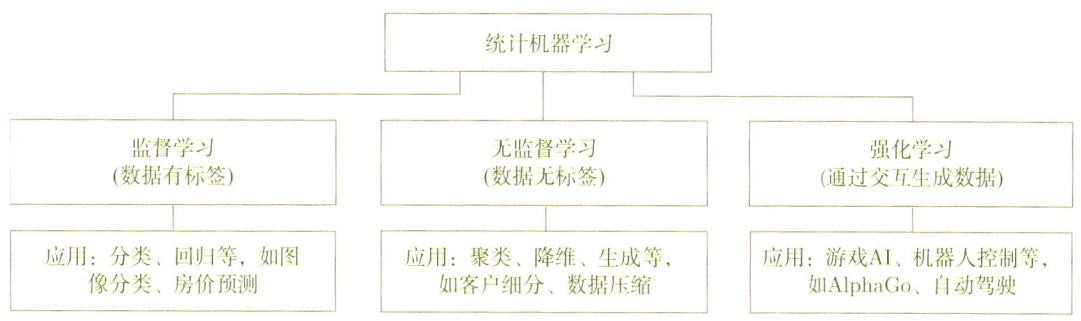

四、课程知识点

模块1：监督学习 (Supervised Learning)

知识点	主要内容	能力目标	参考学时
1. 基本概念 (Basic Concepts)	训练集、测试集、过拟合、欠拟合、偏差-方差权衡、损失函数与优化目标	理解监督学习的基本原理	3
2. 线性模型 (Linear Models)	线性回归：最小二乘法、正则化(L1/L2)；逻辑回归：二分类与多分类	介绍线性回归模型的假设、似然函数的构建及参数估计，推导最小二乘解法及多分类方法	5
3. 非线性模型 (Nonlinear Models)	支持向量机(SVM)：核函数；决策树：信息增益、Gini系数、剪枝；随机森林与梯度提升树(GBDT、XGBoost)	介绍非线性回归模型的假设、目标函数的构建及参数估计，掌握常见算法的推导与优化方法	5
4. 模型评估与选择 (Model Evaluation and Selection)	混淆矩阵、准确率、精确率、召回率、F1分数、ROC曲线、AUC值	掌握模型评估方法，能够选择合适的评估指标	3

模块2：无监督学习 (Unsupervised Learning)

知识点	主要内容	能力目标	参考学时
1. 基本概念 (Basic Concepts)	聚类、降维、密度估计	无监督学习的基本框架与数学原理	3
2. 聚类算法 (Clustering)	K均值聚类、层次聚类、基于密度的聚类、Gauss混合模型	掌握聚类算法的推导与实现	4
3. 降维方法 (Dimension Reduction)	主成分分析、t-SNE、非线性降维、线性判别分析	掌握降维方法的推导、优化方法与实现	3

续表

知识点	主要内容	能力目标	参考学时
4. 异常检测 (Outlier Detection)	基于统计的方法：Z 分数、IQR；基于聚类的方法：孤立森林	熟悉异常检测的基本方法及实践	3
5. 模型评估 (Model Evaluation)	聚类评估：轮廓系数、Calinski-Harabasz 指数；降维效果评估：可视化与解释性	掌握模型评估方法，能够选择合适的评估指标	3

模块 3：强化学习（Reinforcement Learning）

知识点	主要内容	能力目标	参考学时
1. 基本概念 (Basic Concepts)	Markov 决策过程(MDP)，状态、动作、奖励、策略，值函数与 Bellman 方程	掌握强化学习的基本框架，理解状态、动作、奖励和策略之间的关系，并能够通过似然函数设计和优化策略	3
2. 经典算法 (Classical Algorithms)	Q 学习、深度 Q 网络(DQN)、策略梯度方法、Actor-Critic 方法	掌握基于价值的强化学习方法，与基于策略的强化学习方法	4
3. 探索与利用 (Exploration and Exploitation)	ε-贪婪策略、Softmax 策略	掌握探索与利用的基本原理与方法	4
4. 模型评估 (Model Evaluation)	累积奖励、收敛性分析	掌握模型评估与选择的方法	3
5. 应用场景 (Applications)	游戏 AI(如 Atari 游戏)、机器人控制、自动驾驶	具备将强化学习应用于实际问题的能力，能够设计和优化智能体的策略	2

五、课程英文摘要

1. Introduction

The Statistical Machine Learning course aims to build a bridge between statistics and modern artificial intelligence for students, focusing on the core principles of statistical learning. It explains how to optimize model parameters and enhance generalization capabilities through data. The textbook follows the main thread of model fitting, covering supervised learning, unsupervised learning, and reinforcement learning, while delving into parameter training methods, model scale, and data modeling techniques. The book provides a detailed exposition of algorithmic theories and their developmental contexts, helping students understand the evolution of artificial intelligence technologies and apply statistical methods to solve real-world problems, thereby driving innovation. This course emphasizes statistical modeling and scientific reasoning based on statistical learning principles, cultivating students' ability to propose innovative solutions.

2. Goals

This course aims to equip students with comprehensive abilities from theory to practice, and with interdisciplinary skills. Emphasis is placed on cultivating students' ability in the following aspects. (1) Master the core principles: Understand the basic concepts and core methods of statistical machine learning, including supervised learning, unsupervised learning, and master the principles of model optimization and parameter estimation. (2) Cultivate modeling skills: learn to use statistical methods to model complex data, be able to select appropriate algorithms according to different scenarios, and design efficient learning frameworks. (3) Enhance decision-making ability: Use statistical learning methods to extract information from massive data, reason and predict, and provide data-driven solutions to complex decision-making problems. (4) Integrate theory with practice: Master the mathematical derivation of key algorithms in statistical machine learning, understand their theoretical background, and skillfully apply these algorithms to solve practical problems and improve model performance and generalization ability.

3. Covered Topics

Modules	List of Topics	Suggested Hours
1. Supervised Learning	Basic Concepts (3), Linear Models (5), Nonlinear Models (5), Model Evaluation and Selection (3)	16
2. Unsupervised Learning	Basic Concepts (3), Clustering (4), Dimension Reduction (3), Outlier Detection (3), Model Evaluation (3)	16
3. Reinforcement Learning	Basic Concepts (3), Classical Algorithms (4), Exploration and Exploitation (4), Model Evaluation (3), Applications (2)	16
Total	14	48

统计计算 (Statistical Computing)

一、课程定位

本课程是高等学校统计学专业本科生以及其他对统计学要求较高的专业学生的必修课程。本课程系统讲解经典和现代统计计算方法，包括重抽样方法、Monte Carlo 方法、MCMC 方法等统计算法，以及无约束优化、约束优化、组合优化、EM 算法等优化算法。本课程是掌握现代统计分析计算技术的核心课程，也是学习其他后继统计学专业课程的必备基础。在学习本课程之前，学生应已学习过数学分析(或微积分)、线性代数、概率论、统计推断(或数理统计)等课程。

二、课程目标

本课程旨在培养和锻炼学生使用统计计算方法分析和解决问题的实际能力。在课程学习中希望培养学生具备以下能力：

1. 通过深入探讨统计计算中的抽样方法和相关算法，重点培养学生对重抽样方法、Monte Carlo 方法、MCMC 方法的理解与应用能力。教授学生能够在实际问题中灵活运用这些统计方法，提升其数据分析的能力。

2. 通过系统性讲授无约束优化、约束优化、组合优化和 EM 算法的核心理论与方法，培养学生掌握单变量和多变量优化技术，包括 Newton 法、随机优化及其收敛性分析、Lagrange 乘子法、ADMM 算法、动态规划、贪婪算法、启发式算法、在缺失数据下使用 EM 算法求解极大似然估计，以及变分推断的理论与实用技巧。教授学生能够运用这些优化方法解决复杂的实际问题，提升其在科学研究与工程实践中的分析与决策能力。

三、课程设计

本课程系统讲述抽样、Monte Carlo 方法、优化算法等内容。课程内容组织成以下两个模块：

1. 抽样与 Monte Carlo 方法。抽样部分帮助学生理解如何通过重抽样本来进行统计推断。Monte Carlo 方法和 MCMC 算法引导学生掌握模拟抽样和复杂分布下的推断技巧，通过理论与实践相结合，增强学生在数据分析和模型构建中的应用能力。

2. 优化理论与应用，涵盖无约束优化、约束优化、组合优化和 EM 方法的核心内容。学生会学习到单变量和多变量函数的优化方法，包括 Newton 法、拟 Newton 法及随机优化技术，如随机梯度下降。通过探讨 Lagrange 乘子法、ADMM 算法及典型的组合问题，帮助学生理解对偶问题与约束优化算法的应用。结合动态规划、贪婪算法和启发式方法，培养学生解决复杂优化问题的能力。通过学习 EM 算法及其扩展，培养学生具备处理缺失数据和混合模型的能力。

本课程包含两个知识模块，各模块的知识点关系如下所示。

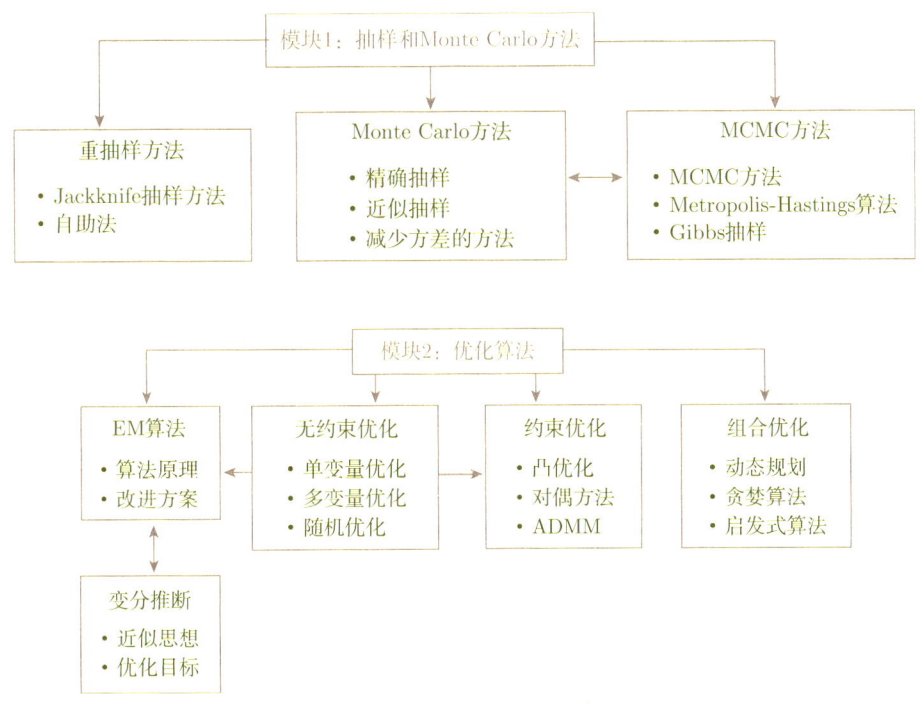

四、课程知识点

模块 1：抽样和 Monte Carlo 方法 (Sampling and Monte Carlo Methods)

知识点	主要内容	能力目标	参考学时
1. 统计和优化相关概念 (Related Concepts on Statistics and Optimization)	随机变量、期望、方差、协方差、条件期望、指数分布族、范数、导数、凸集、凸函数、次梯度、共轭函数等统计和优化重要概念	复习统计和优化相关的概念	1

续表

知识点	主要内容	能力目标	参考学时
2. 统计和优化相关结论 (Related Theory on Statistics and Optimization)	Taylor 展开，Euler-Maclaurin 公式，Jansen 不等式，极大似然估计，轮廓似然，后验密度，贝叶斯因子，共轭先验，统计极限定理和 Markov 链	掌握统计与优化重要的结论，为后续相关学习做铺垫	1.5
3. 重抽样方法的思想和步骤 (The Concept and Steps of Resampling)	Jackknife 抽样方法、参数自助法以及非参数自助法的思想和步骤	掌握抽样方法的原理和应用，并能在具体问题中灵活运用这些方法	2
4. 估计量偏差和标准差的 Jackknife 估计 (The Jackknife Estimator of Estimation Bias and Standard Deviation)	方差估计偏差和标准差的 Jackknife 估计，以及估计的性质	通过具体例子掌握 Jackknife 估计的应用，学会灵活运用 Jackknife 估计	2.5
5. 估计量偏差和标准差的自助法估计，自助法的假设检验 (The Bootstrap Estimator of Estimation Bias and Standard Deviation, Bootstrap-based Hypothesis Testing)	方差估计偏差和标准差的自助法估计，以及估计的性质；基于自助法的区间估计，以及两均值是否相等的自助法检验	通过具体例子掌握自助法估计和检验的应用，学会灵活运用自助法	2.5
6. 参数族的抽样，逆分布法抽样和舍选抽样 (Parameter Family Sampling, Inverse Distribution Sampling, Acceptance Rejection Sampling)	精确抽样方法的定义，常见参数族的抽样方法，基于逆分布法抽样的例子，舍选抽样的理论和实例	掌握常用分布和参数族的关系，基于常用分布随机数得到参数族的随机数；通过均匀分布得到随机数，通过逆变换抽样得到随机数；以及舍选抽样通常适用哪些分布的随机数产生	3
7. 重要性重抽样，重要性抽样 (Importance Resampling, Importance Sampling)	重要性重抽样，重要性抽样的原理和步骤	掌握重要性重抽样，以及重要性抽样的思想，并且能够运用到具体问题中	2
8. 对偶变量法，控制变量法，条件期望法 (Antithetic Variates Method, Control Variates, Conditional Expectation)	对偶变量法、控制变量法和条件期望法三种方法减少方差估计的想法以及相关实例	掌握减少方差估计的统计思想，以及在具体问题中如何构建对偶变量、控制变量，以及计算条件期望	3.5

续表

知识点	主要内容	能力目标	参考学时
9. MCMC 方法和满条件分布 (MCMC Method, Full Conditional Distribution)	MCMC 方法产生随机数的步骤，基于此随机数估计期望，以及满条件分布的定义和相关实例	理解 MCMC 方法解决的问题、相关步骤，以及 MCMC 方法涉及的基本概念	2
10. Metropolis-Hastings 方法、独立抽样和单元素 Metropolis-Hastings 算法 (Metropolis-Hastings Method, Independence Sampling, Single-Component Metropolis-Hastings Algorithm)	Metropolis-Hastings 的转移核、接受概率、独立抽样的转移核、接受概率，以及单元素 Metropolis-Hastings 算法的定义和相关实例	掌握 Metropolis-Hastings 方法的思路，以及该方法采用的转移核的接受概率；理解独立抽样、单元素 Metropolis-Hastings 算法和 Metropolis-Hastings 方法之间的关系	2
11. Gibbs 抽样 (Gibbs Sampling)	Gibbs 抽样的定义、步骤和实例	掌握 Gibbs 抽样的原理和步骤，学会运用该抽样方法	2

模块2：优化算法 (Optimization)

知识点	主要内容	能力目标	参考学时
1. 单变量数值优化 (Univariate Numerical Optimization)	二分法及数值优化的基本流程；Newton 法的算法原理与实现方法及收敛性分析；割线法的基本思想及实现过程、及与 Newton 法的收敛性分析对比；不动点法的基本原理与实现步骤，压缩映射函数及不动点法的收敛性分析	掌握单变量优化方法的理论基础，包括二分法、Newton 法、割线法和不动点法的基本原理和适用条件；能够基于不同算法的特点解决一元函数的零点或极值问题；理解各方法的收敛性分析，并能够进行算法选择和性能比较；熟练实现相关算法的代码，解决实际数值优化问题	4
2. 多变量数值优化 (Multivariate Numerical Optimization)	多元 Newton 法的原理、实现步骤及收敛性分析；Fisher 得分法的基本思想及其在极大似然估计中的应用；拟 Newton 法的原理及代表性算法（如 BFGS）Newton 法的常见改进方法及其适用场景；Nelder-Mead 算法的基本流程（包括反射、扩展、收缩等几何操作）	理解多变量优化中常用算法的理论基础，尤其是 Newton 法、Fisher 得分法、拟 Newton 法与 Nelder-Mead 算法；能够将这些算法应用于实际的优化问题，并根据问题特性选择合适的算法；掌握算法的实现与调试，能够进行收敛性分析并比较不同优化方法的性能；具备在数值优化中使用高效方法和提高算法性能的能力	3

续表

知识点	主要内容	能力目标	参考学时
3. 随机优化 (Stochastic Optimization)	随机梯度下降的基本思想与算法流程，与传统梯度下降的对比；随机性引入的优点与挑战；随机梯度下降的收敛性条件，尤其是学习率选择与噪声的影响，在凸优化的框架下收敛速性推导；随机梯度法的变形及改进，包括动量法，RMSProp，Adam 等	掌握随机梯度下降的基本原理、实现方法及其收敛性分析；理解随机梯度法的各种改进及其理论依据；能够根据具体问题选择合适的随机优化方法，解决大规模数据优化问题	2
4. EM 算法的步骤；EM 算法的收敛性；EM 算法方差估计 (The Steps of EM Algorithm, The Convergence of EM Algorithm, The Variance Estimation of EM Algorithm)	EM 算法的思想和算法的步骤，说明 EM 算法的收敛性质，以及基于 EM 算法得到的参数估计的方差估计	掌握 EM 算法解决的问题，EM 算法的思想和步骤，以及方法的理论性质	2
5. 两枚硬币出现正面概率的 EM 算法；多项分布参数的 EM 算法；高斯混合模型的 EM 算法 (The EM Algorithm of Tossing Two Coins, The EM Algorithm of Multinomial Distribution, The EM Algorithm of Mixture Gaussian Distributions)	介绍三个 EM 算法的例子，说明 EM 算法如何应用到具体的例子中	通过具体的 EM 算法例子的应用，学会灵活运用 EM 算法	1.5
6. E 步的改进；M 步的改进和加速方法 (The Improvement of E-step, The Improvement and Acceleration of M-step)	E 步关于期望的改进方法，M 步关于最大化的改进方法，以及 Aitken 加速，Quasi-Newton 加速算法	学习如何改进 E 步和 M 步，以及加速方法的想法	1.5

续表

知识点	主要内容	能力目标	参考学时
7. 变分推断 (Variational Inference)	近似推断的思想，变分推断常见的使用场景，推断目标，ELBO函数，平均场模型，优化目标，模型参数和变分参数的估计，混合高斯模型的应用	了解变分推断的原理，知道如何对模型参数进行估计	3
8. 约束优化 (Constrained Optimization)	约束优化的定义，约束优化的例子，约束优化的分类，凸集的概念，凸约束优化与线性约束问题的转化，Lagrange乘子法，增广Lagrange乘子法	了解什么是约束优化，知道其与非约束优化的区别，掌握Lagrange乘子法	3
9. ADMM算法 (ADMM Algorithm)	ADMM算法的历史，算法流程，proximal算子，算法的具体应用，Lasso问题详解	掌握ADMM算法，知道其如何处理Lasso问题	3
10. 动态规划与贪婪算法 (Dynamic Programming and Greedy Algorithm)	动态规划的基本概念、状态转移方程、最优子结构与重叠子问题，贪婪算法的基本概念、贪婪选择性质、最优子结构，两者的适用场景与区别	能够理解动态规划和贪婪算法的基本思想及流程，掌握两者的应用场景和解决问题的技巧，能根据问题特点选择适当的算法进行编程，并分析算法的效率与可行性	2
11. 启发式算法 (Heuristic Algorithm)	启发式算法的定义与基本思想；局部搜索法域邻域的相关概念；常见的启发式算法，包括局部搜索、模拟退火、遗传算法等；启发式算法的优缺点与局限性	理解启发式算法的基本思想与应用场景，能够灵活应用相关算法解决实际问题，具备分析启发式算法效率和可行性的能力	2.5

五、课程英文摘要

1. Introduction

The statistical computing course is a required course for undergraduate statistics majors as well as for other undergraduate programs with high statistical requirements. This course systematically covers classical and modern statistical computing methods, including resampling methods, Monte Carlo methods, MCMC methods, and statistical algorithms, as well as optimization algorithms such as unconstrained optimization, constrained optimization, combinatorial optimization, and the EM algorithm. This course is essential for mastering modern statistical analysis and computation techniques, and it serves as a foundational course for studying other subsequent statistics courses. Before enrolling in this course, students should have already studied subjects such as mathematical analysis, linear algebra, probability theory, and statistical inference.

2. Goals

This course systematically covers topics such as sampling, Monte Carlo methods, and optimization algorithms, aiming to cultivate and enhance students' practical abilities to analyze and solve problems using statistical computing methods. The course content is organized into two modules: sampling and Monte Carlo methods, and optimization algorithms.

(1) The course content includes sampling and Monte Carlo methods. The sampling portion helps students understand how to perform statistical inference through resampling techniques. Monte Carlo methods and MCMC algorithms guide students in mastering simulation sampling and inference techniques under complex distributions. By combining theory and practice, the course enhances students' ability to analyze data and construct models.

(2) The course focuses on optimization theory and applications, covering the core content of unconstrained optimization, constrained optimization, combinatorial optimization, and the EM method. Students will learn optimization methods for single-variable and multi-variable functions, including Newton's method, quasi-Newton methods, and stochastic optimization techniques such as stochastic gradient descent. By exploring the Lagrange multiplier method, ADMM algorithms, and typical combinatorial problems, the course helps students understand the applications of dual problems and constrained optimization algorithms. Combining dynamic programming, greedy algorithms, and heuristic methods cultivates students' ability to solve complex optimization problems. Through the study of the EM algorithm and its extensions, students will develop the skills to handle missing data and mixture models.

统计计算 (Statistical Computing)

3. Covered Topics

Modules	List of Topics	Suggested Hours
1. Sampling and Monte Carlo Methods	Related Concepts on Statistics and Optimization (1), Related Theory on Statistics and Optimization (1), The Concept and Steps of Resampling (2), The Jackknife Estimator of Estimation Bias and Standard Deviation (2.5), The Bootstrap Estimator of Estimation Bias and Standard Deviation, Bootstrap-based Hypothesis Testing (2.5), Parameter Family Sampling, Inverse Distribution Sampling, Acceptance Rejection Sampling (3), Importance Resampling, Importance Sampling (2), Antithetic Variates Method, Control Variates, Conditional Expectation (3.5), MCMC Method, Full Conditional Distribution (2), Metropolis-Hastings Method, Independence Sampling, Single-Component Metropolis-Hastings Algorithm (2), Gibbs Sampling (2)	24
2. Optimization	Univariate Numerical Optimization (4), Multivariate Numerical Optimization (3), Stochastic Optimization (2), The Steps of EM Algorithm, The Convergence of EM Algorithm, The Variance Estimation of EM Algorithm (2), The EM Algorithm of Tossing Two Coins, The EM Algorithm of Multinomial Distribution, The EM Algorithm of Mixture Gaussian Distributions (1.5) The Improvement of E-step, The Improvement and Acceleration of M-step (1.5), Variational Inference (3), ADMM Algorithm (3), Dynamic Programming and Greedy Algorithm (2), Heuristic Algorithm (2.5)	27.5
Total	22	51.5

人工智能的统计基础 (Statistical Foundation for AI)

一、课程定位

本课程是一门承上启下的现代统计学与数据科学的重要课程，为学生奠定深入理解人工智能算法和模型所需的统计理论与算法基础。该课程利用概率论、数理统计、多元统计等核心统计基础知识，向学生们介绍深度学习、强化学习、生成式人工智能以及可信人工智能等基本理论和算法，并通过理论与实践相结合的方式，帮助学生掌握相关数据处理、模型评估与优化算法等关键技能。本课程也可以作为深度学习等人工智能相关课程先修课程，为学生进一步学习人工智能领域的高级课程提供必要的统计基础和算法训练。在学习本课程之前，学生应已学习过微积分、线性代数、概率论、统计推断（或数理统计）等课程。

二、课程目标

本课程旨在通过具体实例帮助学生理解并掌握人工智能的统计理论与算法基础，并能够利用所学模型分析和解决问题。本课程的目标主要聚焦于以下几个核心方面：

理论掌握：确保学生深入理解和掌握人工智能核心算法中的统计学思想及其算法基础，为后续相关课程的学习奠定坚实的基础。

应用导向：通过丰富的案例分析和实践项目，培养学生运用 Python 进行数据处理、模型构建与评估的能力，提升解决实际问题的技能。

思维训练：培养学生的逻辑思维和批判性思维能力，使他们能够运用统计学知识理解人工智能核心算法的模型评价，并能够分析经典算法的优势与不足。

三、课程设计

本课程系统讲述统计学相关知识在人工智能核心算法中的基础和应用，内容主要分为人工智能中的经典统计方法以及人工智能算法基础两个主要模块：

模块 1. 人工智能的统计理论基础

本模块主要包括概率论和数理统计基本概念、回归分析、优化算法、低秩学习和稀疏学习以及聚类分析等基本概念。本模块中将系统阐述人工智能算法中的统计学理论和模型；在学习过程中，我们将着重为学生搭建统计学与人工智能核心算法之间的桥梁，培养学生了解人工智能所需要的统计思想，为其深入理解模块 2 的相关内容奠定坚实的统计理论基础。此外，学生还将学会如何利用 Python 分析和解决实际问题。

模块 2. 人工智能的统计算法基础

本模块主要包括深度学习经典模型、强化学习基础、以计算机视觉和语言模型为重点的生成式人工智能基础以及可信人工智能基础等。通过本模块的学习，学生将全面掌握人工智能领域的核心算法和理论，为未来的研究和应用奠定坚实的基础。同时，还将培养学生批判性思维、创新能力和跨学科合作能力，以适应快速发展的人工智能技术需求。

本课程各个知识点之间的关系及其对应的应用场景如下所示。

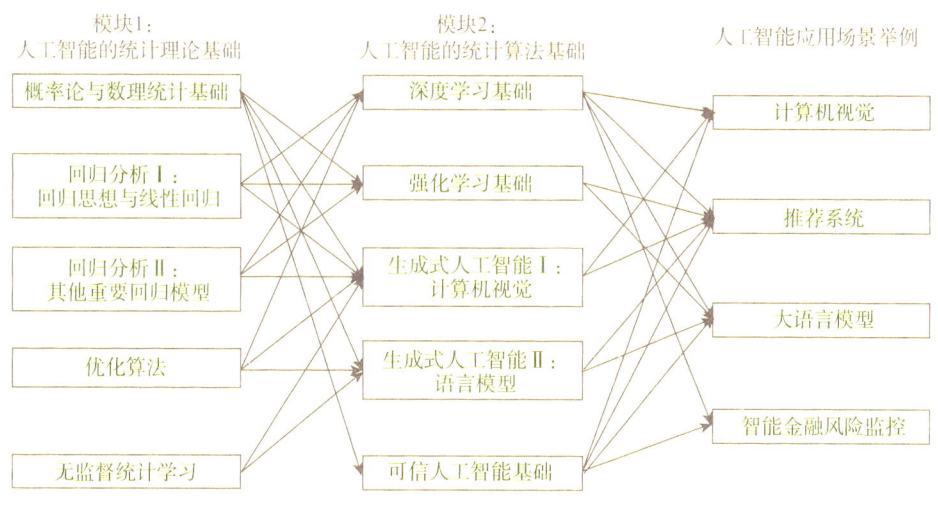

四、课程知识点

模块 1：人工智能的统计理论基础 (The Statistical Theoretical Basics of Artificial Intelligence)

知识点	主要内容	能力目标	参考学时
1. 概率论与数理统计基础 (Basics of Probability Theory and Mathematical Statistics)	概率定义、条件概率、贝叶斯公式、随机变量、参数估计、检验及 Markov 过程	复习概率以及数理统计中人工智能将会用到的概率论与数理统计基础知识	4

续表

知识点	主要内容	能力目标	参考学时
2. 回归分析 I：回归思想与线性回归 (Regression Analysis I: Rationale of Regression & Linear Regression)	回归分析的基本思想、线性回归、模型评估、正则化的思想	介绍基于线性回归模型的回归分析基本思想以及损失函数，掌握模型评估的核心方法；掌握正则化的相关算法，并理解其在后续人工智能模型中的作用与意义	5
3. 回归分析 II：其他重要回归模型 (Regression Analysis II: Beyond Linear Regression)	逻辑回归、Softmax 回归、时间序列自回归、非参数回归等	将回归思想拓展到具有一般性的有监督学习，按照因变量与自变量的不同类型介绍不同的回归模型；探讨传统回归分析与人工智能模型的区别与联系	4
4. 优化算法 (Optimization)	向量化、Newton 迭代算法、梯度下降算法及其衍生算法（包括 Momentum、RMSprop 以及 Adam 等）	回顾 Newton 迭代算法，并理解该算法的优缺点；理解并掌握梯度下降及其衍生算法，通过具体实例理解人工智能时代不使用 Newton 迭代法进行模型训练的原因	4
5. 无监督学习 (Unsupervised Learning)	主成分分析、奇异值分解、张量分解；相似度度量、聚类思想与方法	了解无监督学习的基本思想，理解并掌握统计学经典的低秩思想及其经典算法，学习聚类思想与重要的聚类方法	5

模块 2：人工智能的统计算法基础 (The Statistical Algorithmic Foundations of Artificial Intelligence)

知识点	主要内容	能力目标	参考学时
1. 深度学习基础 (Basics of Deep Learning)	树模型、全连接神经网络、卷积神经网络、循环神经网络以及注意力机制	通过具体实例，灵活掌握深度学习核心的算法框架，并可以基于 Torch 分析较为简单的实际数据	10
2. 强化学习基础 (Basics of Reinforcement Learning)	智能体、环境、Markov 决策过程、值函数、策略迭代以及离线强化学习	理解并掌握强化学习基本思想以及经典学习方法，能够运用相关算法寻找实际决策问题中的最优策略	8

续表

知识点	主要内容	能力目标	参考学时
3. 生成式人工智能基础Ⅰ：计算机视觉(Basics of Generative Artificial Intelligence: Computer Vision)	密度估计与生成式模型、变分自编码器、生成对抗模型、扩散模型以及大语言模型	理解并掌握生成式人工智能的基本想法及其核心算法，了解不同的生成式模型适用的数据类型；能够根据实际数据，灵活对相关经典模型进行微调，完成特定的数据生成任务	8
4. 生成式人工智能基础Ⅱ：语言模型(Basics of Generative Artificial Intelligence: Language Models)	自然语言处理基础、大语言模型及其相关算法		8
5. 可信人工智能基础(Basics of Trustworthy Artificial Intelligence)	模型鲁棒性、公平机器学习、数据隐私保护、版权保护与水印检测以及模型可解释性	理解并掌握可信人工智能的重要性及其核心概念和算法；灵活运用所学概念对特定模型进行分析，并了解如何基于 Torch 实现可信赖算法	8

五、课程英文摘要

1. Introduction

Statistical Foundation for Artificial Intelligence (AI) is a core course in the modern era of data science that serves as a bridge between the basic statistical knowledge and the advanced AI algorithms, providing students with the necessary mathematical and statistical foundation for a deeper understanding of AI algorithms and models. This course introduces the basic statistical theories and algorithms for deep learning models, reinforcement learning, generative artificial intelligence and trustworthy artificial intelligence. Through a combination of theory and practice, students will acquire key skills in data processing, model evaluation, and optimization. As a prerequisite for advanced courses in deep learning and other AI-related fields, this course plays a critical role in the AI knowledge system. It provides students with the necessary mathematical and statistical foundation, aiming to cultivate versatile talents with a solid grounding in statistics and the ability to apply artificial intelligence, serving the needs of the national AI development strategy. It seeks to develop students' capacity to employ statistical methods to solve practical problems, offering theoretical support and talent assurance for the application of AI across various industries. Before taking this course, students are expected to have completed courses in mathematical analysis, linear algebra, probability theory, and mathematical statistics.

2. Goals

This course aims to help students understand and master the core concepts and basic algorithms of AI through concrete examples, and be able to use the learned models to analyze and solve problems. The primary focus of this course is centered on the following key aspects:

Statistical Theory: Ensure that students develop a deep understanding and mastery of the statistical intuitions and algorithm foundations underlying the core algorithms of AI, laying a solid foundation for the study of subsequent courses.

Problem-solving Skills: Cultivate students' ability to process data, build models, and evaluate performance using Python through extensive case studies and practical projects, enhancing their problem-solving skills in real-world contexts.

Critical Thinking: Foster students' logical and critical thinking abilities, enabling them to evaluate models based on statistical knowledge of core AI algorithms and analyze the strengths and limitations of classical algorithms.

3. Covered Topics

Modules	List of Topics	Suggested Hours
1. The Statistical Theoretical Basics of Artificial Intelligence	Basics of Probability Theory and Mathematical Statistics(4), Regression Analysis Ⅰ: Rationale of Regression & Linear Regression(5), Regression Analysis Ⅱ: Beyond Linear Regression(4), Optimization(4), Unsupervised Learning(5)	22
2. The Statistical Algorithmic Foundations of Artificial Intelligence	Basics of Deep Learning(10), Basics of Reinforcement Learning(8), Basics of Generative Artificial Intelligence: Computer Vision(8), Basics of Generative Artificial Intelligence: Language Models(8), Basics of Trustworthy Artificial Intelligence(8)	42
Total	10	64

数据科学导论 (Introduction to Data Science)

一、课程定位

数据科学是从数据中学习知识的科学，它通过研究数据分析和处理的方法，从数据中提取有价值的信息，支持数据驱动的问题解决和决策，是一门涉及统计学、数学、计算机、领域专业知识等的交叉学科。统计学为数据科学提供了核心理论基础和重要方法支撑。数据科学导论是数据科学的入门课程，同时也是基础课程，不仅覆盖数据科学的基础知识框架和常用数据科学任务，还强调如何将这些知识与技能融会贯通，应用于解决实际问题中，帮助学生形成对数据科学知识体系及其应用领域的基本认知。课程内容涵盖数据科学的基本概念、方法和流程，数据科学的常用工具和编程语言，数据科学的统计基础及现代统计机器学习方法、文本数据、图像数据、网络数据分析专题等。通过课程学习，学生应初步具备数据处理、建模和分析的能力，形成数据驱动的决策思维、批判性数据思维和科学精神，为后续学习进阶课程或开展科学研究奠定坚实的基础。

二、课程目标

本课程旨在通过系统性学习，为学生构筑坚实的数据科学知识体系根基，使学生深刻理解数据科学与统计学的密切关系，掌握数据科学的核心方法和技能，如回归、分类、聚类、降维和常用统计机器学习方法等，了解各类数据科学任务及模型算法，掌握数据科学的重要编程工具（如 Python 或 R 等）和常用的数据分析库。通过案例和项目实践，使学生理解不同模型的适用场景、优缺点及其实现方法，培养其数据分析实战能力与数据科学思维方式，为后续深入探索统计学与数据科学专业领域铺设稳固的基石。同时，课程紧密关注数据科学的最新发展，如大模型与生成式人工智能、深度学习和强化学习等，激发学生对数据科学前沿方法和技术的浓厚兴趣与实践热情，感受数据科学的魅力与统计学的重要作用，引导学生将个人成长融入国家数字化转型及人工智能发展的宏大蓝图之中，投身于服务国家大数据与人工智能战略。

三、课程设计

本课程围绕数据科学的方法和应用展开，基于数据、任务、方法、原则等要素的相互联系，设计知识点之间的逻辑关系和总体架构。课程从实际应用出发，采用方法讲解和案例驱动相结合的方式，为学生提供灵活的学习路径。

首先，课程介绍数据科学的基本概念和总体框架，包括数据科学的发展历程、特征、原则、核心任务，以及数据预处理、可视化与探索性分析等。本部分将提供数据科学的典型案例，作为主线贯穿始终，服务于后续的方法讲解。

随后，课程讲解数据分析的基础方法，包括回归、分类、聚类、降维、关联分析等。本部分强调方法与应用的融合，可以根据授课对象的不同，灵活选择由案例到方法或由方法到应用两种不同的授课方式，使学生既能掌握扎实的数据科学方法知识，同时也具备数据驱动的问题解决能力与创新思维能力。

最后，课程进阶部分包含图像数据、文本数据和网络数据等典型类型的数据在实际场景中的主要任务和分析方法，以及推荐任务和动态决策等数据科学任务的分析方法。进阶部分能够使学生了解数据科学的前沿内容，进一步激发学生对数据科学和统计学的兴趣，为学生的未来学习提供良好的基础。

课程内容包含 3 个模块、54 学时，可在大学统计学、数据科学及其相关专业二年级或三年级开设。设计思路与模块章节的逻辑关系分别如下两图所示。

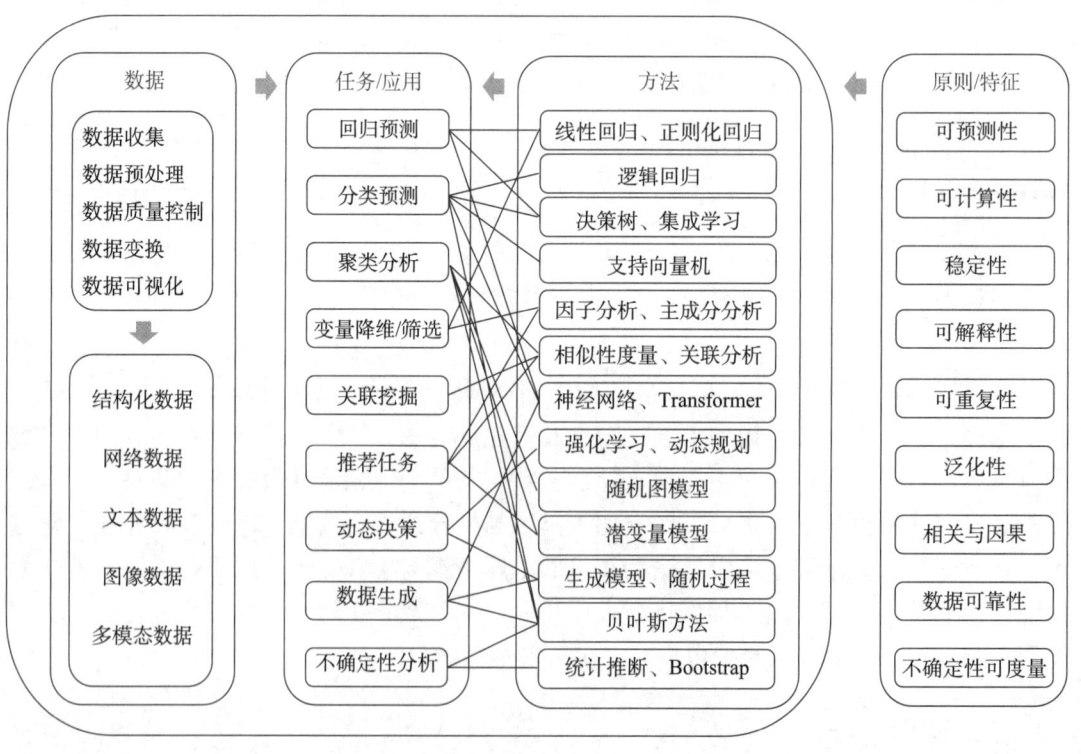

数据科学导论 (Introduction to Data Science)

模块1：数据科学基础

一、什么是数据科学
- 数据科学发展历程
- 数据科学特征与原则
- 数据科学科学范式
- 数据科学核心任务
- 数据科学典型案例

二、数据基础与预处理
- 数据基本概念
- 数据类型、数据结构
- 数据收集
- 数据整理
- 数据特征工程

三、数据可视化与探索性分析
- 可视化工具
- 描述性统计
- 分布分析、相关性分析
- 异常值检验
- 分组对比

模块2：数据科学分析方法

四、回归分析
- 线性回归、广义线性回归
- 决策树、集成方法
- 神经网络
- 正则化回归：Ridge、Lasso
- 模型评估与案例应用

五、分类分析
- 逻辑回归、朴素贝叶斯
- 支持向量机
- 决策树、集成方法
- 神经网络
- 模型评估与案例应用

六、聚类分析
- 层次聚类
- K均值聚类
- 高斯混合模型
- 方法评估与案例应用

七、降维分析
- 主成分分析
- 因子分析
- T-SNE
- 方法评估与案例应用

八、关联分析
- 关联规则分析
- 寻找频繁对的算法：Aprioiri、PCY、SON、Toivonen
- 方法评估与案例应用

模块3：数据科学应用前沿

九、图像数据分析
- 图像缩放、去噪、增强
- 卷积神经网络
- 卷积层、池化层
- LeNet、AlexNet、ResNet
- 案例应用

十、文本数据分析
- 词干提取、编码、向量化
- 词袋模型
- 循环神经网络
- 长短期记忆网络
- 案例应用

十一、网络数据分析
- 节点、边、度、图
- 随机图模型、块模型
- 社区发现、混合成员分析
- 动态网络
- 案例应用

十二、推荐任务分析
- 基于内容的推荐算法
- 物品画像、用户画像
- 协同过滤算法
- 潜在因子模型
- 案例应用

十三、动态决策分析
- 实时决策、多阶段决策
- 强化学习
- Markov决策过程
- 动态规划
- 案例应用

95

四、课程知识点

模块1：数据科学基础（Basic Knowledge）

知识点	主要内容	能力目标	参考学时
1. 什么是数据科学 (Basic Concepts of Data Science)	1. 数据科学的基本定义、研究对象与发展历程 2. 数据科学的特征与原则 3. 数据科学的范式与流程 4. 数据科学的核心任务 5. 数据科学的典型案例	建立数据科学的系统认知，初步建立数据驱动的框架思维；了解数据科学的几类主要任务，领会如何从实际问题中凝练数据科学任务	4
2. 数据基础与预处理 (Introduction to Data and Data Preprocessing)	1. 数据的基本概念、类型与结构：结构化数据、非结构化数据与半结构化数据 2. 数据来源与数据收集 3. 数据整理 4. 数据特征工程	熟悉常见数据类型，建立对数据的基本认识，掌握数据收集及常见的预处理方法，能够在实际问题中凝练目标变量与特征变量	5
3. 数据可视化与探索性分析 (Data Visualization and Exploratory Data Analysis)	1. 可视化的意义与常用可视化图 2. 可视化工具与案例实践 3. 探索性数据分析与案例实践：描述性统计、分布分析、相关性分析、异常值检验、分组对比等	能够针对不同实际问题选择恰当的可视化方法，掌握常见的探索性数据分析方法，熟练统计软件操作	5

模块2：数据科学分析方法（Methods and Approaches）

知识点	主要内容	能力目标	参考学时
1. 回归分析 (Regression Analysis)	1. 回归分析的应用场景 2. 线性回归、广义线性回归建模及其解释性 3. 决策树与集成方法 4. 神经网络 5. 正则化回归：Ridge、Lasso、Elastic Net 6. 模型评估与场景应用	了解回归分析适用的数据类型与模型形式，掌握几种基础的回归模型，了解变量选择与模型评估方法，能够综合分析与优化模型性能并进行结果解释，可以在不同数据分析任务与实际应用场景中选择适当的方法	4

数据科学导论 (Introduction to Data Science)

续表

知识点	主要内容	能力目标	参考学时
2. 分类分析 (Classification Analysis)	1. 分类分析的应用场景 2. 逻辑回归建模与解释性 3. 朴素贝叶斯的建模与适用场景 4. 支持向量机 5. 决策树与集成方法 6. 神经网络 7. 模型评估与场景应用	理解分类问题的基本概念及应用场景,掌握几种常见分类模型的核心思想和建模方法,能够综合分析与优化模型性能并进行结果解释,可以在不同数据分析任务与实际应用场景中选择适当的方法	4
3. 聚类分析 (Clustering Analysis)	1. 聚类分析的应用场景 2. 层次聚类 3. K均值聚类 4. 高斯混合模型 5. 聚类方法评估 6. 通过案例分析展示不同聚类方法在实际场景中的应用	理解聚类分析的应用场景,能够识别和描述聚类分析的实际应用例子;理解层次聚类、K均值聚类的原理和应用场景,并能够解释结果;理解高斯混合模型的概念及与其他聚类方法的区别;掌握评估聚类方法性能的方法	4
4. 降维分析 (Dimension Reduction)	1. 降维的应用场景 2. 主成分分析 3. 因子分析 4. T-SNE 5. 通过案例分析展示不同降维方法在实际场景中的应用	理解降维的重要性和识别其应用场景,例如数据压缩、特征提取等;掌握主成分分析和因子分析的基本原理和步骤;掌握 T-SNE 方法的基本概念,能够应用于不同领域的实际问题	4
5. 关联分析 (Association Analysis)	1. 关联规则分析的应用场景和步骤 2. 寻找频繁对的算法:Apriori算法、PCY算法、SON算法、Toivonen算法 3. 通过案例分析展示不同关联分析方法在实际场景中的应用	熟悉并掌握频繁项集、关联规则及其相关概念的定义与应用,了解发现频繁项集的算法成本问题,掌握寻找频繁对的几种方法,熟练掌握各种集数据挖掘算法的关键思想、算法过程	4

模块 3:数据科学应用前沿 (Frontiers and Applications)

知识点	主要内容	能力目标	参考学时
1. 图像数据分析 (Image Data Analysis)	1. 图像分析的主要任务和应用场景:图像分类/分割/生成、目标检测等 2. 图像数据收集、预处理与可视化:图像缩放、去噪、增强、归一化等 3. 图像分析的主要方法:卷积神经网络、卷积层和池化层、经典 CNN 架构(LeNet、AlexNet、ResNet) 4. 图像数据分析的应用	理解图像分类问题的基本概念、应用场景、主要方法;了解卷积神经网络的发展脉络,掌握其原理、训练、应用和代码实现;了解如何提升模型的泛化性能	4

续表

知识点	主要内容	能力目标	参考学时
2. 文本数据分析 (Text Data Analysis)	1. 文本分析的主要任务和应用场景：文本分类、情感分析、实体识别、主题建模、文本生成等 2. 文本数据收集、预处理与可视化：分词、词干提取、文本编码与向量化、文本标准化等 3. 文本分析的主要方法：词袋模型、循环神经网络与长短期记忆网络、Transformer 与 BERT 4. 文本数据分析的应用	理解文本数据分析的基本概念、应用场景、主要方法；理解文本数据分析中表征向量的重要性；掌握 Transformer 的原理和应用；掌握大语言模型的基本原理、模型框架和代码实现，了解大语言模型在其他任务上的可扩展性	4
3. 网络数据分析 (Network Data Analysis)	1. 网络数据可视化 2. 基本概念：节点、边、度、无向图与有向图 3. 网络数据分析模型：随机图模型、块模型、潜变量网络模型、混合成员模型 4. 网络数据分析的任务：社区发现、混合成员分析 5. 动态网络 6. 网络数据分析的应用	掌握网络数据分析的基本概念、方法和技术，学习如何利用网络分析算法理解复杂网络的结构与行为，以及解决实际场景中网络数据分析的相关问题	4
4. 推荐任务分析 (Recommendation Task Analysis)	1. 推荐系统的案例、推荐机制、算法种类、效用矩阵 2. 基于内容的推荐算法：物品画像与用户画像、方法的优缺点 3. 协同过滤算法 4. 潜在因子模型 5. 推荐任务分析的应用	了解推荐系统问题的基本概念；掌握基于内容的算法的主要思想与优缺点；了解两种协同过滤算法的主要思想，掌握几种相似性度量；熟练掌握潜在因子模型的建模与应用，了解潜在因子模型的拓展	4
5. 动态决策分析 (Dynamic Decision Making)	1. 动态决策基本概念和意义 2. 动态决策的主要思想：实时决策、多阶段决策和不确定性管理 3. 动态决策分析的关键方法：强化学习、Markov 决策过程、动态规划 4. 动态决策分析的应用	理解动态决策分析的基本概念和重要性；掌握动态决策的主要思想；熟悉动态决策分析的关键方法，可以在实际场景中识别和解决动态决策问题	4

五、课程英文摘要

1. Introduction

Data science is the science of learning from data. It involves studying methods of data analysis and processing, extracting valuable information from data, and developing data-driven problem-solving and decision-making. Data science is an interdiscipline encompassing statistics, mathematics, computer science and domain expertise, where statistics provides the core theoretical and methodological foundation. This course *Introduction to Data Science* serves as both an entry-level and foundational course for data science. It not only covers the basic knowledge and tasks in data science but also emphasizes the integration and application of the knowledge and skills to solve real-world problems. This helps students develop a fundamental understanding of data science and its practical applications. This course covers fundamental concepts, methods, and workflows in data science, commonly-used programming tools and languages, statistical foundations of data science, modern statistical machine learning methods, and specialized topics such as text data analysis, image data analysis, and network data analysis. Through this course, students are expected to gain a comprehensive understanding of data science, acquire preliminary capabilities in data processing, modeling, and analysis, develop data-driven decision-making thinking, critical thinking, and a scientific mindset, laying a solid foundation for subsequent advanced courses or scientific research.

2. Goals

This course aims to help students build a solid foundation in data science through systematic learning, deeply understand the close relationship between data science and statistics, master the core techniques and skills of data science, such as regression, classification, clustering, dimension reduction, and commonly-used statistical machine learning methods. Students will also gain an understanding of various data science tasks, models and algorithms, as well as master core programming tools (such as Python or R) and widely-used data analysis libraries. Through case studies and project-based practice, students will learn the applicable practical scenarios, advantages and disadvantages, and implementation methods of different models, cultivating their application skills and data science mindset. This lays a strong foundation for further exploration into the specialized fields of statistics and data science. At the same time, this course integrates the latest developments in data science, such as large language models, generative artificial intelligence, deep learning, and reinforcement learning. In this way, we strive to spark students' strong interest and enthusiasm for cutting-edge methods, technologies and applications of data science, allowing them to appreciate the allure of data science and the critical role of statistics. This course guides students to integrate their personal growth with the grand vision of national digital transformation and artificial intelligence development, and contribute to the national strategies for big data and artificial intelligence.

3. Covered Topics

Modules	List of Topics	Suggested Hours
1. Basic Knowledge	Basic Concepts of Data Science (4), Introduction to Data and Data Preprocessing (5), Data Visualization and Exploratory Data Analysis (5)	14
2. Methods and Approaches	Regression Analysis (4), Classification Analysis (4), Clustering Analysis (4), Dimension Reduction (4), Association Analysis (4)	20
3. Frontiers and Applications	Image Data Analysis (4), Text Data Analysis (4), Network Data Analysis (4), Recommendation Task Analysis (4), Dynamic Decision Making (4)	20
Total	13	54

生物统计 (Biostatistics)

一、课程定位

生物统计是一门结合概率论、数理统计等理论知识，并应用于生物学、医学、公共卫生等领域数据分析的交叉学科。通过运用统计学方法和计算机技术，生物统计致力于解决生物医学研究中的多种复杂问题，在现代生物学和医学研究中发挥着至关重要的作用。本课程定位为生物统计专业的基础课程，在学习本课程之前，学生应已学习过微积分、线性代数、概率论、统计推断（或数理统计）等课程。本课程内容包括概率与统计推断、回归分析、生存分析、试验设计、高维数据分析以及深度学习在生物医学中的应用，并结合真实案例开展实践教学。学生完成本课程后，将掌握生物统计的核心概念、基本方法和研究思路，了解生物统计的前沿发展方向，熟练使用常见统计软件，初步具备对复杂生物医学数据进行建模与分析的能力，以及独立开展试验设计与数据分析的能力。

二、课程目标

本课程目标是使学生掌握扎实的生物统计基础，对生物统计的核心内容与主要应用领域有初步了解，培养生物统计思维，为进一步学习相关专业知识奠定坚实基础；同时激发学生对生物统计、生物医学大数据及相关数据科学的兴趣，为国家的健康中国和大数据战略服务。学生学习生物统计后习得的能力包括：

1. 扎实的生物统计基础：掌握概率与统计推断、试验设计、回归分析、生存分析等生物统计的核心方法，了解高维数据分析与深度学习等现代统计方法在生物领域的应用，熟练使用 R 等常用统计与数据分析软件。

2. 生物统计思维及应用能力：具备生物统计思维，能够从统计学角度分析和解决生物医学领域中的关键问题，并能够运用生物统计方法对数据结果进行科学合理的解释，为生物医学研究提供可靠的统计支持。

三、课程设计

课程首先介绍概率与统计推断的基本概念，包括概率理论、随机变量与分布、参数估计、假设检验等内容，帮助学生系统回顾概率统计重点内容；之后，课程重点讲述试验设计、回归分析、生存分析、纵向数据分析、深度学习等核心方法,这些内容涵盖了经典生物统计学及机器学习内容,帮助学生掌握核心技能;课程进一步讲解现代生物统计学内容,包括高维回归分析、多重假设检验、降维方法、聚类分析及深度学习方法等,引导学生快速走向生物统计前沿;最后,课程通过真实案例进行应用讲解,培养学生综合利用生物统计方法解决生物医学实际问题的能力。

课程内容分为5大模块,可在大学统计学或数学专业二年级或三年级开设(模块1,2,3,4),也可在生物、医学、公共卫生专业四年级开设(模块1,2,3,5)。授课时教师可根据已修读课程调整授课内容,或将部分已修读内容作为课后自学模块。

模块之间的逻辑关系如下所示。

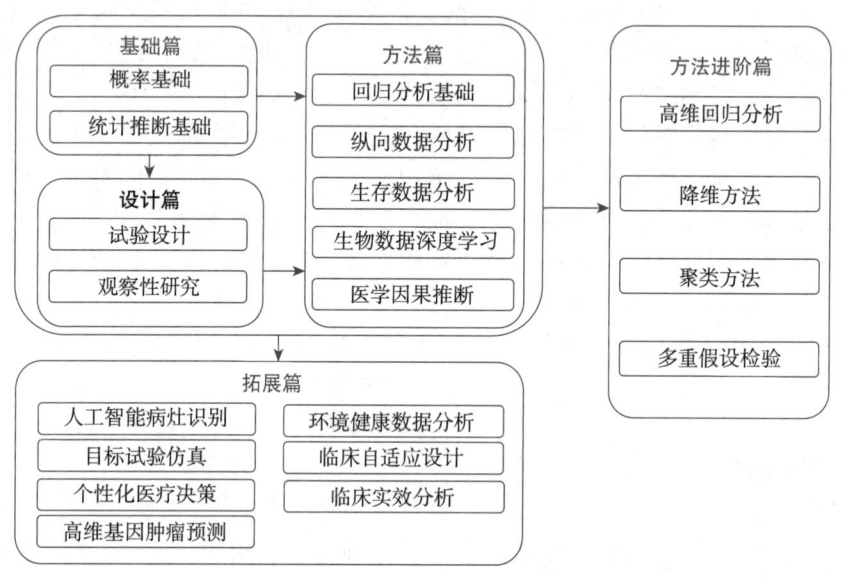

四、课程知识点

模块1:基础篇 (Basic Methods)

知识点	主要内容	能力目标	参考学时
1. 概率论基本概念 (Probabilities)	概率,样本空间,随机变量,期望,方差,协方差,条件期望,常见分布,中心极限定理,大数定理等	熟悉概率论基本概念、常见分布及概率论重要理论结果	2
2. 统计推断基础 (Statistical Inference)	统计量,参数估计,假设检验,点估计,区间估计,均值、方差、比例等的常见估计、假设检验方法,R语言初步	掌握统计推断的核心思想、概念,培养生物统计思维,熟练应用常见推断方法,熟悉统计软件操作	4

生物统计 (Biostatistics)

模块 2：设计篇 (Design Methods)

知识点	主要内容	能力目标	参考学时
1. 试验设计 (Experimental Studies)	随机对照试验、随机区组设计、析因设计、案例及R软件实现	掌握试验设计的基本原理，熟悉常见试验设计方法，具备用软件进行试验设计的能力	4
2. 观察性研究 (Observational Studies)	横断面研究、病例-对照研究、队列研究、真实世界证据及R软件实现等	掌握观察性研究的基本类型与方法，具备设计与实施观察性研究的能力，熟练应用统计软件	4

模块 3：方法篇 (Analytical Methods)

知识点	主要内容	能力目标	参考学时
1. 回归分析基础 (Regression)	线性回归，logistic 回归，计数数据回归，非线性回归，回归分析中的参数估计、假设检验、模型诊断，回归的R软件实现等	掌握回归分析的基本原理及核心方法，能够正确构建回归模型，并进行参数估计、显著性检验及模型诊断，具有模型的解释、评价能力，能够通过统计软件完成回归分析	6
2. 纵向数据分析 (Longitudinal Data Analysis)	广义估计方程、混合效应模型、重复测量方差分析，纵向数据分析的R软件实现等	掌握重复测量数据的特点及常见分析方法，能够根据数据特性，选择合适的纵向数据分析模型，正确构建模型并解释其参数意义，能够使用统计软件(如 R)完成纵向数据的建模和分析	4
3. 生存数据分析 (Survival Analysis)	生存时间，生存函数，风险函数，数据删失，Kaplan-Meier 估计，指数模型，加速失效模型，Cox比例风险模型，软件实现	理解生存时间数据的特点，掌握常见生存分析统计模型方法，具备生存数据模型构建、分析和解释的能力，并能掌握相应的统计软件进行生存数据分析	4
4. 生物数据深度学习 (Deep Learning on Biological Data)	人工神经网络的基本结构及其工作原理、卷积神经网络、长短时记忆网络、Transformer 模型、软件实现与实际案例	掌握神经网络的基本结构及工作机制，掌握常见深度学习模型，具备深度学习模型的构建与训练能力，能够将深度学习技术应用于生物医学领域的实际问题	4

续表

知识点	主要内容	能力目标	参考学时
5. 医学因果推断 (Medical Causal Inference)	运用统计学方法在医学研究中进行因果推断，以揭示干预措施、暴露因素与健康结局之间的因果关系。具体内容包括：因果推断的基本理论(例如，反事实框架、因果图模型等)，因果推断的经典方法(例如，倾向评分匹配与加权方法、工具变量法等)，前沿方法与应用，以及结合真实医疗数据的案例实践(例如，利用队列研究数据，通过因果推断方法分析干预与疾病预后之间的关系)。同时，探讨医学因果推断的挑战，如混杂因素、偏倚调整的有效性以及结果解释中的局限性	掌握因果推断的基本理论框架，以及因果推断在医学研究中的实际意义；熟悉常用因果推断方法，能够基于真实医疗数据构建因果推断分析模型，调整混杂因素并评估因果效应；熟练使用统计软件(如 R 或 Python)实现因果推断相关分析，并解读结果	4

模块 4：方法进阶篇 (Advanced Analytical Methods)

知识点	主要内容	能力目标	参考学时
1. 高维回归分析 (High Dimensional Data Analysis)	高维数据的挑战、模型评价准则、逐步变量选择方法、基于惩罚的变量选择方法、软件实现	理解高维数据的特点及其对传统回归方法的影响，熟练掌握常见高维变量选择方法，能够熟练使用统计软件实现高维回归分析	3
2. 降维及在生物中的应用 (Dimension Reduction and Its Application in Biological Study)	降维的基本概念，主成分分析等线性降维方法，t-SNE、UMAP, DiffusionMap 等非线性降维方法，降维的算法 R 语言实现与案例分析	理解降维的概念、目标及其在高维数据分析中的重要性，掌握常见线性和非线性降维方法，熟练使用R等程序语言完成数据预处理、降维分析和结果可视化	3
3. 聚类及在生物中的应用 (Clustering and Its Application in Biological Study)	聚类基本概念，K-means、K-medoids 算法，层次聚类，基于密度的聚类，基于模型的聚类，谱聚类	理解聚类分析的基本概念、目标和适用场景，掌握聚类任务中常见算法，能够使用统计软件完成数据聚类分析和可视化	4

生物统计（Biostatistics）

续表

知识点	主要内容	能力目标	参考学时
4. 多重假设检验 (Multiple Testing)	多重检验问题，全族错误率，假阳性发现率，Bonferroni 校正，Holm 校正，BH 方法，BY 方法，高维生物组学中的应用	理解多重检验问题的核心概念，熟悉相关错误率指标，掌握多重检验校正方法，并理解其原理、优缺点及适用场景	2

模块 5：拓展篇（Advanced Topics）

知识点	主要内容	能力目标	参考学时
1. 人工智能病灶识别 (Artificial Intelligence for Lesion Identification)	介绍医学图像分割的基本概念和应用场景，常见的公开数据集(如 LUNA16)和经典的分割模型(如 Unet 和 3D-Unet)，并以基于肺部 CT 图像的肺结节识别为例，介绍分割算法的实践流程	了解医学图像分割算法的核心概念和经典模型，了解分割模型常用的损失函数和训练技巧，能够在 Pytorch 框架下完成经典模型的复现	2
2. 环境健康数据分析 (Environmental Health Data Analysis)	环境健康的研究背景和目标(流行病与公共卫生政策的意义等)，环境变量数据的采集，特定环境因素暴露值的计算，地理信息、土地利用、气象变量、污染等变量的数据融合，常用的空间插值方法如 Kriging, SPDE, Bayes 分层模型；常用的数据分析方法如 Land-use Regression, Spatial Autoregressive Models, Conditional Autoregressive Models 等，及其具体应用	掌握环境健康数据分析的核心概念，尤其是需要了解在不同时空分辨率下所使用模型的区别和联系，多来源环境变量的整理、探索和可视化，时间-空间相依关系对模型参数估计和统计推断的影响	2
3. 目标试验仿真 (Target Trial Emulation)	目标试验仿真研究(TTE)作为一种新兴的研究范式，将 RCT 的严谨设计优势融入真实世界数据研究，为评价药物上市后的安全性和有效性获得真实世界证据提供了重要方法学工具	了解 TTE 研究方案设计的关键要素和步骤，并能根据具体临床问题进行研究设计；掌握 TTE 研究中偏倚的识别与控制技术，以及统计分析策略的制定；熟悉目标试验结果与 TTE 结果一致性判定的方法	2

续表

知识点	主要内容	能力目标	参考学时
4. 临床自适应设计 (Clinical Adaptive Design)	通过运用临床试验自适应设计方法，动态调整临床试验中的关键因素，以提升试验效率、优化资源配置并提高试验成功率，具体内容包括协变量自适应设计、响应自适应设计、网络自适应设计等，以及自适应设计在实际临床试验中的应用与挑战	了解临床试验自适应设计的基本原理与实际应用，掌握不同自适应目标下常用的随机化方法及统计分析方法，能够熟练使用统计软件进行自适应设计的实施与结果分析	2
5. 个性化医疗决策 (Individualized Treatment Regimen)	精准医疗背景下，最优治疗策略的基本概念和应用场景，常用的最优治疗策略估计方法，如 Q-learning、A-learning、C-learning 等，最优治疗策略在疾病诊疗中的具体应用	掌握最优治疗策略的核心概念，了解最优治疗策略的应用场景，熟悉最优治疗策略中的常见算法，能够使用统计软件完成最优治疗策略的估计和可视化	2
6. 临床实效分析 (Clinical Outcome Research)	介绍临床实效分析的背景与意义，探讨如何通过系统的临床数据分析评估治疗效果、疾病预后及患者生活质量等重要结局，具体内容包括常用的临床实效指标、统计分析方法、患者报告结局(PROs)及生物标志物的应用等，通过实际案例的分析，讲解如何将研究结果转化为临床决策支持，从而提高患者治疗效果和医疗服务质量	掌握临床实效研究的设计与实施方法，具备处理电子健康记录等复杂医疗数据的能力，了解常用的统计分析方法和算法，能够熟练使用统计软件进行相关分析	2
7. 高维基因肿瘤预测 (High Dimensional Genetic Data Analysis)	高维基因肿瘤数据的介绍和获取；针对不同数据类型的预测流程，包括数据集划分、变量降维、模型训练以及预测结果的评估；通过基因表达数据预测癌症患者预后及生存情况的具体应用	了解常用的高维基因肿瘤数据集，掌握基因数据的特点，熟悉高维数据的训练及预测方法，能够使用统计软件完成数据获取及预测流程	2

五、课程英文摘要

1. Introduction

Biostatistics is an interdisciplinary field that combines the theoretical foundations of probability and mathematical statistics with practical applications in data analysis across biology, medicine, public health, and related disciplines. By leveraging statistical methodologies and computational techniques, biostatistics addresses complex challenges in biomedical research, serving as a cornerstone of modern biological and medical studies. This course is designed as a foundational component of the biostatistics curriculum and requires prior knowledge of calculus, linear algebra, probability theory, and mathematical statistics.

This course aims to equip students with the knowledge and skills needed to address the statistical aspects of cutting-edge biomedical research and practice. The course syllabus covers key topics, including probability and statistical inference, regression analysis, survival analysis, experimental design, high-dimensional data analysis, and the application of deep learning in biomedicine.

2. Goals

The objective of this course is to provide students with a solid foundation in biostatistics, introduce the core concepts and major application areas of the field, and cultivate biostatistical thinking, thereby laying the groundwork for advanced study in related disciplines. Additionally, the course aims to spark students' interest in biostatistics, biomedical big data, and related areas of data science, aligning with and contributing to the national Healthy China initiative and the Big Data Strategy.

Upon completing this course, students will acquire the following skills:

(1) Strong Biostatistical Foundation:

- Mastery of core biostatistical methods, including probability, statistical inference, experimental design, regression analysis, and survival analysis.

- Familiarity with the applications of modern statistical techniques, such as high-dimensional data analysis and deep learning, in the biomedical field.

- Proficiency in using commonly employed statistical and data analysis software, such as R.

(2) Biostatistical Thinking and Application Skills:

- Ability to develop biostatistical thinking, enabling students to analyze and address critical issues in the biomedical field from a statistical perspective.

- Capability to apply biostatistical methods to interpret data scientifically and effectively, providing reliable statistical support for biomedical research.

3. Covered Topics

Modules	List of Topics	Suggested Hours
1. Basic Methods	Probabilities (2), Statistical Inference (4)	6
2. Design Methods	Experimental Studies (4), Observational Studies (4)	8
3. Analytical Methods	Regression (6), Longitudinal Data Analysis (4), Survival Analysis (4), Deep Learning on Biological Data (4), Medical Causal Inference (4)	22
4. Advanced Analytical Methods	High Dimensional Data Analysis (3), Dimension Reduction and Its Application in Biological Study (3), Clustering and Its Application in Biological Study (4), Multiple Testing (2)	12
5. Advanced Topics	Artificial Intelligence for Lesion Identification (2), Environmental Health Data Analysis (2), Target Trial Emulation (2), Clinical Adaptive Design (2), Individualized Treatment Regimen (2), Clinical Outcome Research (2), High Dimensional Genetic Data Analysis (2)	14
Total	20	56

经济统计 (Economic Statistics)

一、课程定位

经济统计专注于经济领域的数据收集、整理与分析，经济统计的核心是经济测度，其在经济理论的指导下形成了揭示经济数据内在规律与特征的统计理论与方法。课程内容涵盖经济账户、增长核算、福利测度、指数理论、投入产出、工业统计、经济建模等主题。通过课程学习，学生应能够了解经济统计学的基本概念、原理和方法，掌握主要经济数据的描述与分析的基本技能，培养经济分析与研究能力。在学习本课程之前，学生应已学习过微积分、线性代数、统计推断（或数理统计）、回归分析等课程。

二、课程目标

本课程目标是使学生具有扎实的经济统计基础，了解国民经济核算的主要核心知识，掌握经济分析所需的必要统计工具，如经济增长模型、指数编制原理、投入产出分析、统计过程控制等。同时，培养学生的经济统计思维，为进一步从事经济分析工作和经济理论研究打下坚实基础，进而更好地面向经济主战场培养能够服务国家重大需求和统计现代化改革的统计拔尖创新人才。

三、课程设计

经济统计课程基于统计推断、回归分析等先修课程，系统讲述经济的基本概念、工具和方法。课程从经济测度理论开始，逐步引入经济账户、增长核算、福利测度、指数理论等经济统计基础知识，重点讲解了投入产出分析、工业统计、经济建模等经济统计的常用方法。本课程兼顾了宏观的经济账户和微观的经济分析，同时结合中国特色应用场景，具有很好的理论性、系统性和可扩展性。

课程内容包含 8 个模块，可作为 3 学分的课程面向各高校统计学专业、应用统计学专业二年级或三年级开设。各模块之间的逻辑关系如下所示。

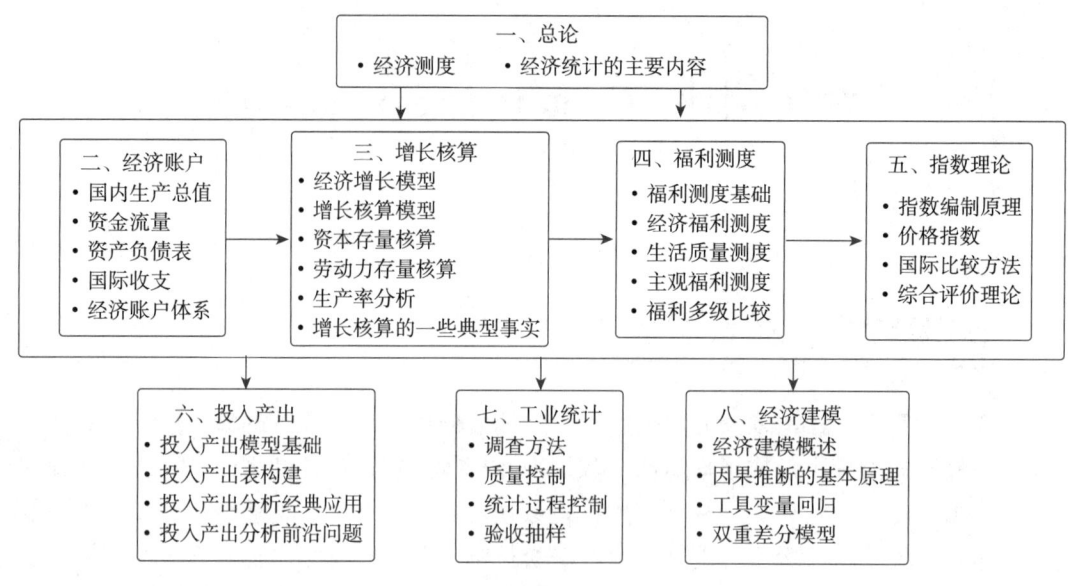

四、课程知识点

模块1：总论 (Introduction)

知识点	主要内容	能力目标	参考学时
1. 经济测度 (Economic Measurement)	流量、存量、记录时间、估价	熟悉经济测度的基本思想，理解流量、存量、记录时间、估价等知识点	1
2. 经济统计的主要内容 (Contents of Economic Statistics)	经济统计的研究对象、经济统计的内容组成	熟悉经济统计的地位与作用，了解经济统计与其他学科的区别与联系，从总体上认识经济统计的知识体系	1

模块2：经济账户 (Economic Accounts)

知识点	主要内容	能力目标	参考学时
1. 国内生产总值 (Gross Domestic Product)	增加值、收入法GDP、支出法GDP	熟悉GDP核算基本原理，掌握各种GDP核算方法	2
2. 资金流量 (Flow-of-Funds)	非金融交易、金融交易	掌握资金流量核算的基本原理，了解资金流量表的主要内容	2
3. 资产负债表 (Balance Sheet)	资产负债存量、资产负债变化	掌握资产负债核算的基本原理，了解资产估价和核算方法，熟悉资产负债表的主要内容	1

经济统计 (Economic Statistics)

续表

知识点	主要内容	能力目标	参考学时
4. 国际收支 (Balance of Payments)	国际收支、投资头寸	掌握对外经济账户的基本原理，了解国际收支平衡表和国际投资头寸表的主要内容	1
5. 经济账户体系 (System of Economic Accounts)	经常账户、积累账户	了解经济账户体系的组成，理解经济账户体系的平衡关系和矩阵表达	1

模块3：增长核算 (Growth Accounting)

知识点	主要内容	能力目标	参考学时
1. 经济增长模型 (Economic Growth Model)	索洛模型、内生增长模型	掌握索洛模型和内生增长模型的基本假设与逻辑，理解资本、劳动和技术在推动经济增长中的不同作用及其政策含义	2
2. 增长核算模型 (Growth Accounting Model)	生产函数分解、要素贡献、全要素生产率(TFP)核算	能够基于生产函数分解方法分析经济增长来源，掌握 TFP 的概念与计算方法	1
3. 资本存量核算 (Measuring Capital Stock)	资本积累、资本折旧、资本质量调整、资本存量估算方法	掌握资本存量的核算方法(如永续盘存法)，理解资本质量和折旧对资本投入核算的影响	1
4. 劳动力存量核算 (Measuring Labor Stock)	劳动力数量、劳动力质量、工作时长、教育水平	能够区分劳动力数量和质量，掌握劳动力质量的衡量方法(如基于教育水平和工作经验的加权方法)	1
5. 生产率分析 (Productivity Analysis)	劳动生产率、资本生产率	掌握生产率核算的方法，能够区分全要素生产率和单要素生产率的来源	1
6. 增长核算的一些典型事实 (Stylized Facts of Growth Accounting)	要素贡献的历史变化趋势、增长核算的区域比较	理解不同经济体的增长核算特征，能够运用增长核算的典型事实解释经济增长的区域和行业差异	1

模块4：福利测度 (Welfare Measurement)

知识点	主要内容	能力目标	参考学时
1. 福利测度基础 (Basics of Welfare Measurement)	福利的定义、GDP≠福利、福利测度的三种基本思路	熟悉福利的理论内涵和外延，掌握福利测度的基本思路	2
2. 经济福利测度 (Measuring Economic Welfare)	经济福利的定义、经济测度的常见指标	掌握经济福利的理论内涵和外延，熟悉经济测度的常见指标	1
3. 生活质量测度 (Measuring Living Conditions)	生活质量的概念、生活质量的测度思路与常见指标	掌握生活质量的理论内涵和外延，了解生活质量的测度思路，熟悉经济测度的常见指标	1
4. 主观福利测度 (Measuring Subjective Well-being)	主观福利的概念、主观福利的测度思路	掌握主观福利的理论内涵和外延，了解主观福利的测度思路	1
5. 福利多级比较 (Multilevel Comparison on Welfare)	住户、社会和国家层面福利比较的注意事项和调整方法	熟悉福利多级比较的注意事项，掌握理解福利多级比较的核心调整方法	1

模块5：指数理论 (Index Theory)

知识点	主要内容	能力目标	参考学时
1. 指数编制原理 (Principle of Index Compilation)	指数的定义、作用及分类，指数编制的基本方法和基本原则，指数的数理经济理论、优良性检验理论及评价标准	熟悉指数的基本概念及分类；掌握指数编制的核心方法与计算技巧，理解不同编制方法背后的理论逻辑；能够根据具体问题选择合适的指数形式，并对指数结果进行合理解释和分析	2
2. 价格指数 (Price Index)	常见价格指数，价格指数的权重确定、编制方法	了解常见的价格指数，掌握价格指数的编制方法	1
3. 国际比较方法 (International Comparison Methodology)	购买力平价(PPPs)指数的编制与估计，测度与比较国家和地区间宏观经济总量	掌握国际比较的基本机理，熟悉基本类以下购买力平价的构造方法和基本类以上购买力平价的汇总方法，掌握国际比较结果的经济含义	1
4. 综合评价理论 (Comprehensive Evaluation Theory)	指标权重、层次分析法、TOPSIS法、模糊综合评价法、灰色关联度分析	了解综合评价理论的应用场景，熟悉常用综合评价方法的原理及优缺点	2

模块 6：投入产出 (Input-Output Analysis)

知识点	主要内容	能力目标	参考学时
1. 投入产出模型基础 (Foundations of Input-Output Analysis)	投入产出基本关系及其数学模型	掌握投入产出交易、生产函数概念，掌握直接投入系数矩阵和 Leontief 矩阵的含义与计算	2
2. 投入产出表构建 (Construction of Input-Output Tables)	单区域与多区域投入产出表的构建	掌握投入产出表生产结构、最终需求和增加值矩阵的基本构建方法，掌握区域间贸易矩阵的构建方法	2
3. 投入产出分析经典应用 (Applications of Input-Output Analysis)	结构分析，乘子模型，预测与规划	掌握结构分析和乘子模型的一般方法，熟悉区域间溢出效应计算，熟悉基于投入产出模型的中长期规划方法	1
4. 投入产出分析前沿问题 (Frontiers of Input-Output Analysis)	投入产出分解方法，产业链与价值链分解模型与应用，环境投入产出分析应用	熟悉结构分解、乘子分解、路径分解，熟悉产业链价值链的基本分解模型与应用场景，熟悉投入产出模型在环境（含能源）领域的基本方法与应用	1

模块 7：工业统计 (Industrial Statistics)

知识点	主要内容	能力目标	参考学时
1. 调查方法 (Sampling Methods)	企业名录和区域名录抽样框、简单随机抽样、分层随机抽样、PPS 抽样、二重抽样	了解企业调查的特点，掌握常用抽样设计的基本原理	2
2. 质量控制 (Quality Control)	质量管理理念、质量控制概念	了解质量管理发展简史，掌握质量控制基础	1
3. 统计过程控制 (Statistical Process Control)	$\bar{X}$ 控制图、R 控制图、p 控制图、c 控制图	掌握计量型数据、计数型数据的经典质量控制图	2
4. 验收抽样 (Acceptance Sampling)	验收抽样方案、操作特征曲线(OC curve)	了解使用统计抽样调查评估来料质量的决策过程，掌握验收抽样方案	1

模块8：经济建模（Economic Modeling）

知识点	主要内容	能力目标	参考学时
1. 经济模型基础 (Foundations of Economic Modeling)	经济建模的基本原理，Gauss-Markov 定理，回归分析的大样本理论，内生性的来源和后果	了解经济模型的基本属性和建模原理，了解大样本条件下回归分析模型的建模方法和特征，掌握内生性产生的三大来源(解释变量测量误差、模型错误设定和遗漏变量)，了解内生性对回归模型估计系数一致性的危害	2
2. 因果推断的基本原理 (Basic Principles of Causal Inference)	Robin 因果模型(RCM)与潜在结果，(准)自然实验，处理效应，样本选择偏差	掌握 Robin 因果模型(RCM)、潜在结果的概念，认识到自然实验和随机化实验对于因果推断的重要意义，理解处理效应的测度原理	2
3. 工具变量回归 (Regression Model of Instrumental Variable)	工具变量(IV)的构建原理，工具变量回归的估计方法，工具变量估计的性质，工具变量的辅助检验	熟悉工具变量的相关性和外生性条件，了解工具变量回归的经典案例和常用形式，掌握两阶段最小二乘估计(2SLS)的原理，掌握弱工具变量检验和过度识别检验的原理和方法	2
4. 双重差分模型 (Difference-in-Difference Model)	双重差分模型在经济统计中的使用方法，双重差分模型估计方法，平行趋势检验，双重差分模型的扩展	了解双重差分模型的基本原理和适用条件，掌握双重差分模型的估计方法，熟悉双重差分模型的常用辅助检验方法：平行趋势检验、政策外生性检验、安慰剂实验，了解横截面DID、交错DID的前沿进展	2

五、课程英文摘要

1. Introduction

Economic statistics focuses on collecting, organizing and analyzing data in the economic field. The core of economic statistics is economic measurement. Under the guidance of economic theories, it has formed statistical theories and methods that reveal the internal laws and characteristics of economic data. This course covers a variety of topics, including economic accounts, growth accounting, welfare measurement, index theory, input-output, industrial statistics, and economic modeling. By learning this course, students should understand the basic concepts, principles and methods of economic statistics, master the basic skills for the description and analysis of major economic data, and cultivate the ability of economic analysis and research.

2. Goals

The goals of this course are to enable students to have a solid foundation in economic statistics, understand the main knowledge of national economic accounting, and master the necessary statistical tools required for economic analysis, such as economic growth models, index compilation principles, input-output analysis, and statistical process control. Meanwhile, it aims to cultivate students' statistical thinking in economics, lay a solid foundation for them to further engage in economic analysis work and economic theory research, and thus better focus on the main economic front to cultivate outstanding and innovative statistical talents who can serve the major needs of the country and the modernization reform of statistics.

3. Covered Topics

Modules	List of Topics	Suggested Hours
1. Introduction	Economic Measurement (1), Contents of Economic Statistics (1)	2
2. Economic Accounts	Gross Domestic Product (2), Flow-of-Funds (2), Balance Sheet (1), Balance of Payments (1), System of Economic Accounts (1)	7
3. Growth Accounting	Economic Growth Model (2), Growth Accounting Model (1), Measuring Capital Stock (1), Measuring Labor Stock (1), Productivity Analysis (1), Stylized Facts of Growth Accounting (1)	7
4. Welfare Measurement	Basics of Welfare Measurement (2), Measuring Economic Welfare (1), Measuring Living Conditions (1), Measuring Subjective Well-being (1), Multilevel Comparison on Welfare (1)	6
5. Index Theory	Principle of Index Compilation (2), Price Index (1), International Comparison Methodology (1), Comprehensive Evaluation Theory (2)	6
6. Input-Output Analysis	Foundations of Input-Output Analysis (2), Construction of Input-Output Tables (2), Applications of Input-Output Analysis (1), Frontiers of Input-Output Analysis (1)	6

续表

Modules	List of Topics	Suggested Hours
7. Industrial Statistics	Sampling Methods (2), Quality Control (1), Statistical Process Control (2), Acceptance Sampling (1)	6
8. Economic Modeling	Foundations of Economic Modeling (2), Basic Principles of Causal Inference (2), Instrumental Variables Regression (2), Difference-in-Difference Model (2)	8
Total	34	48

第三部分
高等学校统计学类专业人才培养方案

第三部分包括 16 所高校的统计学类专业的培养方案，从培养目标、培养要求、毕业要求、授予学位类型和课程设置等方面描述了统计学类专业人才培养方案，供相关院校的教师和学生参考。

清 华 大 学
统计学专业培养方案(2025 级)

一、培养目标

以统计学理论和应用并重为特色,强调扎实的数理基础、数据的全流程处理和交叉学科建模能力,致力于培养具备坚实统计和数据科学基础理论,掌握统计和数据科学研究前沿动向,并能熟练运用数据分析技术帮助解决科学、生产、决策中的问题,具有成为统计与数据科学创新型领军人才的潜力的专业型人才;为本科生攻读统计学相关专业研究生和在政府机关、研究机构和工业界等统计相关的岗位就业奠定基础;服务四个面向,针对国家重大需求、重大战略、重要部门,培养国际一流的统计学与数据科学领域综合性、创新型高层次人才。

二、培养要求

1. 掌握统计学学科的发展特点和核心思想,具备坚实的统计学基础知识;
2. 深刻理解统计分析的严谨性,具备逻辑思维和数据分析的技巧,能够清晰地呈现统计推断和结果;
3. 能够感受并欣赏统计学在数据抽象与一般化处理中的魅力,具备将实际问题转化为统计模型进行定性或定量分析的能力;
4. 对基础统计学、数据分析与人工智能中任一方向有深入理解,掌握其核心知识体系,并关注前沿发展动态;
5. 具备自学、文献调研、论文写作和学术报告撰写等综合研究能力;
6. 掌握统计分析所需的计算机技术、软件工具和算法,能够有效开展数据处理和分析;
7. 拥有良好的沟通能力,能够与不同学科背景的人员进行有效的学术交流;
8. 具备团队意识与协作精神,能够在团队工作中发挥建设性作用。

三、毕业要求及授予学位类型

统计学专业本科学制 4 年。授予理学学士学位。
按本科专业学制进行课程设置及学分分配。本科最长学习年限为所在专业学制加两年。

四、课程设置

本科培养总学分为 141 学分，其中，校级通识教育课程 47 学分，专业相关课程 74 学分，专业实践环节 20 学分。

五、课程设置与学分分布

1. 校级通识教育　47 学分
(1) 思想政治理论课　18 学分

必修 17 学分			
课程编号	课程名称	学分	备注
10680053	思想道德与法治	3	
10680101	形势与政策(1)-秋	1	组 1　　　　2 组选 1 组
10680131	形势与政策(2)-春	1	
10680121	形势与政策(1)-春	1	组 2
10680111	形势与政策(2)-秋	1	
10610193	中国近现代史纲要	3	
10680073	马克思主义基本原理	3	
10680142	毛泽东思想和中国特色社会主义理论体系概论	2	
10680022	习近平新时代中国特色社会主义思想概论	2	
10680092	思政实践	2	建议大一大二暑期选修
限选 1 学分			
课程编号	课程名称	学分	备注
00680201	社会主义发展史("四史")	1	
00680221	中国共产党历史("四史")	1	
00680231	中华人民共和国史("四史")	1	
00680211	改革开放史("四史")	1	
00680042	中国政府与政治	2	学生根据开课情况自主选择修读学期和课程
00670091	新闻中的文化	1	
00460072	中国历史地理	2	
02090051	当代国防系列讲座	1	
02090091	高技术战争	1	

续表

课程编号	课程名称	学分	备注
00590043	中国国情与发展	3	
10691143	中国现代文学经典	3	
10691093	《史记》研读	3	
00782982	古谱诗词与中国音乐文学	2	
00820032	中国工艺美术史	2	
00783102	中国民歌与地域文化	2	
10691173	《孟子》研读	3	
10691383	老庄研读	3	
00000231	中国近现代革命文物、红色遗产与建筑记忆	1	
00805291	中国汉字设计史	1	
10691412	孔子和鲁迅	2	
04720032	《霸王别姬》的艺与魅	2	
01030192	教育哲学	2	
00660263	法律思维	3	
00590062	腐败的政治经济学	2	
00701162	西方政治制度	2	
00000021	面向城乡协调的乡村规划	1	
10260062	从算盘到量子计算机	2	
00800871	设计思维	1	
01030032	教育与就业	2	
11510052	工业生产概论	2	
02070071	大学生心理训练与潜能开发	1	
00000131	极地建筑	1	
10000052	中国城市规划史	2	
01510022	工业系统概论	2	
00670403	镜头中的国家与社会	3	
10510273	经济学通论	3	
10000034	建筑与城市文化	4	
10780142	自我启示剧场	2	
00250202	无处不在的电子技术	2	

续表

课程编号	课程名称	学分	备注
00460063	全球变化与可持续发展	3	
00050111	雾霾成因与防控	1	
04000061	传统与现代：中医药科学研究进展	1	
00120112	生物材料工程与器件	2	
01510162	制造工程体验	2	
00150051	智能化汽车	1	
10220042	透视能源新视角	2	
10691603	逻辑与思维	3	
14700073	西方近代哲学	3	
00150222	智能汽车安全	2	
00450182	生命科学简史	2	
01510482	能源技术创新与实践	2	
10310082	改变世界的"力"	2	
00600022	中美贸易争端和全球化重构	2	
00700052	大学生心理健康	2	
01510492	能源与社会	2	
00701512	中国宏观经济分析	2	
00050222	生态文明十五讲	2	
00691762	当代科学中的哲学问题	2	
00050071	环境保护与可持续发展	1	
10691402	悦读马克思	2	
00691312	当代法国思想与文化研究	2	
10691452	媒介史与媒介哲学	2	
10460053	气候变化与全球发展	3	
10700043	社会学的想象力：结构、权力与转型	3	
00701344	国际关系分析	4	
10700142	现代化与全球化思想研究	2	

注：港澳台学生必修：思想道德与法治，3学分，其余课程不做要求。
国际学生对以上思政课程不做要求。

(2) 体育　4学分

第1—4学期的体育(1)—(4)为必修，每学期1学分；第5—8学期的体育专项不设学分，其中第5—6学期为限选，第7—8学期为任选。学生大三结束申请推荐免试攻读研究生需完成第1—4学期的体育必修课程并取得学分。

本科毕业必须通过学校体育部组织的游泳测试。体育课的选课、退课、游泳测试及境外交换学生的体育课程认定等请详见学生手册《清华大学本科体育课程的有关规定及要求》。

(3) 外语(一外英语学生必修8学分，一外其他语种学生必修6学分)

学生	课组	课程	课程面向	学分要求
一外英语学生	英语综合能力课组	英语综合训练(C1)	入学分级考试1级	必修 4学分
		英语综合训练(C2)		
		英语阅读写作(B)	入学分级考试2级	
		英语听说交流(B)		
		英语阅读写作(A)	入学分级考试3级、4级	
		英语听说交流(A)		
	第二外语课组	详见选课手册		限选 4学分
	外国语言文化课组			
	外语专项提高课组			
一外小语种学生		详见选课手册		6学分

公外课程免修、替代等详细规定见教学门户—清华大学本科生公共外语课程设置及修读管理办法。

(4) 写作与沟通课　2学分　必修

课程编号	课程名称	学分
10691342	写作与沟通	2

注：国际学生可以高级汉语阅读与写作课程替代。

(5) 通识选修课　11学分　限选

通识选修课包括人文、社科、艺术、科学四大课组，要求学生每个课组至少选修2学分。

注：港澳台学生必修中国文化与中国国情课程，4学分，计入通识选修课学分。

国际学生必修中国概况课程，1门，计入通识选修课学分。

(6) 军事课程　4学分　必修

课程编号	课程名称	学分	备注
12090052	军事理论	2	
12090062	军事技能	2	

注：台湾学生在以上军事课程4学分和台湾新生集训3学分中选择，不少于3学分。
国际学生必修国际新生集训课程。

2. 专业相关课程　74学分

(1) 数学、计算机基础课程　34学分　必修/限选

课程编号	课程名称	学分	备注
30420405	数学分析(1)	5	
10420935	数学分析(2)	5	
30420424	数学分析(3)	4	
20420124	高等线性代数(1)	4	
20420134	高等线性代数(2)	4	
10430205	物理学导论	5	
30240233	程序设计基础	3	二选一
20740073	计算机程序设计基础	3	
30240184	数据结构	4	

(2) 专业主修课程　28学分　必修

课程编号	课程名称	学分	备注
新开课	数据分析引论	3	
调整	数据科学编程	3	
40160713	初等概率论	3	
30160263	统计推断	3	
40160803	线性回归分析	3	
30160294	统计计算与软件	4	
40160763	多元统计分析	3	
40160793	试验设计和分析	3	
40160833	贝叶斯统计导论	3	

(3) 专业选修课程　12学分　限选

方向一：统计学　12学分

本方向关注科学、生产、决策中的统计问题，培养能够转化实际问题为统计模型、具备坚实统计和数据科学基础理论、具有成为统计与数据科学创新型领军人才潜力的专业人才。

课程编号	课程名称	学分	课组
调整	随机过程引论	3	理论强化
调整	非参数统计方法	3	
新开课	蒙特卡洛方法	3	
调整	广义线性模型	3	前沿方向
调整	时间序列分析与预测	3	
新开课	贝叶斯图及网络模型方法	3	
调整	因果推断	3	

方向二：数据分析与人工智能　12学分

本方向关注交叉科学中的数据科学问题，培养具备坚实人工智能和机器学习的统计学基础方法、熟练运用数据分析技术解决交叉科学研究问题的专业人才。

课程编号	课程名称	学分	课组
新开课	蒙特卡洛方法	3	AI的统计学基础
新开课	深度学习	3	
新开课	强化学习	3	
调整	统计机器学习	3	
调整	广义线性模型	3	多模态数据建模与分析
新开课	时空数据分析	3	
新开课	环境统计与数据分析	3	
调整	金融数据分析	3	
调整	生物统计与生物信息引论	3	

注：各课组可以交叉选课，满足(1)共计12学分；(2)至少在一个课组选课≥6学分。

3. 专业实践环节　20 学分

(1) 夏季学期实习实践训练　8 学分　必修/限选

课程编号	课程名称	学分	备注
20740092	C++程序设计实践	2	大一夏
新开课	统计学暑期实践	2	大二夏
新开课	数据科学暑期实践	2	大三夏
新开课	高年级学术训练	2	大三夏

注：实践环节课程名称和内容可能调整，以各学期实际开课为准。

(2) 综合论文训练　12 学分　必修

课程编号	课程名称	学分	学生学习投入(周时数)
新开课	综合论文训练	12	36

注：综合论文训练不少于16周，集中安排在第8学期。

六、统计学专业课程教学计划/时间规划图(此图仅供参考，最终解释权归院系)

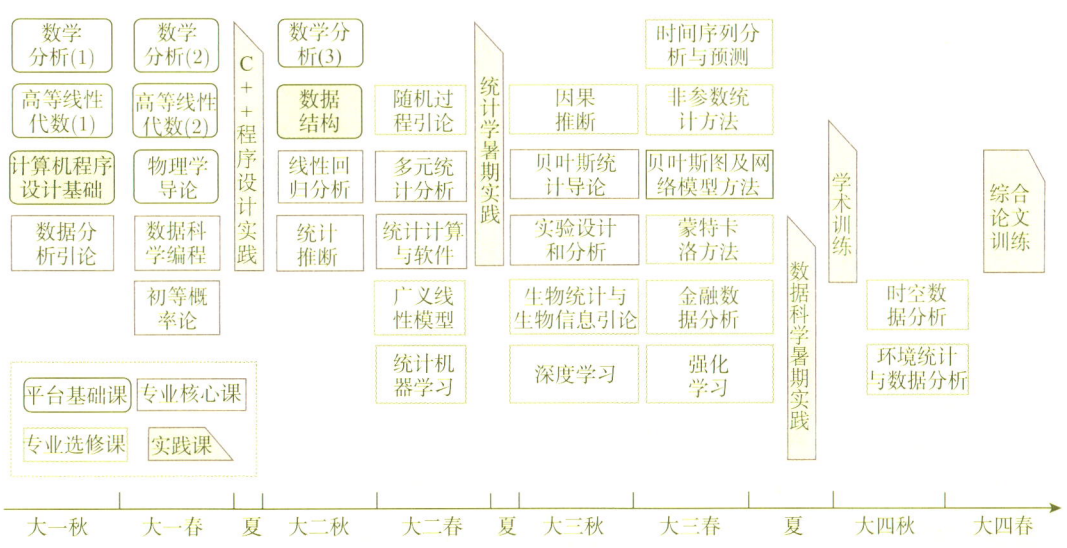

北京大学
统计学专业培养方案（2024级）

一、专业简介

北京大学是我国最早开展概率统计教学科研的单位。1940年许宝騄先生从英国获统计学博士学位回国任教，首次在我国大学数学系开设数理统计课程，1956年，根据我国第一个科学发展规划，北京大学设立概率统计教研室，许宝騄先生为首任主任。是年秋天，组成国内第一个概率统计培训班，到"文化大革命"前连续开设了八届概率统计的专门化班，为新中国概率统计事业培养了骨干力量。1972年著名概率统计专家江泽培教授继任教研室主任。1985年北京大学成立了概率统计系。1991年成立了北京大学数理统计研究所，实行系所结合体制。陈家鼎教授任主任兼所长，江泽培教授任学术委员会主任。1995年，概率统计系与数学系合并组成数学科学学院，耿直教授任系主任，谢衷洁教授任数理统计研究所所长。1997年，以概率统计系部分青年教师为骨干力量，数学科学学院组建了金融数学系。为吸引统计人才、加强学科建设，在北京大学原数理统计研究所基础上，2010年7月北京大学统计科学中心宣告成立，陈松蹊教授和耿直教授任联席主任。统计科学中心为跨学院的交叉学科研究机构，其目标是协调全校统计研究的力量，促进统计学与其他学科的交叉与融合，建设世界一流的统计研究机构。

概率统计系下设概率论教研室和统计学教研室，现有专职教师22人，其中教授13人，研究员6人，副教授2人，讲师1人。

二、培养目标

本专业旨在培养既能够从事统计学相关的理论研究，又能够从事数据分析和人工智能等方面的实际应用工作的德才兼备的综合性人才。

在专业基础、统计思想、应用技能和现代技术等方面加强学生的培养和训练，鼓励学生在理工农医文等各个学科选修课程，着力培养专业基础扎实、动手能力强，具有科学创新素养、文明自信品格和国际专业视野的优秀统计人才。

三、培养要求

通过四年的学习,学生应掌握扎实的数学理论基础和统计知识,掌握统计应用技能和技术,动手能力强;培养跨学科研究或者应用思维,具有良好的科学创新素养;英语水平达到国家四级,具有良好的表达能力,具备独立学习的能力、初步的研究能力以及较强的适应不同社会职业需要的能力。

四、毕业要求及授予学位类型

学生在学校规定的学习年限内,修完培养方案规定的内容,成绩合格,达到学校毕业要求的,准予毕业,学校颁发毕业证书;符合学士学位授予条件的,授予学士学位。

授予学位类型:理学学士学位

毕业总学分:138—144 学分

具体毕业要求包括:

1. 公共基础课程:45—51 学分	公共必修课:33—39 学分
	通识教育课:12 学分
2. 专业必修课程:49 学分	专业基础课:19 学分
	专业核心课:24 学分
	毕业论文(设计):6 学分
	其他非课程必修要求:0 学分
3. 选修课程:44 学分	专业选修课:21 学分
	自主选修课:23 学分

五、课程设置

1. 公共基础课程:45—51 学分

(1) 公共必修课:33—39 学分
详见附件。

(2) 通识教育课程及学分要求
详见附件。

2. 专业必修课程：49 学分

(1) 专业基础课：19 学分

课号	课程名称	学分	周学时
00132301	数学分析 I	5	6
00132302	数学分析 II	5	6
00132321	高等代数 I	5	6
00132323	高等代数 II	4	5

(2) 专业核心课：24 学分

课号	课程名称	学分	周学时
00132304	数学分析 III	4	5
00132341	几何学	5	6
00135450	抽象代数	3	3
00132320	复变函数	3	3
00132340	常微分方程	3	3
00131300	概率论	3	3
00130200/00137960	数学模型/统计思维	3	3

注：1. 数学分析 I、II、III，高等代数 I、II，几何学，抽象代数，概率论都同时开设常规班和实验班，均可作为毕业学分。但一种课程班型已修读及格后，不能再修读另一种班型。因课号、班型不同，计算学分、GPA 时，一种班型的及格成绩不能覆盖另一种班型的不及格成绩。

2. 几何学 I (实验班)(课号 00132381)可替代几何学(课号 00132341)，代数学(实验班) I (课号 00137971)可替代抽象代数(课号 00135450)。

3. 可用统计思维(课号 00137960)替代数学模型(课号 00130200)。

(3) 毕业论文：6 学分

(4) 其他非课程必修要求：0 学分

3. 选修课程：44 学分

(1) 专业选修课：21 学分

① 专业必选：6 学分

概率方向(授予数学与应用数学专业学位)

课号	课程名称	学分	周学时
00135460	数理统计	3	3
00137990	应用随机过程(实验班)	3	3

注：数理统计同时开设常规班和实验班，均可作为毕业学分，但一种课程班型已修读及格后，不能再修读另一种班型。因课号、班型不同，计算学分、GPA 时，一种班型的及格成绩不能覆盖另一种班型的不及格成绩。

统计学方向

课号	课程名称	学分	周学时
00135460	数理统计	3	3
00133090	应用随机过程	3	3

注：数理统计、应用随机过程开设常规班和实验班，规定同前。

②专业限选：15 学分

概率方向

课号	课程名称	学分	周学时
00132370	实变函数	3	3
00133110	应用回归分析	3	3
00133010	测度论	3	3
00132330	偏微分方程	3	3
00132350	泛函分析	3	3
00137110	应用随机分析	3	3
00132310	微分几何	3	3
00130161	拓扑学	3	3
00133050	应用多元统计分析	3	3
00137290	高维概率论	3	3

统计学方向

课号	课程名称	学分	周学时
00132370	实变函数	3	3
00133110	应用回归分析	3	3
00133010	测度论	3	3
00133050	应用多元统计分析	3	3
00135220	非参数统计	3	3
00102892	统计学习	3	3
00100877	贝叶斯理论与算法	3	3
00102516	统计模型和计算方法	3	3
00137912	试验设计与抽样	3	3
00137290	高维概率论	3	3
00137110	应用随机分析	3	3
00136660	凸优化	3	3
00103335	深度学习与强化学习	3	3

(2) 自主选修课：23 学分

①理学部课程：12 学分

可以选自理学部中的任何院系，包括数学科学学院。要求是该院系的专业必修、专业限选或专业任选，不能是通选和公选。

除上述专业限选课外，以下课程可以作为自主选修课程参考：

课号	课程名称	学分	周学时
00130550	数值代数	3	3
00130560	数值分析	3	3
00130630	最优化方法	3	3
00136720	大数据分析中的算法	3	3
04630790	数据科学导引	3	3
00112630	高等概率论	3	3
00112640	高等统计学	3	3
00112650	随机过程论	3	3
00101756	现代统计模型	3	3

②理学部的非数学科学学院课程8学分，其中要求物理类课程4学分

8学分全部选普通物理学Ⅰ、Ⅱ也行，也可以选其他物理课，非物理类课程4学分要求是该院系的专业必修、专业限选或专业任选，不能是通选和公选(大学化学和普通生物学除外，普通生物学A、B、C只能选其一修)。

③在全校课程中选择其余3学分

全校任何课程均可，包括通选和公选。

六、其他

1. 保送研究生要求

(1) 学生应满足学校当年的基本要求，包括但不限于(当年学校政策可能有变化)：每门学校要求的必修课和数学科学学院要求的必修课必须通过。如果某门课第一次修时没达到及格(包括分数不及格、缓考、期中退课、中途休学、出国等情况)，在保研资格确定时已经重修达到及格了，按惯例算通过。重修及格的课按此及格分数算。

(2) 概率方向保研排名方式

①数学科学学院必修课程(所缺课程按照0分计算)：

数学分析Ⅰ(5)、数学分析Ⅱ(5)、数学分析Ⅲ(4)、高等代数Ⅰ(5)、高等代数Ⅱ(4)、几何学(5)、抽象代数(3)、复变函数(3)、常微分方程(3)、数学模型/统计思维(3)

②概率方向3门必修课程(所缺课程按照0分计算)：

概率论(3)、数理统计(3)、应用随机过程(实验班)(3)

③概率方向9门限选课程中选出得分最高的3门(如果在下面所列课程选修未达到3门，所缺课程按照0分计算)：

实变函数(3)、测度论(3)、应用回归分析(3)、应用多元统计分析(3)、应用随机分析(3)、拓扑学(3)、偏微分方程(3)、泛函分析(3)、微分几何(3)。

①中课程按照括号里的学分权重计算出加权平均分一，②和③中的课程按照括号中的学分权重计算出加权平均分二，平均分一和平均分二的平均作为概率方向认定的"专业平均成绩"，从高到低排名。此排名作为概率方向对外承认的唯一正式排名。

(3) 统计学方向保研排名方式

①数学科学学院必修课程(所缺课程按照0分计算)：

数学分析Ⅰ(5)、数学分析Ⅱ(5)、数学分析Ⅲ(4)、高等代数Ⅰ(5)、高等代数Ⅱ(4)、几何学(5)、抽象代数(3)、复变函数(3)、常微分方程(3)、数学模型/统计思维(3)

②统计学方向3门必修课程(所缺课程按照0分计算)：

概率论(3)、数理统计(3)、应用随机过程(3)

③统计学专业14门限选课程中选出得分最高的3门(如果在下面所列课程选修未达到3门,所缺课程按照0分计算):

实变函数(3)、测度论(3)、应用回归分析(3)、应用多元统计分析(3)、非参数统计(3)、统计学习(3)、贝叶斯理论与算法(3)、统计模型和计算方法(3)、试验设计(3)、抽样调查(3)、高维概率论(3)、应用随机分析(3)、凸优化(3)、深度学习与强化学习(3)

①中课程按照括号里的学分权重计算出加权平均分一,②和③中的课程按照括号中的学分权重计算出加权平均分二,平均分一和平均分二的平均作为统计方向认定的"专业平均成绩",从高到低排名。此排名作为统计方向对外承认的唯一正式排名。

注1:数学模型可用统计思维代替。

注2:对于有数学科学学院的实验班课程,该课程计算成绩时将按原始成绩乘1.05计。数学科学学院的实验班课程与数学科学学院的同名常规课程等价。所有等价课程中,按在时间上首次及格的分数计算,后来分数科学不算入。

注3:数学科学学院为院内开的课程不能由同名的为外院系开的课程或双学位课程代替。非北京大学的课程(如中国台湾、中国香港、中国澳门、国外等)需要由数学科学学院根据具体课程情况认定是否可以等价;如果认定等价,不同分数体系(如 ABCD 制、五分制、四分制等)的转化算法由数学科学学院确定。

注4:若"专业平均成绩"相等,则平均分二高者排名靠前;若进一步,平均分二相等,则②中课程(即概率论、数理统计、应用随机过程)的平均分高者排名靠前;若再进一步,②中课程的平均分相等,则课程 A(概率方向为应用随机过程,统计方向为数理统计)的分数高者排名靠前;若再进一步,课程 A 分数相等,则概率论课程的分数高者排名靠前;若再进一步,概率论课程的分数相等,则由该方向的教研室主任组织(三位以上)老师进行投票排序。

注5:概率统计系对本文具有最终解释权。如果学校和数学科学学院当年政策有变化,或大环境有变化(如有线上 P/F 课程)等,则概率统计系有权做出与之相应的政策调整。

2. 上述专业选修和学部限选课程,原则上均以所列课号和课程名称为准。如学生在其他院系选修同名或相似课程原则上不能计入上述两类课程毕业学分。

七、统计学专业课程地图（此图仅供参考，最终解释权归院系）

1. 概率论方向课程地图

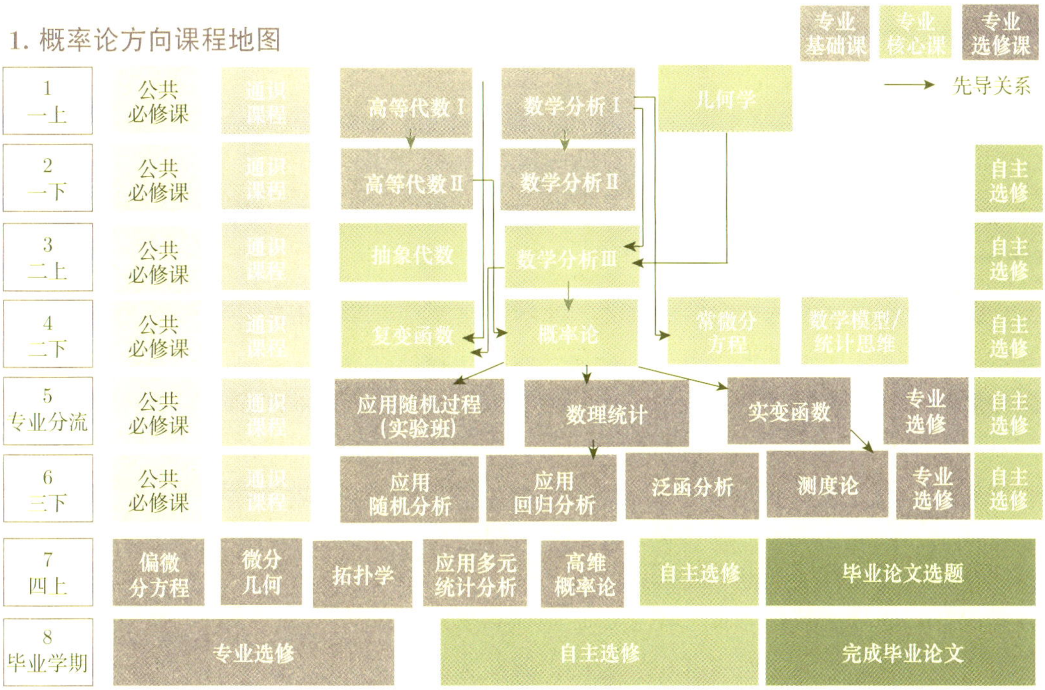

学期									
1 一上	公共必修课	通识课程	高等代数Ⅰ	数学分析Ⅰ	几何学		专业基础课 专业核心课 专业选修课 → 先导关系		
2 一下	公共必修课	通识课程	高等代数Ⅱ	数学分析Ⅱ					自主选修
3 二上	公共必修课	通识课程	抽象代数	数学分析Ⅲ					自主选修
4 二下	公共必修课	通识课程	复变函数	概率论		常微分方程	数学模型/统计思维		自主选修
5 专业分流	公共必修课	通识课程	应用随机过程（实验班）	数理统计		实变函数		专业选修	自主选修
6 三下	公共必修课	通识课程	应用随机分析	应用回归分析		泛函分析	测度论	专业选修	自主选修
7 四上	偏微分方程	微分几何	拓扑学	应用多元统计分析	高维概率论	自主选修		毕业论文选题	
8 毕业学期	专业选修			自主选修				完成毕业论文	

2. 统计学方向课程地图

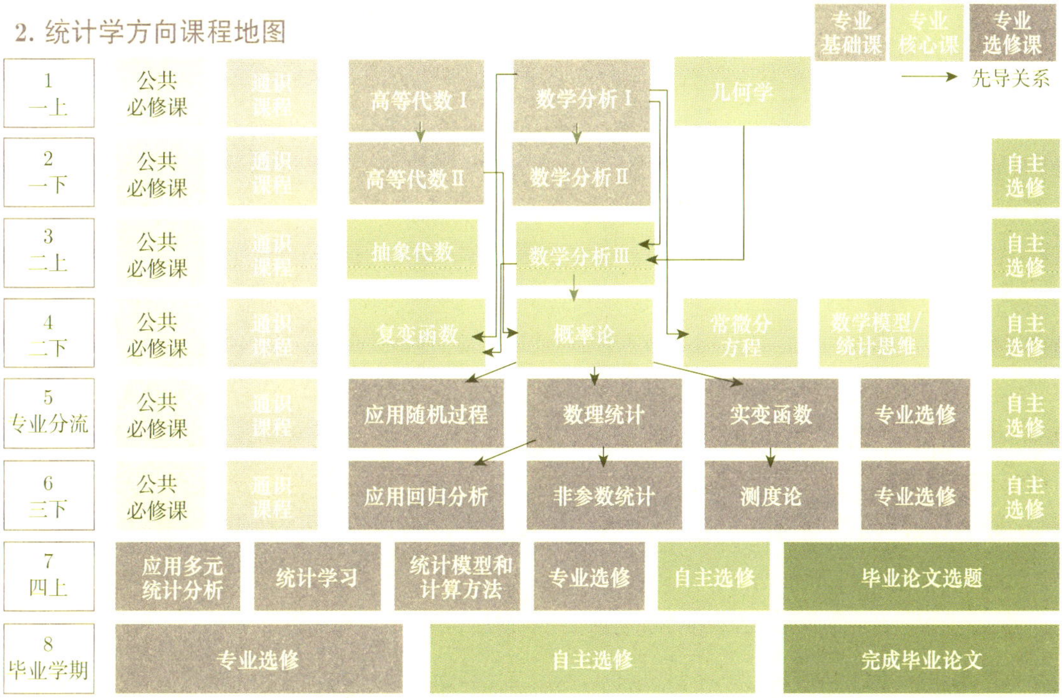

学期									
1 一上	公共必修课	通识课程	高等代数Ⅰ	数学分析Ⅰ	几何学		专业基础课 专业核心课 专业选修课 → 先导关系		
2 一下	公共必修课	通识课程	高等代数Ⅱ	数学分析Ⅱ					自主选修
3 二上	公共必修课	通识课程	抽象代数	数学分析Ⅲ					自主选修
4 二下	公共必修课	通识课程	复变函数	概率论		常微分方程	数学模型/统计思维		自主选修
5 专业分流	公共必修课	通识课程	应用随机过程	数理统计		实变函数		专业选修	自主选修
6 三下	公共必修课	通识课程	应用回归分析	非参数统计		测度论		专业选修	自主选修
7 四上	应用多元统计分析	统计学习	统计模型和计算方法	专业选修	自主选修			毕业论文选题	
8 毕业学期	专业选修			自主选修				完成毕业论文	

北京大学
生物统计学专业培养方案（2024级）

一、专业简介

生物统计学属于统计学的一个分支，是一门结合统计学、概率论、数学和计算的方法，对生物学、医学数据进行分析、测量、控制和解释不确定性的科学。其研究目的是科学地进行生物医学研究的试验设计、数据收集、分析、推断和解释，以准确、高效地把握、揭示生物医学中的本质和规律。

几乎所有医学、生物学和公共卫生领域研究者的新发现都需要统计思想和原则的指导，离不开生物统计学。医学领域的顶尖期刊新英格兰杂志将《生物统计学》的贡献列为近500年医学领域排位第4位里程碑式的重大事件。2018年11月16日北京大学生物统计系成立，周晓华教授为首任主任。它是在北京大学医学部的医学和公共卫生研究的基础上，结合数学科学学院、北京国际数学研究中心、统计科学中心在数学和统计理论方法的优势而建立的一个跨学部、跨院系、新体制的学系。它由公共卫生学院、北京大学数学科学学院和北京国际数学研究中心共建，是国内第一个跨数学和预防医学的生物统计系。概率统计系和生物统计系聚集了一大批从事生物统计学研究的学者，生物统计学专业的设立必将为生物统计学科的发展奠定基础。

本专业现有专职教师29人，其中教授15人，研究员7人，副教授4人，副研究员2人，讲师1人。

二、培养目标

生物统计学专业着重培养学生掌握在生命科学领域从事统计工作的知识和能力。其培养目标是：具有坚实的统计学基础，了解公共卫生、临床医学等生命科学领域相关学科的基础知识，掌握相关计算机技术，既能从事统计方法学研究又能将统计方法应用在医学科学及公共卫生学研究的创新型人才，促进生物医学研究和统计学发展。

三、培养要求

通过四年的学习，学生应掌握扎实的数学理论基础和统计知识，掌握统计应用技能和技术，动手能力强；培养跨学科研究和应用思维，具有良好的科学创新素养；英语水平达到国家四级,具有良好的表达能力,具备独立学习的能力、初步的研究能力以及较强的适应生物医学相关社会职业需要的能力。

四、毕业要求及授予学位类型

学生在学校规定的学习年限内,修完培养方案规定的内容,成绩合格,达到学校毕业要求的,准予毕业,学校颁发毕业证书;符合学士学位授予条件的,授予学士学位。

授予学位类型:理学学士学位

毕业总学分:138—144 学分

具体毕业要求包括:

1. 公共基础课程:45—51 学分	公共必修课:33—39 学分
	通识教育课:12 学分
2. 专业必修课程:49 学分	专业基础课:19 学分
	专业核心课:24 学分
	毕业论文(设计):6 学分
	其他非课程必修要求:0 学分
3. 选修课程:44 学分	专业选修课:21 学分
	自主选修课:23 学分

五、课程设置

1. 公共基础课程:45—51 学分

(1) 公共必修课:33—39 学分

详见附件。

(2) 通识教育课程及学分要求

详见附件。

2. 专业必修课程:49 学分

(1) 专业基础课:19 学分

课号	课程名称	学分	周学时
00132301	数学分析 Ⅰ	5	6
00132302	数学分析 Ⅱ	5	6
00132321	高等代数 Ⅰ	5	6
00132323	高等代数 Ⅱ	4	5

(2)专业核心课：24 学分

课号	课程名称	学分	周学时
00132304	数学分析Ⅲ	4	5
00132341	几何学	5	6
00135450	抽象代数	3	3
00132320	复变函数	3	3
00132340	常微分方程	3	3
00131300	概率论	3	3
00130200/00137960	数学模型/统计思维	3	3

注：1. 数学分析Ⅰ、Ⅱ、Ⅲ，高等代数Ⅰ、Ⅱ，几何学，抽象代数，概率论都同时开设常规班和实验班，均可作为毕业学分，但一种课程班型已修读及格后，不能再修读另一种班型。因课号、班型不同，计算学分、GPA 时，一种班型的及格成绩不能覆盖另一种班型的不及格成绩。

2. 几何学Ⅰ(实验班)(课号：00132381)可替代几何学(课号：00132341)，代数学(实验班)Ⅰ(课号：00137971)可替代抽象代数(课号：00135450)。

3. 可用统计思维(课号：00137960)替代数学模型(课号：00130200)。

(3) 毕业论文：6 学分

(4) 其他非课程必修要求：0 学分

3. 选修课程：44 学分

(1) 专业选修课：21 学分

①专业必选：6 学分

课号	课程名称	学分	周学时
00135460	数理统计	3	3
00102893	生物统计	3	3

②专业限选：15 学分

课号	课程名称	学分	周学时
01130200	遗传学	3	3
00134136	生物统计概论	2	2

续表

课号	课程名称	学分	周学时
00133110	应用回归分析	3	3
00133050	应用多元统计分析	3	3
00133090	应用随机过程	3	3
00135220	非参数统计	3	3
00102892	统计学习	3	3
00100877	贝叶斯理论与算法	3	3
00102516	统计模型和计算方法	3	3
00137912	试验设计与抽样	3	3
00136180	生物信息中的数学模型与方法	3	3
00102441	统计和生物统计中的因果推断	3	3
00103256/00132100	生存分析/应用生存分析	3	3
00133030	统计计算	3	3
01139375	生物信息学	2	2
01133037	基因组学数据分析	2	2
01137030	基因组医学基础	2	2
89530079	医学心理学	2	2
89330005	流行病学	3	3

注：1. 要求统计类至少 3 门，生物医学类至少 1 门。

2. 遗传学、生物信息学、基因组学数据分析、基因组医学基础为生命科学学院课程。

3. 医学心理学、流行病学为医学部三年级课程。

(2) 自主选修课：23 学分

① 理学部、信息与工程学部及医学部课程：12 学分

可以选自理学部、信息与工程科学部及医学部中的任何院系，包括数学科学学院。要求是该院系的专业必修、专业限选或专业任选，不能是通选和公选。

除上述专业限选课外，以下课程可以作为自主选修课程参考：

课号	课程名称	学分	周学时
	医学伦理学		
	中医学基础		
89330013	预防医学导论	1	1
00130630	最优化方法	3	3
00136660	凸优化	3	3
00136720	大数据分析中的算法	3	3
00137130	深度学习：算法与应用	3	3
08408010	强化学习：理论与算法	3	3
00137960	统计思维	3	3
04630790	数据科学导引	3	3
00112640	高等统计学	3	3
00112650	随机过程论	3	3
00101756	现代统计模型	3	3

注：医学伦理学、中医学基础和预防医学导论为医学部课程

②理学部、信息与工程科学部及医学部非数学科学学院课程 8 学分，其中要求物理类课程 4 学分

8 学分全部选普通物理学Ⅰ、Ⅱ也行，也可以选其他物理课，非物理类课程 4 学分要求是该院系的专业必修、专业限选或专业任选，不能是通选和公选(大学化学和普通生物学除外，普通生物学 A、B、C 只能选其一修)。

③在全校课程中选择其余 3 学分

全校任何课程均可，包括通选和公选。

六、其他

1. 保送研究生要求

(1)学生应满足学校当年的基本要求，包括但不限于(当年学校政策可能有变化)：每门学校要求的必修课和数学科学学院要求的必修课必须通过。如果某门课第一次修时没达到及格(包括分数不及格、缓考、期中退课、中途休学、出国等情况)，在保研资格确定

时已经重修达到及格了，按惯例算通过。重修及格的课按此及格分数算。

(2) 保研排名方式

①数学科学学院必修课程(所缺课程按照 0 分计算)：

数学分析Ⅰ(5)、数学分析Ⅱ(5)、数学分析Ⅲ(4)、高等代数Ⅰ(5)、高等代数Ⅱ(4)、几何学(5)、抽象代数(3)、复变函数(3)、常微分方程(3)、概率论(3)、数学模型/统计思维(3)

②生物统计学专业 2 门必修课程(所缺课程按照 0 分计算)：

数理统计(3)、生物统计(3)

③生物统计学专业 19 门限选课程中选出得分最高的 5 门(如果在下面所列课程选修未达到 5 门，所缺课程按照 0 分计算)：

遗传学(3)、生物统计概论(2)、应用回归分析(3)、应用多元统计分析(3)、应用随机过程(3)、非参数统计(3)、统计学习(3)、贝叶斯理论与算法(3)、统计模型与计算方法(3)、试验设计与抽样(3)、生物信息中的数学模型与方法(3)、统计和生物统计中的因果推断(3)、生存分析/应用生存分析(3)、生物信息学(2)、统计计算(3)、基因组学数据分析(2)、医学心理学(2)、基因组医学基础(2)、流行病学(3)。

①中课程按照括号里的学分权重计算出加权平均分一，②和③中的课程按照括号中的学分权重计算出加权平均分二，平均分一和平均分二的平均作为生物统计学专业认定的"专业平均成绩"，从高到低排名。此排名作为生物统计学专业对外承认的唯一正式排名。

注 1：数学模型可用统计思维代替。

注 2：对于有数学科学学院的实验班课程，该课程计算成绩时将按原始成绩乘 1.05 计。数学科学学院的实验班课程与数学科学学院的同名常规课程等价。所有等价课程中，按在时间上首次及格的分数计算，后来分数不算入。

注 3：数学科学学院为院内开的课程不能由同名的为外院系开的课程或双学位课程代替。非北京大学的课程(如中国台湾、中国香港、中国澳门、国外等)需要由数学科学学院根据具体课程情况认定是否可以等价；如果认定等价，不同分数体系(如 ABCD 制、五分制、四分制等)的转化算法由数学科学学院确定。

注 4：若"专业平均成绩"相等，则平均分二高者排名靠前；若进一步，平均分二相等，则②中课程(即概率论、数理统计、生物统计)的平均分高者排名靠前。

注 5：生物统计系对本文本具有最终解释权。如果学校和数学科学学院当年政策有变化，或大环境有变化(如有线上 P/F 课程)等，则生物统计系有权做出与之相应的政策调整。

2. 上述专业选修和学部限选课程，原则上均以所列课号和课名为准。如学生在其他院系选修同名或相似课程原则上不能计入上述两类课程毕业学分。

七、生物统计学专业课程地图(此图仅供参考，最终解释权归院系)

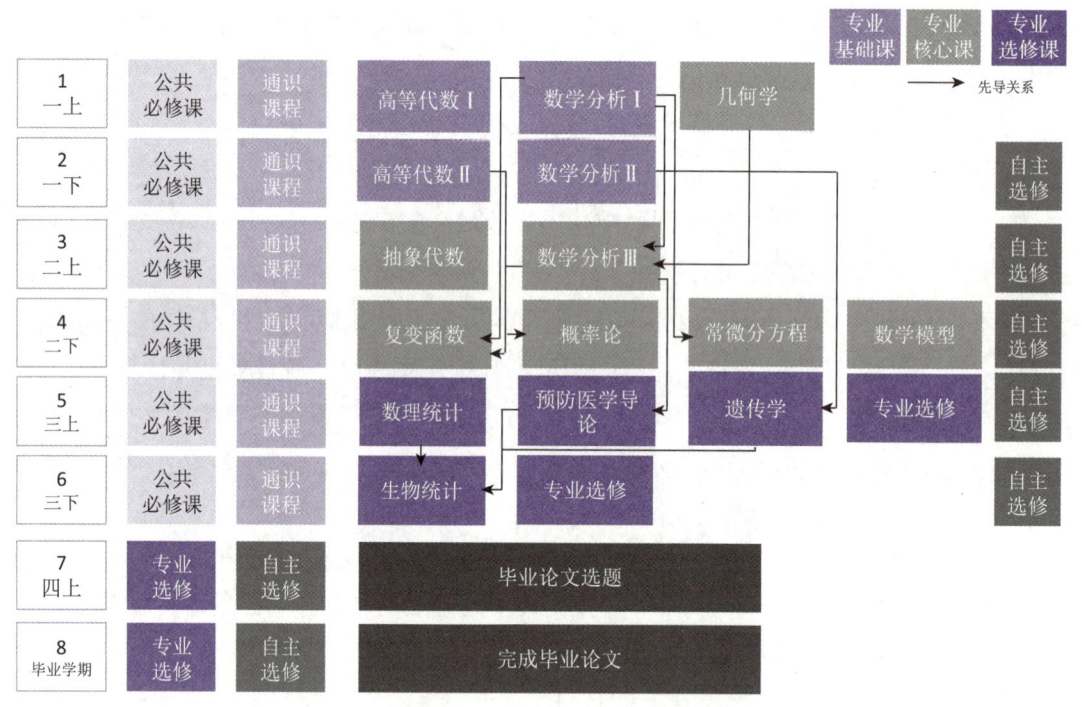

附件：

公共必修课 33—39 学分

课号	课程名称	学分	周学时	实践总学时	选课学期及说明
—	大学英语	2—8	—	—	详见《北京大学本科生(非英语专业)大学英语能力培养方案(2022 年 4 月修订)》
	思想政治理论必修课	19			详见《北京大学本科生思想政治必修课培养方案(2023 年 6 月修订)》
	思想政治理论选择性必修课	1 门			详见《北京大学本科思政选择性必修课教学实施方案(2021 年 5 月)》
	劳动教育课			32	详见《北京大学本科劳动教育课程培养方案(2022 年 6 月)》
04831410	计算概论 B	3	3	0	一上。面向理科院系。学生选"计算概论 B"课程后，需要另选该课程的上机课"计算概论 B 上机"

续表

课号	课程名称	学分	周学时	实践总学时	选课学期及说明
04831650	计算概论B上机	0	2	32	一上。面向理科院系。学生选"计算概论B"课程后，需要另选该课程的上机课"计算概论B上机"
04831420	数据结构与算法B	3	3	0	一下。面向理科院系。学生选"数据结构与算法B"课程同时，需要选该课程的上机课"数据结构与算法上机"
04830494	数据结构与算法上机	0	2	32	一下。面向理科院系。学生选"数据结构与算法B"课程同时，需要选该课程的上机课"数据结构与算法上机"
60730020	军事理论	2	2	0	一上或一下
—	体育系列课程	1×4	2	0	每学期限选1门，每学年完成体质测试

思想政治理论必修课19学分

课号	课程名称	学分	周学时	选课学期及说明
04031762	习近平新时代中国特色社会主义思想概论	3	3	大一任一学期，详见《北京大学本科生思想政治必修课培养方案（2023年6月修订）》
04031652	思想道德与法治	3	3	同上
04031661	中国近现代史纲要	3	3	同上
04031741	马克思主义基本原理	3	3	大二任一学期，详见《北京大学本科生思想政治必修课培养方案（2023年6月修订）》
04031731	毛泽东思想和中国特色社会主义理论体系概论	3	3	同上
04031751	形势与政策	2	2	必须大一第一学期选课，大一至大三选修4次讲座。详见《北京大学本科生思想政治必修课培养方案（2023年6月修订）》。
61130030	思想政治实践（上）"爱乐传习""志愿服务"两个模块任选其一	1		大一至大三的任一秋季学期，详见《北京大学本科生思想政治必修课培养方案（2023年6月修订）》
61130040	思想政治实践（下）"社会实践"模块	1		大一至大二任一春季学期选课，至暑期结束。详见《北京大学本科生思想政治必修课培养方案（2023年6月修订）》
	思政选择性必修课			详见《北京大学本科思政选择性必修课教学实施方案（2021年5月）》

通识教育课程及学分要求

通识教育课程分为四个系列：Ⅰ人类文明及其传统，Ⅱ现代社会及其问题，Ⅲ艺术与人文，Ⅳ数学、自然与技术，每个系列均包含通识教育核心课、通选课两部分课程，具体课程列表详见《北京大学本科生选课手册》。

通识教育课程修读总学分为12学分。具体要求包括：

(1) 至少修读1门"通识教育核心课程"（任一系列），且在四个课程系列中每个系列至少修读2学分（通识教育核心课或通选课均可）；

(2) 原则上不允许以专业课替代通识教育课程学分；

(3) 本院系开设的通识教育课程不计入学生毕业所需的通识教育课程学分；

(4) 建议合理分配修读时间，每学期修读1门课程。

中国人民大学
统计学专业培养方案 (2024 级)

一、培养目标

本专业旨在培养具有良好道德品质、人文素养、专业能力和创新精神的一流统计学本科人才。具有坚实的数学和统计学理论基础，掌握丰富的前沿统计学方法，初步具备创造性的科研创新能力，优秀的解决实际问题的能力。

培养学生认知社会、理解社会、建设社会三大能力，成为德智体美劳全面发展、基础扎实、知识面广、适应性强、多元包容、活跃于政治社会经济各领域之"复兴栋梁、强国先锋"。

二、培养要求

思想素养方面，统计学专业的学生应该系统掌握马克思主义基本理论，具有科学的世界观、爱国主义和集体主义精神，有理想，有道德，有文化，守纪律，立志献身祖国的建设事业。

知识水平方面，熟练掌握至少一种统计分析软件，有较强的数据分析能力。专业能力方面应该具有扎实的数学基础和概率论与数理统计基础，系统掌握统计学的基本理论和基本方法，能够熟练使用计算机，包括常用程序语言以及统计软件等，具有基本的算法分析设计能力和编程能力。

综合能力方面，本专业学生应熟练掌握外语，积极参与国际交流，初步具备创造性的科研创新能力，了解统计学学科的某些方面的发展趋势和前沿知识，具备自主学习意识、创新意识和国际视野。具备优秀的解决实际问题的能力。

三、学制与学位

学制四年，授予理学学士学位

四、课程与学分修读要求

总学分 151 学分

统计学专业学分结构表

学习模块				总学分	
通识模块	思想政治理论课	思想政治理论课(必修)	19	45	
		思想政治理论课(选修)	2		
	基础技能	公共外语(非英语专业)	6		
	通识课程群	通识课	6		
		新生研讨课	2		
		心理健康教育	2		
		公共艺术教育	2		
	国际暑期学校全英文课		2		
	公共体育		4		
专业教育	部类核心课	部类共同课	22	86	151
		部类基础课	4		
	专业核心课		44		
	个性化选修课		16		
创新训练与科学研究	研究训练		2	10	
	专业实习		4		
	毕业论文		4		
素质拓展与发展指导	公共选修课		2	10	
	劳动教育		1		
	军事课		4		
	职业生涯规划		1		
	志愿服务		2		

1. 通识模块：45 学分

(1) 思想政治理论课[①]

修读要求：完成必修模块全部课程，计 19 学分；选修模块选修 1 门课程，计 2 学分。

[①] 详见《中国人民大学思想政治理论课培养方案》

课程模块	课程名称	课程编码	学分	开课学期
必修模块	思想道德与法治	BIAPIP0002	3	1
	中国近现代史纲要	BBMCIP0001	3	2
	马克思主义基本原理	BBPMIP0002	3	3
	习近平新时代中国特色社会主义思想概论	BSSMIP0002	3	3
	毛泽东思想和中国特色社会主义理论体系概论	BSCCIP0001	3	4
	形势与政策	BIAPIP0003	2	E
	思政实践课	BSSMIP0003	2	E
选修模块	习近平经济思想概论	BSSMIP0004	2	春
	习近平法治思想概论	BSSMIP0005	2	秋
	习近平生态文明思想概论	BSSMIP0006	2	春
	习近平强军思想概论	BSSMIP0007	2	春
	习近平外交思想概论	BSSMIP0008	2	秋
	习近平关于教育的重要论述导读	BSSMIP0009	2	春
	习近平关于"三农"工作重要论述概论	BAEMMS0013	2	秋
	习近平文化思想概论	BSSMIP0010	2	秋
	社会主义发展史专题	BMATIP0001	2	秋
	中国共产党历史专题	BPBCIP0001	2	秋
	中华优秀传统文化概论	BCCSMS0093	2	秋

(2) 基础技能

修读要求：

普通班：完成对应级别必修课，计 4 学分；并在普通班的【拓展类课程(技能/文化/文学)】模块中选修 2 学分课程。

大学英语实验班：完成大学英语实验班必修课，计 8 学分；并在实验班的【拓展类课程(第二外语)】模块中选修 2 学分课程。

课程级别	课程名称	课程编码	学分	开课学期
普通班 A 级	大学英语综合 A	BELLCEA003	2	1
	拓展类课程(技能/文化/文学)	/	2	2
	英语演讲	BELLCE0010	2	3
普通班 B 级	大学英语综合 B	BELLCEB003	2	1
	拓展类课程(技能/文化/文学)	/	2	2

续表

课程级别	课程名称	课程编码	学分	开课学期
普通班 B 级	英语演讲	BELLCE0010	2	3
艺术学院Ⅰ	大学英语听说Ⅰ	BELLCE0011	2	1
	大学英语读写Ⅰ	BELLCE0012	2	1
	大学英语综合Ⅱ	BELLCE0013	2	2
艺术学院Ⅱ	大学英语听说Ⅱ	BELLCE0015	2	1
	大学英语读写Ⅱ	BELLCE0016	2	1
	大学英语综合Ⅲ	BELLCE0017	2	2
大学英语实验班	学术英语综合	BELLCE0019	2	1
	英语演讲	BELLCE0010	2	1
	国际胜任力素养	BELLCE0021	2	2
	英语辩论	BELLCE0009	2	2
	拓展类课程(第二外语)	/	2	3

(3) 公共体育①

修读要求：

第一学年和第二学年：在核心基础课游泳、太极拳、篮球、健美操、体育运动基础中，选择2门不重复的项目，计2学分；在专项基础课中选修2学分课程；

第三学年：要求在体育提高课中选修2门课程，不计学分；

第四学年：根据个人兴趣，可选择修读一般选修课，不计学分。

课程类别		课程名称	课程编码	学分	开课学期
核心基础课		游泳	BCPEQD0003	1	1,2,3,4
		太极拳	BCPEQD0002	1	1,2,3,4
		篮球	BCPEQD0004	1	1,2,3,4
		健美操	BCPEQD0009	1	1,2,3,4
		体育运动基础	BCPEQD0027	1	1,2,3,4
专项基础课	体能类	田径	BCPEQD0012	1	1,2,3,4
		体质健康	BCPEQD0019	1	1,2,3,4

---

① 详见《中国人民大学公共体育课培养方案》

续表

课程类别			课程名称	课程编码	学分	开课学期
专项基础课	技能类	技能难美性项目	啦啦操	BCPEQD0024	1	1,2,3,4
			瑜伽	BCPEQD0010	1	1,2,3,4
			体育舞蹈	BCPEQD0013	1	1,2,3,4
			健美	BCPEQD0016	1	1,2,3,4
			中华韵	BCPEQD0017	1	1,2,3,4
			养生	BCPEQD0023	1	1,2,3,4
			太极剑	BCPEQD0020	1	1,2,3,4
		技能球类项目	足球	BCPEQD0005	1	1,2,3,4
			排球	BCPEQD0006	1	1,2,3,4
			乒乓球	BCPEQD0007	1	1,2,3,4
			网球	BCPEQD0008	1	1,2,3,4
			羽毛球	BCPEQD0015	1	1,2,3,4
			高尔夫	BCPEQD0021	1	1,2,3,4
			棒垒球	BCPEQD0025	1	1,2,3,4
		技能对抗性项目	散打	BCPEQD0011	1	1,2,3,4
			跆拳道	BCPEQD0022	1	1,2,3,4
	综合拓展类		拓展训练	BCPEQD0014	1	1,2,3,4
			篮球裁判	BCPEQD0018	1	1,2,3,4
			田径理论与裁判法实验	BCPEQD0026	1	1,2,3,4
体育提高课						5,6
一般选修课						7,8

注：因课程体系不断更新，课程表中开设的项目每学期会有一定增减，具体以选课系统实际开课情况为准。全部性质为"公共体育"的课程均计学分。

(4) 通识课程群

① 通识课[①]

修读要求：在通识课中共选修 6 学分课程，其中要求在社会科学类通识课程中至少选修 4 学分课程。

课程模块		
通识课 (通识核心课、 一般通识课)	社会科学类	哲学与伦理
		历史与文化
		思辨与表达
		审美与诠释
		世界与中国
	自然科学类	科学与技术
		实证与推理
		生命与环境
通识讲座	由学生自主选听，根据相关要求计算次数。具体讲座以每学期实际开设为准	

② 新生研讨课[②]

修读要求：完成新生研讨课修读，计 2 学分。

课程名称	课程编码	学分	开课学期
新生研讨课Ⅰ (数字时代的科学与技术)	BSFEQD0001	1	1
新生研讨课Ⅱ	BSFEQD0002	1	2

③ 心理健康教育[③]

修读要求：完成心理健康教育课程修读，计 2 学分。

课程名称	课程编码	学分	开课学期
大学生心理健康	BMHEQD00013	2	1,2

---

① 详见《中国人民大学通识课培养方案》
② 详见《中国人民大学新生研讨课培养方案》
③ 详见《中国人民大学心理健康教育课培养方案》

④ 美育课程[1]

修读要求：在美育课程中选修 2 学分课程。

课程分类	课程门类
艺术鉴赏和评论	美术与书法
	设计与摄影
	戏剧与影视
	音乐与舞蹈
美学和艺术史论	美术与书法
	音乐与舞蹈
	艺术学理论
美育讲座	包括"人大美育大讲堂"和美育中心举办的其他讲座
艺术体验和实践	包括美育工作坊以及美育中心举办的演出、参观、体验等活动

(5) 国际暑期学校全英文课[2]

修读要求：选修 2 学分课程。

序号	模块	系列
1	全球大师系列讲座	全球大师系列讲座
2	通识课程群	中国式现代化
		国际事务与全球治理
		文明互鉴与文明新形态
		学科前沿与研究方法
		语言训练
3	专业学科营	课程教学
		实践研训
		学术研究等

---

[1] 详见《中国人民大学美育课程培养方案》
[2] 详见《中国人民大学国际暑期学校全英文课培养方案》

2. 专业教育：86 学分

(1) 部类核心课

修读要求：

数学类：18 学分，必修；

分析部分：完成 A 级课程数学分析Ⅰ、数学分析Ⅱ，共 10 学分；代数部分：完成 A 级课程高等代数Ⅰ、高等代数Ⅱ，共 8 学分；

物理类：普通物理 B，共 4 学分；

计算机类：在程序设计Ⅰ：C 语言、人工智能与 Python 程序设计中任选 1 门，共 4 学分。

课程模块/课程级别				课程名称	课程编码	学分	开课学期
部类共同课	数学类	分析部分	A	数学分析Ⅰ	BBSMMSB003	5	1
				数学分析Ⅱ	BBSMMSB004	5	2
			B	高等数学Ⅰ	BBSMMSC001	5	1
				高等数学Ⅱ	BBSMMSC002	5	2
		代数部分	A	高等代数Ⅰ	BBSMMSB001	4	1
				高等代数Ⅱ	BBSMMSB002	4	2
			B	线性代数	BBSMMSC003	4	1
	物理类			普通物理 B	BTPSMS0015	4	2,4
				普通物理 AⅠ	BTPSMSB001	4	1
部类基础课	计算机类		A	程序设计Ⅰ：C 语言	BCSTMSB001S	4	1
			B	人工智能与 Python 程序设计	BCSTMS0022S	4	2

(2) 专业核心课

修读要求：完成统计学专业核心课程模块所有课程，共 44 学分。

专业名称	课程名称	课程编码	学分	开课学期
统计学	统计学概论	BSTAMS0030S	2	1
	数据科学概论 TS(含 17 学时实践)	BSTAMS0022	2	2
	数学分析Ⅲ	BBSMMSB005	5	3
	概率论 TS(含 8.5 学时实践)	BPTMMSB001	4	3

续表

专业名称	课程名称	课程编码	学分	开课学期
统计学	数理统计 TS(含 8.5 学时实践)	BPTMMSA002SH	4	4
	回归分析 TS(含 17 学时实践)	BSTAMS0010S	3	5
	实变函数 TS(含 8.5 学时实践)	BBSMMS0007	3	4
	随机过程 TS(含 3.4 学时实践)	BPTMMS0004	3	5
	抽样技术 TS(含 17 学时实践)	BSTAMS0003S	3	5
	非参数统计 TS(含 25.5 学时实践)	BSTAMS0005S	3	5
	统计计算 TS(含 17 学时实践)	BSTAMS0026S	3	6
	时间序列分析 TS(含 17 学时实践)	BPTMMS0002	3	6
	多元统计分析 TS(含 8.5 学时实践)	BPTMMS0001	3	6
	试验设计 TS(含 17 学时实践)	BSTAMS0020S	3	6

(3) 个性化选修课

修读要求：

模块限选课：计 12 学分

在个性化选修课程模块【24 概率统计进阶】至少选修 2 门课程；在个性化选修课程模块【30 统计学类基础课】中至少选修 2 门课程；

个性化任选课：计 4 学分

在全校各学科大类开设的部类核心课、专业核心课、个性化选修课中任选 4 学分课程。

课程类别/课程模块	课程名称	课程编码	学分	开课学期
24 概率统计进阶	数理统计选讲	BPTMMSB006	2	5
	测度论 TS(含 8.5 学时实践)	BPTMMSB007	2	6
	贝叶斯统计	BSTAMS0002	2	7
	现代数学选讲 TS(含 8.5 学时实践)	BAPMMS0009	2	8
25 数据科学进阶	数据可视化 TS(含 17 学时实践)	BCATMS0028	2	3,5
	数据科学：从问题到结论		2	4
	非结构化数据分析与案例 TS(含 8.5 学时实践)	BCSCMS0007	2	6

续表

课程类别/课程模块	课程名称	课程编码	学分	开课学期
25 数据科学进阶	强化学习 TS(含 8.5 学时实践)	BCATMS0040	2	6
	数据科学专题 TS(含 8.5 学时实践)	BSTAMS0024	2	7
26 风险精算进阶	保险原理	BSTAMS0001	2	1,3
	寿险精算选讲	BINPMS0014	2	5
	公司财务 A	BFNCMSB001	3	6
	投资学 B	BFNCMSB005	2	4,6
	精算风险管理	BSTAMS0017	2	6
	衍生金融市场基础 TS(含 3.4 学时实践)	BSTAMS0033	2	4,6
	非寿险精算 TS(含 8.5 学时实践)	BSTAMS0006	2	6
	大数据精算建模	BSTAMS0004	2	7
27 经济统计进阶	经济与社会统计 TS(含 8.5 学时实践)	BSTAMS0016	3	4
	统计调查 TS(含 17 学时实践)	BSTAMS0028	2	4
	金融统计问题概览 TC(含 17 学时实践)	BSTAMS0015	2	5
	宏观经济统计分析 TC(含 17 学时实践)	BSTAMS0008	2	7
	国土空间统计学	BSTAMSA050	2	5
28 一般统计、算法模型方法	统计软件 TS(含 8.5 学时实践)	BSTAMS0027S	2	3
	算法设计与分析	BSTAMSA001S	3	5
	数据库系统概论	BCSTMS0002S	4	5
29 实践应用类	商业应用分析 TS(含 17 学时实践)	BSTAMSA051	3	3,5
	商务大数据分析案例选讲(含 17 学时实践)	BSTAMSA052	2	3,5
	调查技术与方法	BSTAMSA057	2	3,5
	数字化营销实务	BMKTMS0034	3	6
30 统计学类基础课 (选修非本专业必修课为个性化选修课)	抽样技术 TS(含 17 学时实践)	BSTAMS0003S	3	5
	最优化方法 TS(含 17 学时实践)	BORCMS0004S	3	5

续表

课程类别/课程模块	课程名称	课程编码	学分	开课学期
30 统计学类基础课（选修非本专业必修课为个性化选修课）	非参数统计 TS(含 25.5 学时实践)	BSTAMS0005S	3	5
	多元统计分析 TS(含 8.5 学时实践)	BPTMMS0001	3	5,6
	时间序列分析 TS(含 17 学时实践)	BPTMMS0002	3	6
	会计学	BACCMSB001	3	3
	数据科学实践 TC(含 25.5 学时实践)	BSTAMS0023S	2	6
	统计计算 TS(含 17 学时实践)	BSTAMS0026S	3	6
	机器学习 TS(含 17 学时实践)	BSTAMS0011S	3	4
	大数据并行计算 TS(含 25.5 学时实践)	BCPMMS0001S	3	5
	实验设计	BSTAMS0020S	3	6
	数据结构与算法 I	BCSTMSB006S	4	3
	深度学习 TS(含 17 学时实践)	BBSEMS0010	2	5
31 经济社会学类基础课	金融学 B	BFNCMSB004	3	3
	财政学 B	BPFEMSB001	3	4,5
	公共管理学 A	BPANMSA001	3	3
	政府统计与公共治理	BSTAMSA053	2	4

3. 创新训练与科学研究：10 学分

(1) 研究训练[①]

修读要求：参加"求是学术"等相关项目或完成不少于 5000 字的调研报告，共 2 学分。

课程名称	课程编码	学分	开课学期
研究训练	BSIERP0001S	2	E

(2) 专业实习[②]

修读要求：实习一般在第 6 学期结束后的暑假和寒假进行，需实习四周并撰写实习报告，共 4 学分。

---

① 详见《中国人民大学本科生研究训练学分认定方案》
② 详见《中国人民大学本科学生专业实习管理办法》

课程名称	课程编码	学分	开课学期
专业实习	BPIERP0001S	4	6,7

(3) 毕业论文(设计)①

修读要求：第四学年撰写一篇毕业论文(10000字左右)，共4学分。

课程名称	课程编码	学分	开课学期
毕业论文(设计)	BGTERP0001S	4	7,8

4. 素质拓展与发展指导：10学分

(1) 公共选修课

修读要求：选修2学分课程，共2学分。

课程模块	
基础技能强化与拓展	第二外国语学习
	方法与工具
	写作与表达
	英语能力强化
职业发展与就业指导	职业技能强化
	职业生涯规划与职业修养
心理素质与心理健康	心理健康指导
	心理素质教育
创新创业指导	/
研究与实践指导	学科竞赛指导
研究生课程预修	/
国际学习指导	/
兴趣与爱好	/

(2) 劳动教育②

修读要求：必修，共1学分。

---

① 详见《中国人民大学本科毕业论文（设计）管理办法》
② 详见《中国人民大学劳动教育课培养方案》

课程名称	课程内容	学时	课程编码	学分	开课学期
劳动教育	理论教育	8	BEHEQD0001S	1	根据实际安排，原则上需在前 7 个学期完成
	劳动实践	24			

(3) 军事课[①]

修读要求：必修，共 4 学分。

课程名称	课程编码	学分	开课学期
军事理论	BNDEQD0001	2	1,2
军事技能	BNDEQD0002	2	1

(4) 职业生涯规划[②]

修读要求：必修，共 1 学分。

课程名称	课程编码	学分	开课学期
职业生涯规划	BCDPQD0001	1	2

(5) 志愿服务[③]

修读要求：必修，共 2 学分。

课程名称	课程编码	学分	开课学期
志愿服务	BSVERP0001S	2	E

---

① 详见《中国人民大学军事课培养方案》
② 详见《中国人民大学职业生涯规划课培养方案》
③ 详见《中国人民大学本科学生志愿服务学分认定办法》

中国人民大学
应用统计学专业培养方案（2024级）

一、培养目标

本专业旨在培养具有良好的统计职业道德，有理想，热爱统计学及其应用，擅长数据分析，掌握统计学基本理论与方法，能正确运用统计方法和统计软件分析数据和解决实际问题的专业人才。应用统计学专业主要培养应用统计方法从事风险管理与精算工作的专门人才。培养学生认知社会、理解社会、建设社会三大能力，成为德智体美劳全面发展、基础扎实、知识面广、适应性强、多元包容、活跃于政治社会经济各领域之"复兴栋梁、强国先锋"。

二、培养要求

思想素养方面，应用统计学专业的学生应该系统掌握马克思主义基本理论，具有科学的世界观、爱国主义和集体主义精神，有理想，有道德，有文化，守纪律，立志献身祖国的建设事业。

知识水平方面，熟练掌握至少一种统计分析软件与大数据分析软件，有较强的数据分析能力。专业能力方面应该具有扎实的数学基础和概率论与数理统计基础，系统掌握统计学的基本理论和基本方法，能够熟练使用计算机，包括常用程序语言和统计软件。系统掌握风险管理与精算学的基本理论和基本方法，可以应用有关理论模型分析和解决实际的风险管理问题。

综合能力方面，本专业学生应熟练掌握外语，积极参与国际交流，能阅读本专业的外文资料，有较强的书面表达能力。初步具备创造性的科研创新能力，了解统计学、风险管理与精算学科的某些方面的发展趋势和前沿知识，具备自主学习意识、创新意识和国际视野。具备优秀的解决实际问题的能力。

三、学制与学位

学制四年，授予理学学士学位

四、课程与学分修读要求

总学分 151 学分

应用统计学专业学分结构表

学习模块				总学分	
通识模块	思想政治理论课	思想政治理论课(必修)	19	45	151
		思想政治理论课(选修)	2		
	基础技能	公共外语(非英语专业)	6		
	通识课程群	通识课	6		
		新生研讨课	2		
		心理健康教育	2		
		公共艺术教育	2		
	国际暑期学校全英文课		2		
	公共体育		4		
专业教育	部类核心课	部类共同课	22	86	
		部类基础课	4		
	专业核心课		44		
	个性化选修课		16		
创新训练与科学研究	研究训练		2	10	
	专业实习		4		
	毕业论文		4		
素质拓展与发展指导	公共选修课		2	10	
	劳动教育		1		
	军事课		4		
	职业生涯规划		1		
	志愿服务		2		

1. 通识模块：45学分

(1) 思想政治理论课[①]

修读要求：完成必修模块全部课程，计19学分；选修模块选修1门课程，计2学分。

课程模块	课程名称	课程编码	学分	开课学期
必修模块	思想道德与法治	BIAPIP0002	3	1
	中国近现代史纲要	BBMCIP0001	3	2
	马克思主义基本原理	BBPMIP0002	3	3
	习近平新时代中国特色社会主义思想概论	BSSMIP0002	3	3
	毛泽东思想和中国特色社会主义理论体系概论	BSCCIP0001	3	4
	形势与政策	BIAPIP0003	2	E
	思政实践课	BSSMIP0003	2	E
选修模块	习近平经济思想概论	BSSMIP0004	2	春
	习近平法治思想概论	BSSMIP0005	2	秋
	习近平生态文明思想概论	BSSMIP0006	2	春
	习近平强军思想概论	BSSMIP0007	2	春
	习近平外交思想概论	BSSMIP0008	2	秋
	习近平关于教育的重要论述导读	BSSMIP0009	2	春
	习近平关于"三农"工作重要论述概论	BAEMMS0013	2	秋
	习近平文化思想概论	BSSMIP0010	2	秋
	社会主义发展史专题	BMATIP0001	2	秋
	中国共产党历史专题	BPBCIP0001	2	秋
	中华优秀传统文化概论	BCCSMS0093	2	秋

(2) 基础技能

修读要求：

普通班：完成对应级别必修课，计4学分；并在普通班的【拓展类课程(技能/文化/文学)】模块中选修2学分课程。

大学英语实验班：完成大学英语实验班必修课，计8学分；并在实验班的【拓展类课程(第二外语)】模块中选修2学分课程。

[①] 详见《中国人民大学思想政治理论课培养方案》

课程级别	课程名称	课程编码	学分	开课学期
普通班 A 级	大学英语综合 A	BELLCEA003	2	1
	拓展类课程(技能/文化/文学)	/	2	2
	英语演讲	BELLCE0010	2	3
普通班 B 级	大学英语综合 B	BELLCEB003	2	1
	拓展类课程(技能/文化/文学)	/	2	2
	英语演讲	BELLCE0010	2	3
艺术学院 I	大学英语听说 I	BELLCE0011	2	1
	大学英语读写 I	BELLCE0012	2	1
	大学英语综合 II	BELLCE0013	2	2
艺术学院 II	大学英语听说 II	BELLCE0015	2	1
	大学英语读写 II	BELLCE0016	2	1
	大学英语综合 III	BELLCE0017	2	2
大学英语实验班	学术英语综合	BELLCE0019	2	1
	英语演讲	BELLCE0010	2	1
	国际胜任力素养	BELLCE0021	2	2
	英语辩论	BELLCE0009	2	2
	拓展类课程(第二外语)	/	2	3

(3) 公共体育①

修读要求：

第一学年和第二学年：在核心基础课游泳、太极拳、篮球、健美操、体育运动基础中，选择 2 门不重复的项目，计 2 学分；在专项基础课中选修 2 学分课程；

第三学年：要求在体育提高课中选修 2 门课程，不计学分；

第四学年：根据个人兴趣，可选择修读一般选修课，不计学分。

---

① 详见《中国人民大学公共体育课培养方案》

课程类别			课程名称	课程编码	学分	开课学期
核心基础课			游泳	BCPEQD0003	1	1,2,3,4
			太极拳	BCPEQD0002	1	1,2,3,4
			篮球	BCPEQD0004	1	1,2,3,4
			健美操	BCPEQD0009	1	1,2,3,4
			体育运动基础	BCPEQD0027	1	1,2,3,4
专项基础课	技能类	体能类	田径	BCPEQD0012	1	1,2,3,4
			体质健康	BCPEQD0019	1	1,2,3,4
		技能难美性项目	啦啦操	BCPEQD0024	1	1,2,3,4
			瑜伽	BCPEQD0010	1	1,2,3,4
			体育舞蹈	BCPEQD0013	1	1,2,3,4
			健美	BCPEQD0016	1	1,2,3,4
			中华韵	BCPEQD0017	1	1,2,3,4
			养生	BCPEQD0023	1	1,2,3,4
			太极剑	BCPEQD0020	1	1,2,3,4
		技能球类项目	足球	BCPEQD0005	1	1,2,3,4
			排球	BCPEQD0006	1	1,2,3,4
			乒乓球	BCPEQD0007	1	1,2,3,4
			网球	BCPEQD0008	1	1,2,3,4
			羽毛球	BCPEQD0015	1	1,2,3,4
			高尔夫	BCPEQD0021	1	1,2,3,4
			棒垒球	BCPEQD0025	1	1,2,3,4
		技能对抗性项目	散打	BCPEQD0011	1	1,2,3,4
			跆拳道	BCPEQD0022	1	1,2,3,4
	综合拓展类		拓展训练	BCPEQD0014	1	1,2,3,4
			篮球裁判	BCPEQD0018	1	1,2,3,4
			田径理论与裁判法实验	BCPEQD0026	1	1,2,3,4
体育提高课						5,6
一般选修课						7,8

注：因课程体系不断更新，课程表中开设的项目每学期会有一定增减，具体以选课系统实际开课情况为准。全部性质为"公共体育"的课程均计学分。

(4) 通识课程群

①通识课[1]

修读要求：在通识课中共选修 6 学分课程，其中要求在社会科学类通识课程中至少选修 4 学分课程。

课程模块		
通识课 (通识核心课、 一般通识课)	社会科学类	哲学与伦理
		历史与文化
		思辨与表达
		审美与诠释
		世界与中国
	自然科学类	科学与技术
		实证与推理
		生命与环境
通识讲座	由学生自主选听，根据相关要求计算次数。具体讲座以每学期实际开设为准	

②新生研讨课[2]

修读要求：完成新生研讨课修读，计 2 学分。

课程名称	课程编码	学分	开课学期
新生研讨课Ⅰ (数字时代的科学与技术)	BSFEQD0001	1	1
新生研讨课Ⅱ	BSFEQD0002	1	2

③心理健康教育[3]

修读要求：完成心理健康教育课程修读，计 2 学分。

课程名称	课程编码	学分	开课学期
大学生心理健康	BMHEQD00013	2	1,2

---

[1] 详见《中国人民大学通识课培养方案》
[2] 详见《中国人民大学新生研讨课培养方案》
[3] 详见《中国人民大学心理健康教育课培养方案》

④美育课程[①]

修读要求：在美育课程中选修 2 学分课程。

课程分类	课程门类
艺术鉴赏和评论	美术与书法
	设计与摄影
	戏剧与影视
	音乐与舞蹈
美学和艺术史论	美术与书法
	音乐与舞蹈
	艺术学理论
美育讲座	包括"人大美育大讲堂"和美育中心举办的其他讲座
艺术体验和实践	包括美育工作坊以及美育中心举办的演出、参观、体验等活动

（5）国际暑期学校全英文课[②]

修读要求：选修 2 学分课程。

序号	模块	系列
1	全球大师系列讲座	全球大师系列讲座
2	通识课程群	中国式现代化
		国际事务与全球治理
		文明互鉴与文明新形态
		学科前沿与研究方法
		语言训练
3	专业学科营	课程教学
		实践研训
		学术研究等

2. 专业教育：86 学分

（1）部类核心课

修读要求：

数学类：18 学分，必修；

---

① 详见《中国人民大学美育课程培养方案》
② 详见《中国人民大学国际暑期学校全英文课培养方案》

分析部分：完成 A 级课程数学分析Ⅰ、数学分析Ⅱ，共 10 学分；代数部分：完成 A 级课程高等代数Ⅰ、高等代数Ⅱ，共 8 学分；

物理类：普通物理 B，共 4 学分；

计算机类：在程序设计Ⅰ：C 语言、人工智能与 Python 程序设计中任选 1 门，共 4 学分。

课程模块 / 课程级别				课程名称	课程编码	学分	开课学期
部类共同课	数学类	分析部分	A	数学分析Ⅰ	BBSMMSB003	5	1
			A	数学分析Ⅱ	BBSMMSB004	5	2
			B	高等数学Ⅰ	BBSMMSC001	5	1
			B	高等数学Ⅱ	BBSMMSC002	5	2
		代数部分	A	高等代数Ⅰ	BBSMMSB001	4	1
			A	高等代数Ⅱ	BBSMMSB002	4	2
			B	线性代数	BBSMMSC003	4	1
	物理类			普通物理 B	BTPSMS0015	4	2,4
				普通物理 AⅠ	BTPSMSB001	4	1
部类基础课	计算机类		A	程序设计Ⅰ：C 语言	BCSTMSB001S	4	1
			B	人工智能与 Python 程序设计	BCSTMS0022S	4	2

(2) 专业核心课

修读要求：完成应用统计学专业核心课程模块所有课程，共 44 学分。

专业名称	课程名称	课程编码	学分	开课学期
应用统计学	统计学概论	BSTAMS0030S	2	1
	数据科学概论 TS(含 17 学时实践)	BSTAMS0022	2	2
	数学分析Ⅲ	BBSMMSB005	5	3
	概率论 TS(含 8.5 学时实践)	BPTMMSB001	4	3
	数理统计 TS(含 8.5 学时实践)	BPTMMSA002SH	4	4
	回归分析 TS(含 17 学时实践)	BSTAMS0010S	3	5
	微观经济学	BWECMS0015	3	3
	宏观经济学	BWECMS0007	3	4

续表

专业名称	课程名称	课程编码	学分	开课学期
应用统计学	随机过程 TS(含 3.4 学时实践)	BPTMMS0004	3	5
	金融数学 TS(含 8.5 学时实践)	BSTAMSA014	3	3
	精算模型 TS(含 8.5 学时实践)	BSTAMS0018	3	5
	寿险精算学 TS(含 17 学时实践)	BSTAMS0021	3	4
	多元统计分析 TS(含 8.5 学时实践)	BPTMMS0001	3	6
	时间序列分析 TS(含 17 学时实践)	BPTMMS0002	3	6

(3) 个性化选修课

修读要求：

模块限选课：计 12 学分

在个性化选修课程模块【26 风险精算进阶】至少选修 4 门课程；在个性化选修课程模块【28 一般统计、算法模型方法】至少选修 1 门课程；在个性化选修模块【30 统计学类基础课】至少选修 1 门课程；

个性化任选课：计 4 学分

在全校各学科大类开设的部类核心课、专业核心课、个性化选修课中任选 4 学分课程。

课程类别/课程模块	课程名称	课程编码	学分	开课学期
24 概率统计进阶	数理统计选讲	BPTMMSB006	2	5
	测度论 TS(含 8.5 学时实践)	BPTMMSB007	2	6
	贝叶斯统计	BSTAMS0002	2	7
	现代数学选讲 TS(含 8.5 学时实践)	BAPMMS0009	2	8
25 数据科学进阶	数据可视化 TS(含 17 学时实践)	BCATMS0028	2	3,5
	数据科学：从问题到结论		2	4
	非结构化数据分析与案例 TS(含 8.5 学时实践)	BCSCMS0007	2	6
	强化学习 TS(含 8.5 学时实践)	BCATMS0040	2	6
	数据科学专题 TS(含 8.5 学时实践)	BSTAMS0024	2	7
26 风险精算进阶	保险原理	BSTAMS0001	2	1,3
	寿险精算选讲	BINPMS0014	2	5

续表

课程类别/课程模块	课程名称	课程编码	学分	开课学期
26 风险精算进阶	公司财务 A	BFNCMSB001	3	6
	投资学 B	BFNCMSB005	2	4,6
	精算风险管理	BSTAMS0017	2	6
	衍生金融市场基础 TS(含 3.4 学时实践)	BSTAMS0033	2	4,6
	非寿险精算 TS(含 8.5 学时实践)	BSTAMS0006	2	6
	大数据精算建模	BSTAMS0004	2	7
27 经济统计进阶	经济与社会统计 TS(含 8.5 学时实践)	BSTAMS0016	3	4
	统计调查 TS(含 17 学时实践)	BSTAMS0028	2	4
	金融统计问题概览 TC(含 17 学时实践)	BSTAMS0015	2	5
	宏观经济统计分析 TC(含 17 学时实践)	BSTAMS0008	2	7
	国土空间统计学	BSTAMSA050	2	5
28 一般统计、算法模型方法	统计软件 TS(含 8.5 学时实践)	BSTAMS0027S	2	3
	算法设计与分析	BSTAMSA001S	3	5
	数据库系统概论	BCSTMS0002S	4	5
29 实践应用类	商业应用分析 TS(含 17 学时实践)	BSTAMSA051	3	3,5
	商务大数据分析案例选讲(含 17 学时实践)	BSTAMSA052	2	3,5
	调查技术与方法	BSTAMSA057	2	3,5
	数字化营销实务	BMKTMS0034	3	6
30 统计学类基础课(选修非本专业必修课为个性化选修课)	抽样技术 TS(含 17 学时实践)	BSTAMS0003S	3	5
	最优化方法 TS(含 17 学时实践)	BORCMS0004S	3	5
	非参数统计 TS(含 25.5 学时实践)	BSTAMS0005S	3	5
	多元统计分析 TS(含 8.5 学时实践)	BPTMMS0001	3	5,6
	时间序列分析 TS(含 17 学时实践)	BPTMMS0002	3	6
	会计学	BACCMSB001	3	3
	数据科学实践 TC(含 25.5 学时实践)	BSTAMS0023S	2	6
	统计计算 TS(含 17 学时实践)	BSTAMS0026S	3	6

续表

课程类别/课程模块	课程名称	课程编码	学分	开课学期
30 统计学类基础课(选修非本专业必修课为个性化选修课)	机器学习 TS(含 17 学时实践)	BSTAMS0011S	3	4
	大数据并行计算 TS(含 25.5 学时实践)	BCPMMS0001S	3	5
	实验设计	BSTAMS0020S	3	6
	数据结构与算法 I	BCSTMSB006S	4	3
	深度学习 TS(含 17 学时实践)	BBSEMS0010	2	5
31 经济社会学类基础课	金融学 B	BFNCMSB004	3	3
	财政学 B	BPFEMSB001	3	4,5
	公共管理学 A	BPANMSA001	3	3
	政府统计与公共治理	BSTAMSA053	2	4

3. 创新训练与科学研究：10 学分

(1) 研究训练①

修读要求：参加"求是学术"等相关项目或完成不少于 5000 字的调研报告，共 2 学分。

课程名称	课程编码	学分	开课学期
研究训练	BSIERP0001S	2	E

(2) 专业实习②

修读要求：实习一般在第 6 学期结束后的暑假和寒假进行，需实习四周并撰写实习报告，共 4 学分。

课程名称	课程编码	学分	开课学期
专业实习	BPIERP0001S	4	6,7

(3) 毕业论文(设计)③

修读要求：第四学年撰写一篇毕业论文(10000 字左右)，共 4 学分。

课程名称	课程编码	学分	开课学期
毕业论文(设计)	BGTERP0001S	4	7,8

---

① 详见《中国人民大学本科生研究训练学分认定方案》
② 详见《中国人民大学本科学生专业实习管理办法》
③ 详见《中国人民大学本科毕业论文（设计）管理办法》

4. 素质拓展与发展指导：10 学分

(1) 公共选修课

修读要求：选修 2 学分课程，共 2 学分。

课程模块	
基础技能强化与拓展	第二外国语学习
	方法与工具
	写作与表达
	英语能力强化
职业发展与就业指导	职业技能强化
	职业生涯规划与职业修养
心理素质与心理健康	心理健康指导
	心理素质教育
创新创业指导	/
研究与实践指导	学科竞赛指导
研究生课程预修	/
国际学习指导	/
兴趣与爱好	/

(2) 劳动教育[①]

修读要求：必修，共 1 学分。

课程名称	课程内容	学时	课程编码	学分	开课学期
劳动教育	理论教育	8	BEHEQD0001S	1	根据实际安排，原则上需在前 7 个学期完成
	劳动实践	24			

(3) 军事课[②]

修读要求：必修，共 4 学分。

课程名称	课程编码	学分	开课学期
军事理论	BNDEQD0001	2	1,2
军事技能	BNDEQD0002	2	1

---

① 详见《中国人民大学劳动教育课培养方案》
② 详见《中国人民大学军事课培养方案》

(4) 职业生涯规划①

修读要求：必修，共 1 学分。

课程名称	课程编码	学分	开课学期
职业生涯规划	BCDPQD0001	1	2

(5) 志愿服务②

修读要求：必修，共 2 学分。

课程名称	课程编码	学分	开课学期
志愿服务	BSVERP0001S	2	E

---

① 详见《中国人民大学职业生涯规划课培养方案》
② 详见《中国人民大学本科学生志愿服务学分认定办法》

中国人民大学
统计学(统计与数据科学)拔尖班培养方案(2024级)

一、培养目标

"统计学(统计与数据科学)拔尖班"将打造具有中国特色的德智体美劳全面发展、融合课程思政、强基础重素质的卓越人才培养教育体系，培养具有国际视野、创新能力和自主学习内在动力的统计与数据科学拔尖人才。

二、培养要求

系统掌握马克思主义基本理论，坚持正确的政治方向，具有良好道德品质、健康体魄、人文素养、专业能力和创新精神。

具有扎实的数学基础和概率论与数理统计基础，系统掌握统计学的基本理论和基本方法，能够熟练使用计算机，具有较强的统计分析、算法设计和编程能力，具备国际交流能力。了解前沿的统计与数据科学方法，具备科研创新能力。

按照"问题导向—数据驱动—价值发现"的理念，培养学生在数据科学时代的主动学习、问题发现、问题解决、团队合作沟通能力和科研创新能力。

三、学制与学位

学制四年，授予理学学士学位

四、课程与学分修读要求

总学分 143 分

统计学(统计与数据科学)拔尖班学分结构表

学习模块		总学分		
通识模块	思想政治理论课(必修)	19	45	143
	思想政治理论课(选修)	2		
	基础技能—大学外语(非英语专业)	6		

续表

学习模块			总学分	
通识模块	通识课程群	通识课	6	45
		新生研讨课	2	
		心理健康教育	2	
		公共艺术教育	2	
	国际暑期学校全英文课		2	
	公共体育		4	
专业教育	部类核心课	部类共同课	23	78
		部类基础课	4	
	专业核心课		39	
	个性化选修课		12	
创新训练与科学研究	研究训练		2	10
	专业实习		4	
	毕业论文		4	
素质拓展与发展指导	公共选修课		2	10
	劳动教育		1	
	军事课		4	
	职业生涯规划		1	
	志愿服务		2	

总计：143

1. 通识模块：45 学分

(1) 思想政治理论课①

修读要求：完成必修模块全部课程，计 19 学分；选修模块选修 1 门课程，计 2 学分。

课程模块	课程名称	课程编码	学分	开课学期
必修模块	思想道德与法治	BIAPIP0002	3	1
	中国近现代史纲要	BBMCIP0001	3	2
	马克思主义基本原理	BBPMIP0002	3	3

① 详见《中国人民大学思想政治理论课培养方案》

课程模块	课程名称	课程编码	学分	开课学期
必修模块	习近平新时代中国特色社会主义思想概论	BSSMIP0002	3	3
	毛泽东思想和中国特色社会主义理论体系概论	BSCCIP0001	3	4
	形势与政策	BIAPIP0003	2	E
	思政实践课	BSSMIP0003	2	E
选修模块	习近平经济思想概论	BSSMIP0004	2	春
	习近平法治思想概论	BSSMIP0005	2	秋
	习近平文化思想概论	BSSMIP0010	2	秋
	习近平生态文明思想概论	BSSMIP0006	2	春
	习近平强军思想概论	BSSMIP0007	2	春
	习近平外交思想概论	BSSMIP0008	2	秋
	习近平关于教育的重要论述导读	BSSMIP0009	2	春
	习近平关于"三农"工作重要论述概论	BAEMMS0013	2	秋
	社会主义发展史专题	BMATIP0001	2	秋
	中国共产党历史专题	BPBCIP0001	2	秋
	中华优秀传统文化概论	BCCSMS0093	2	秋

(2) 基础技能—公共外语①

修读要求：

普通班：完成对应级别必修课，计 4 学分；并在普通班的【拓展类课程(技能/文化/文学)】模块中选修 2 学分课程。

大学英语实验班：完成大学英语实验班必修课，计 8 学分；并在实验班的【拓展类课程(第二外语)】模块中选修 2 学分课程。

课程级别	课程名称	课程编码	学分	开课学期
普通班 A 级	大学英语综合 A	BELLCEA003	2	1
	拓展类课程(技能/文化/文学)	/	2	2
	英语演讲	BELLCE0010	2	3

---

① 详见《中国人民大学公共外语课培养方案》

续表

课程级别	课程名称	课程编码	学分	开课学期
普通班B级	大学英语综合B	BELLCEB003	2	1
	拓展类课程(技能/文化/文学)	/	2	2
	英语演讲	BELLCE0010	2	3
艺术学院Ⅰ	大学英语听说Ⅰ	BELLCE0011	2	1
	大学英语读写Ⅰ	BELLCE0012	2	1
	大学英语综合Ⅱ	BELLCE0013	2	2
艺术学院Ⅱ	大学英语听说Ⅱ	BELLCE0015	2	1
	大学英语读写Ⅱ	BELLCE0016	2	1
	大学英语综合Ⅲ	BELLCE0017	2	2
大学英语实验班	学术英语综合	BELLCE0019	2	1
	英语演讲	BELLCE0010	2	1
	国际胜任力素养	BELLCE0021	2	2
	英语辩论	BELLCE0009	2	2
	拓展类课程(第二外语)	/	2	3

(3) 公共体育①

修读要求：

第一学年和第二学年：在核心基础课游泳、太极拳、篮球、健美操、体育运动基础中，选择2门不重复的项目，计2学分；在专项基础课中选修2学分课程；

第三学年：要求在体育提高课中选修2门课程，不计学分；

第四学年：根据个人兴趣，可选择修读一般选修课，不计学分。

课程类别	课程名称	课程编码	学分	开课学期
核心基础课	太极拳	BCPEQD0002	1	1,2,3,4
	游泳	BCPEQD0003	1	1,2,3,4
	篮球	BCPEQD0004	1	1,2,3,4
	健美操	BCPEQD0009	1	1,2,3,4
	体育运动基础	BCPEQD0027	1	1,2,3,4

---

① 详见《中国人民大学公共体育课培养方案》

续表

课程类别			课程名称	课程编码	学分	开课学期
专项基础课	体能类		田径	BCPEQD0012	1	1,2,3,4
			体质健康	BCPEQD0019	1	1,2,3,4
	技能类	技能难美性项目	啦啦操	BCPEQD0024	1	1,2,3,4
			瑜伽	BCPEQD0010	1	1,2,3,4
			体育舞蹈	BCPEQD0013	1	1,2,3,4
			健美	BCPEQD0016	1	1,2,3,4
			中华韵	BCPEQD0017	1	1,2,3,4
			养生	BCPEQD0023	1	1,2,3,4
			太极剑	BCPEQD0020	1	1,2,3,4
		技能球类项目	足球	BCPEQD0005	1	1,2,3,4
			排球	BCPEQD0006	1	1,2,3,4
			乒乓球	BCPEQD0007	1	1,2,3,4
			网球	BCPEQD0008	1	1,2,3,4
			羽毛球	BCPEQD0015	1	1,2,3,4
			高尔夫	BCPEQD0021	1	1,2,3,4
			棒垒球	BCPEQD0025	1	1,2,3,4
		技能对抗性项目	散打	BCPEQD0011	1	1,2,3,4
			跆拳道	BCPEQD0022	1	1,2,3,4
	综合拓展类		拓展训练	BCPEQD0014	1	1,2,3,4
			篮球裁判	BCPEQD0018	1	1,2,3,4
			田径理论与裁判法实验	BCPEQD0026	1	1,2,3,4
体育提高课						5,6
一般选修课						7,8

注：因课程体系不断更新，课程表中开设的项目每学期会有一定增减，具体以选课系统实际开课情况为准。全部性质为"公共体育"的课程均计学分。

(4) 通识课程群①

①通识课

修读要求：在通识课中共选修 6 学分课程，其中要求在社会科学类通识课程中至少选修 4 学分课程。

课程模块		
通识课(通识核心课、一般通识课)	社会科学类	哲学与伦理
		历史与文化
		思辨与表达
		审美与诠释
		世界与中国
	自然科学类	科学与技术
		实证与推理
		生命与环境
通识讲座	由学生自主选听，根据相关要求计算次数。具体讲座以每学期实际开设为准	

②新生研讨课

修读要求：完成新生研讨课修读，计 2 学分。

课程名称	课程编码	学分	开课学期
新生研讨课 I (数字时代的科学与技术)	BSFEQD0002	1	1
新生研讨课 II	BSFEQD0001	1	1

③心理健康教育

修读要求：完成心理健康教育课程修读，计 2 学分。

课程名称	课程编码	学分	开课学期
大学生心理健康	BMHEQD00013	2	2

④美育课程②

修读要求：在美育课程中选修 2 学分课程。

---

① 详见《中国人民大学通识课培养方案》
② 详见《中国人民大学美育课程培养方案》

课程分类	课程门类
艺术鉴赏和评论	美术与书法
	设计与摄影
	戏剧与影视
	音乐与舞蹈
美学和艺术史论	美术与书法
	音乐与舞蹈
	艺术学理论
美育讲座	包括"人大美育大讲堂"和美育中心举办的其他讲座
艺术体验和实践	包括美育工作坊以及美育中心举办的演出、参观、体验等活动

(5) 国际暑期学校全英文课①

修读要求：选修 2 学分课程。

序号	模块	系列
1	全球大师系列讲座	全球大师系列讲座
2	通识课程群	中国式现代化
		国际事务与全球治理
		文明互鉴与文明新形态
		学科前沿与研究方法
		语言训练
3	专业学科营	课程教学
		实践研训
		学术研究等

2. 专业教育：78 学分

(1) 部类核心课

修读要求：

数学类 23 学分，必修；

分析部分：完成数学分析Ⅰ、数学分析Ⅱ、数学分析Ⅲ，共 15 学分；代数部分：完成高等代数Ⅰ、高等代数Ⅱ，共 8 学分；

---

① 详见《中国人民大学国际暑期学校全英文课培养方案》

计算机类：4学分，在程序设计Ⅰ、人工智能与Python程序设计中任选1门，共4学分。

课程模块/课程级别			课程名称	课程编码	学分	开课学期
部类共同课	数学类	分析部分 A	数学分析Ⅰ	BBSMMSA003H	5	1
			数学分析Ⅱ	BBSMMSA004H	5	2
			数学分析Ⅲ	BBSMMSA005H	5	3
		代数部分 A	高等代数Ⅰ	BBSMMSA001H	4	1
			高等代数Ⅱ	BBSMMSA002H	4	2
部类基础课	计算机类		程序设计Ⅰ	BCSTMSB001S	4	1
			人工智能与Python程序设计	BCSTMS0022S	4	2

(2) 专业核心课

修读要求：修读完成核心课，共39学分。

专业名称	课程名称	课程编码	学分	开课学期
统计学(统计与数据科学)拔尖班	概率论TS	BPTMMSB001	4	3
	数理统计TS	BPTMMSA002SH	4	4
	实变函数	BBSMMS0007	3	4
	贝叶斯统计	BSTAMS0002	2	7
	测度论TS	BPTMMSB007	2	6
	随机过程TS	BPTMMS0004	3	5
	回归分析(英)TS	BSTAMS0010S	3	5
	统计计算TS	BSTAMS0026S	3	6
	非参数统计基础	BPTMMSB008S	3	5
	时间序列分析TS	BPTMMS0002	3	6
	大数据并行计算TS	BCPMMS0001S	3	6
	机器学习TS	BSTAMS0011S	3	4
	最优化方法TS	BORCMS0004S	3	5

(3) 个性化选修课[1]

修读要求：

模块限选课 8 学分，选修；

在个性化选修课程模块【统计与算法】任选 4 学分，在【数据科学与大数据技术】中任选 4 学分课程。

在全校各学科大类开设的部类核心课、专业核心课、个性化选修课中任选 4 学分课程。

课程类别/课程模块	课程名称	课程编码	学分	开课学期
统计与算法	统计软件 TS	BSTAMS0027S	2	3
	数据结构与算法 I	BCSTMSB006S	4	3
	数理统计选讲 TS	BPTMMSB004	2	5
	抽样技术 TS	BSTAMS0003S	3	5
	多元统计分析 TS	BPTMMS0001	3	5,6
	实验设计	BSTAMS0020S	3	6
	现代数学选讲 TS	BAPMMS0009	2	8
数据科学与大数据技术	数据可视化 TS	BCATMS0028	2	3,5
	深度学习 TS	BBSEMS0010	2	5
	算法设计与分析	BSTAMSA001S	3	5
	数据库系统概论	BCSTMS0002S	4	5
	非结构化数据分析与案例	BCSCMS0007	2	6
	强化学习 TS	BCATMS0040	2	6
	数据科学实践 TC	BSTAMS0023S	2	6
	数据科学专题 TS	BSTAMS0024	2	7

3. 创新训练与科学研究：10 学分

(1) 研究训练[2]

修读要求：参加"求是学术"等相关项目或完成调研报告等，共 2 学分。

课程名称	课程编码	学分	开课学期
研究训练	BSIERP0001S	2	E

---

[1] 个性化选修课开课学期根据实际情况可能会有所调整

[2] 详见《中国人民大学本科生研究训练学分认定方案》

(2) 专业实习①

修读要求：实习一般在第 6 学期结束后的暑假和寒假进行，需实习四周并撰写实习报告；也可参加导师组会，提交科研报告。

课程名称	课程编码	学分	开课学期
专业实习	BPIERP0001S	4	6,7

(3) 毕业论文(设计)②

修读要求：第四学年撰写一篇毕业论文(10000 字左右)，共 4 学分。

课程名称	课程编码	学分	开课学期
毕业论文(设计)	BGTERP0001S	4	7,8

4. 素质拓展与发展指导：10 学分

(1) 公共选修课

修读要求：选修 2 学分课程，共 2 学分。

课程模块	
基础技能强化与拓展	第二外国语学习
	方法与工具
	写作与表达
	英语能力强化
职业发展与就业指导	职业技能强化
	职业生涯规划与职业修养
心理素质与心理健康	心理健康指导
	心理素质教育
创新创业指导	/
研究与实践指导	学科竞赛指导
研究生课程预修	/
国际学习指导	/

---

① 详见《中国人民大学本科学生专业实习管理办法》
② 详见《中国人民大学本科毕业论文（设计）管理办法》

(2) 劳动教育[①]

修读要求：必修，共 1 学分。

课程名称	课程内容	学时	课程编码	学分	开课学期
劳动教育	理论教育	8	BEHEQD0001S	1	根据实际安排，原则上需在前 7 个学期完成
	劳动实践	24			

(3) 军事课[②]

修读要求：必修，共 4 学分。

课程名称	课程编码	学分	开课学期
军事理论	BNDEQD0001	2	1,2
军事技能	BNDEQD0002	2	1

(4) 职业生涯规划

修读要求：必修，共 1 学分。

课程名称	课程编码	学分	开课学期
职业生涯规划	BCDPQD0001	1	2

(5) 志愿服务[③]

修读要求：必修，共 2 学分。

课程名称	课程编码	学分	开课学期
志愿服务	BSVERP0001S	2	E

[①] 详见《中国人民大学劳动教育课培养方案》
[②] 详见《中国人民大学军事课培养方案》
[③] 详见《中国人民大学本科学生志愿服务学分认定办法》

华东师范大学
统计学专业培养方案 (2024 级)

一、指导思想

1. 统计学学科特点

统计学主要研究数据的收集、整理、分析和解释，以及通过这些数据进行推断、预测和决策的方法和原理。它在各个领域都有广泛的应用，包括社会科学、自然科学、医学科学、工程学等，以及在商业和政策制定等领域的决策支持。

统计学的专业目标是帮助学生获得概念性的、计算上的和数学的工具，以量化不确定性，并理解许多应用中产生的复杂数据，包括收集此类数据的合理的统计方法。统计学专业学生可以在工业(科技公司、金融和其他领域)和政府部门从事多种职业，在非常广泛的工程学、社会科学和自然科学领域修读研究生，以及在法律、医学、商业或公共管理领域进行专业学习。

在当今时代，大数据、生物信息、金融以及人工智能，均以统计学为核心技术。着眼新时代统计学发展趋势与国家"大数据战略"及"人工智能战略"对统计学的需求，培养具备扎实的统计学基础理论与方法、适应现代科学技术进步、多学科交叉融通的复合型创新型统计人才，已成为迫切需求。

统计学专业核心课程是数学理论、实际数据收集与分析的工程实现、分析结果的文字、表格以及可视化呈现等几个部分的有机整合，同时亦包含大量来自各个领域的实例分析，因此，通过统计学课程学习，可以培养学生逻辑思维能力、形象思维能力以及工程思维能力。

2. 本培养方案制订的方针

本培养方案制定的方针是：

(1) 实现中华民族伟大复兴的理想信念与科学探索及创新能力的统一；

(2) 强化学科批判与反思的能力；

(3) 强化个性发展与团队协调的能力；

(4) 实现科学发现的创造性思维与落地实践的工程思维的统一；

(5) 强调统计学专业知识与实践技能的贯通，尤其是强化能够服务大数据、金融、生物信息与人工智能等领域的数据分析技术与能力。

3. 本培养方案的特色

为落实《关于制订全育人理念下专业培养方案的指导意见》文件要求，依托高水平研究型师资队伍，通过践行"少教、精教、交叉融合"及"自主规划、综合发展"的教育理念，结合统计学学科特点，继承传统，发挥优势，对标国际统计学教育趋势，以全英文课程和双语课程为主要载体，强化研讨班制度，培养面向国际学科发展趋势与国家发展重大战略需求的高素质人才。

二、培养目标

本培养方案设立的培养目标为：立足党的教育方针与新时代国家发展要求，培养面向国家战略需求和全球变化背景下的大数据技术、生物信息、金融科技、人工智能等前沿挑战，德智体美劳协调发展，具有远大的科学理想和家国情怀，具备不畏艰难探索前沿问题的勇气，具备扎实的统计学理论基础、良好的数据分析和应用能力，具备综合运用统计学理论和技术解决来自自然科学、社会科学和工程学等领域，特别是人工智能方面实际问题的能力，具备一定的独立开展统计学及交叉学科研究的能力，具有创新精神和国际视野的高素质统计学复合型人才。

本专业培养目标细化为毕业生 5 年左右的职业发展规划预期为：

1. 家国情怀与人文素养：践行社会主义核心价值观，培养宽厚的人文科学素养、高度的爱国情怀，坚定的科学理想以及广阔的国际视野。

2. 专业预期：统计学专业毕业生瞄准学术研究及统计应用两个出口，相应地，根据出口不同，在专业上需要至少达成以下两个目标之一：

(1) 统计学学术研究方向：扎实系统地掌握统计学专业的知识、思想体系和前沿研究方法，形成自身的研究特色，并已经进入某个统计学或者交叉分支方向的国际前沿。

(2) 统计学交叉方向：熟练综合运用统计学方法,通过数据分析途径解决来自工程学、社会科学以及自然科学中一个或者数个领域(如大数据分析、生物信息、金融以及人工智能等)的挑战性的、与"统计调查、决策咨询、信息处理以及科学发现"相关的理论和实践问题。

3. 国际交流能力预期：具备国际交流能力；

4. 团队能力预期：具有团队协作能力和领导力。

三、毕业要求

一级指标	二级指标点及其内涵
1. 家国情怀	1.1 国家认同：能从全球尺度认识国情，认同新时代中国特色社会主义的价值观，自觉维护国家主权

续表

一级指标	二级指标点及其内涵
1. 家国情怀	1.2 文化传承：认同和掌握中国传统文化内容
	1.3 理想信念：能从专业角度深入认识国家大数据战略、上海国际金融中心建设战略、健康中国战略及人工智能战略等党和国家的重大决策，树立以扎实的专业学识和专业技能，服务中华民族伟大复兴中国梦的理想信念
	1.4 道德修养：具有自觉维护国家宪法的意识，具有高尚的道德情操和崇高的个人品德
2. 学科素养	2.1 科学求真：具备求真、求美、严谨的科学品质
	2.2 勇于探索：具备冲击学科前沿，服务国家重大需求，攀登学科高峰的勇气与毅力
	2.3 科学观：具备辩证唯物主义与历史唯物主义的科学观
3. 知识整合	3.1 专业理论与交叉融通：掌握统计学的基本研究思想和研究方法，具有扎实的统计学基础理论和基本知识，具备综合运用统计学专业知识的能力；或者理解统计学对各门学科的价值，具备统计学与某门学科交叉融通的知识储备与能力
	3.2 实践能力：初步具备大数据分析和处理能力
	3.3 创新能力：具备开展统计学及交叉前沿探索的能力
4. 思维养成	4.1 逻辑思维：具有逻辑思维能力及批判性思维能力
	4.2 交叉学科思维：能够整合统计学思维方式与其他学科的思维模式，解决统计交叉学科难点、堵点的意识与能力
5. 职业素养	5.1 献身精神：理解相关科学研究的意义和内涵，具有正确的职业信念、正确的人生观和价值观
	5.2 终身学习：具有深厚的人文底蕴和科学素养，具备终身学习的能力和养成终身学习的良好习惯，人生态度积极向上，具备为了国家重大需求持续探索未知领域的意识
	5.3 科学诚信：具备严谨的科研作风，严守道德诚信原则
6. 团队协作	6.1 领袖气质：具备积极主动参与组织团队协同攻关的能力，具备优秀的统筹、协调能力
	6.2 奉献精神：具备为了实现团队整体目标敢于牺牲自身利益，勇挑重担的奉献精神
7. 反思能力	7.1 学业反思：培养具备在专业理论学习、实践训练、科创实践后对设计、操作、汇总过程持续反思、总结的习惯
	7.2 自我反思：具备理性地认识自己和自己的行为，持续检讨自身不足，自己改正过失的能力
8. 国际化能力	8.1 国际视野：了解所从事学科或者职业的国际发展状态
	8.2 国际交流能力：具备在其所服务领域的国际交流能力

四、毕业要求与培养目标关系矩阵

毕业要求	培养目标			
	目标 1	目标 2	目标 3	目标 4
要求 1	√			
要求 2	√	√	√	√
要求 3		√	√	√
要求 4			√	√
要求 5	√	√		
要求 6	√			√
要求 7		√		
要求 8	√		√	√

五、课程结构及学分要求

1. 总学分：毕业要求学分为 145，构成为：

(1) 公共必修课 39 学分，占 26.9%；

(2) 通识教育课 8 学分，占 5.5%；

(3) 学科基础课 42 学分，占 29%；

(4) 专业必修课 32.5 学分，占 22.4%；

(5) 专业选修课 23.5 学分，占 16.2%。专业选修课分为专业限制选修课和跨专业选修课，其中专业限制选修课需至少修满 15 学分，专业限制选修课模块化课程中，学生应选定一个主模块修读至少 4 学分。要求完成 2 学分的劳动教育课程，获取途径：通过修读专业必修多元统计分析课程，选修劳动与创造模块课程，参加各类创新创业、学科竞赛、项目实践通过学校认定的学分。

2. 实践学时和实践学分：学科基础课实践学时占 22.9%，专业必修课实践学时占 60%，两项汇总实践学时占 41.5%，选修课未作实践学分规定，视各门课程自身特点设定，统计学类课程根据课程特点皆能达到 25%。实践学分总共 46 学分，占 31.7%。(实践学分具体包括：公共必修课程 15 学分；学科基础课程与专业必修课程 27.5 学分；专业选修课程 3.5 学分。)

3. 学生毕业时的体质健康测试成绩和等级，按毕业学年体质健康测试总分的50%与其他学年总分平均得分的50%之和进行评定，评定成绩达不到50分者按结业或肄业处理。

4. 学制：四年，最长修读年限：6年(含休学)。建议学生在一、二年级每学期选课最多不超过27学分，最低不低于20学分。三、四年级每学期选课最高不超过20学分，最低不低于10学分。完成培养计划表规定的学分课程要求及养成教育方案达标要求，方能毕业。

六、专业核心课程

课程代码	课程名称	学分
MATH0031131021	数学分析Ⅰ	5
MATH0031131013	数学分析Ⅱ	5
MATH0031131014	数学分析Ⅲ	5
MATH0031131068	高等代数Ⅰ	5
STAT0031121012	高等代数Ⅱ	5
STAT0031131042	科学计算程序设计基础	3
STAT0031121007	概率论	4
FINA0031121002	数理统计	4
STAT0031131044	线性模型	4
STAT0031121003	随机过程	3
STAT0031131990	统计机器学习	2.5
FINA0031132098	多元统计分析	3.5
STAT0031131011	试验设计	3.5
STAT0031132110	深度学习	2
FINA0031132099	时间序列分析	3.5
STAT0031131001	贝叶斯统计	2

华东师范大学 统计学专业培养方案（2024级）

七、培养计划表

分类		课程代码	课程名称	学分	开课学期								暑期短学期			总学时				备注
					1	2	3	4	5	6	7	8	1	2	3	理论	实验	实习	上机	合计	
公共必修	思政类	SHKX0031111016	思想道德与法治	3	√											54				54	
		SHKX0031111017	中国近现代史纲要	3	√											54				54	
		SHKX0031111008	毛泽东思想和中国特色社会主义理论体系概论	3		√										54				54	
		SHKX0031111015	马克思主义基本原理	3			√									54				54	
		SHKX0031161100	习近平新时代中国特色社会主义思想概论	3				√								54				54	
		WXKC0031111017	大学生形势与政策	2												36				36	
		学分要求		17												306				306	
	英语类			8																	
	计算机类	COMC0031161014	编程思维与实践	2	√											36			36	72	

续表

分类	课程代码	课程名称	学分	开课学期 1	2	3	4	5	6	7	8	暑期短学期 1	2	3	总学时 理论	实验	实习	上机	合计	备注
计算机类	COMC0031161016	人工智能与科学探索实践	2		√										36			36	72	
	COMC0031161020	数字化创新与综合实践A	1												10			8	18	
		学分要求	5												82			80	162	
体育类			4																	
国情教育	GFJY0031111000	军事理论(含军训)	2												36				36	
	POLI0031161000	国家安全教育	1												20				20	202409 30
		学分要求	3												56				56	
劳动与创造			0																	
心理健康	PSYC0031161000	大学生心理健康与发展	2												16	16			32	
		学分要求	2												16	16			32	
公共必修		学分要求	39													16			556	26.35%

续表

分类		课程代码	课程名称	学分	开课学期								暑期短学期			总学时				备注
					1	2	3	4	5	6	7	8	1	2	3	理论	实验	实习	上机	合计	
通识教育课程	人类思维与学科史论		人类思维与学科史论	0																	
	经典阅读		学分要求	0																	
			伟大的智慧	0																	
	模块课程		学分要求	0																	
			理性、科学与发展	0																	
			实践、技术与创新	0	√																
			思辨、推理与判断	0																	
			文化、审美与诠释	2																	
			价值、社会与进步	0																	
			伦理、教育与沟通	0																	
			选修学分	4																	
			学分要求	8																	5.41%
学科基础课程	学科基础课	FINA003112I022	微观经济学	3	√											54				54	
		MATH003113I021	数学分析 I	5	√											72	36			108	
		MATH003113I068	高等代数 I	5	√											72	36			108	

187

续表

分类		课程代码	课程名称	学分	开课学期								暑期短学期			总学时					备注
					1	2	3	4	5	6	7	8	1	2	3	理论	实验	实习	上机	合计	
学科基础课程	学科基础课	FINA003112 1019	宏观经济学	3		√										54				54	
		MATH003113 1013	数学分析Ⅱ	5		√										72	36			108	
		STAT003112 1012	高等代数Ⅱ	5		√										90	18			108	
		MATH003113 1014	数学分析Ⅲ	5			√									72	36			108	
		STAT003112 1007	概率论	4			√									72				72	
		STAT003113 1042	科学计算程序设计基础	3			√	√								36			36	72	
		FINA003112 1002	数理统计	4				√								72				72	
		学分要求		42												666	162		36	864	
		学分要求		42													162		36	864	28.38%
专业教育课程	专业必修	STAT003112 1003	随机过程	3				√								36			36	72	必修
		STAT003113 1045	统计思想导论	1				√								18				18	
		STAT003113 1990	统计机器学习	2.5				√								36			18	54	
		FINA003113 2098	多元统计分析	3.5					√							54	18			72	
		STAT003113 1011	试验设计	3.5					√							54			18	72	必修
		STAT003113 1044	线性模型	3.5					√							54			18	72	

续表

分类	课程代码	课程名称	学分	开课学期 1	2	3	4	5	6	7	8	暑期短学期 1	2	3	总学时 理论	实验	实习	上机	合计	备注
专业必修	STAT0031132110	深度学习	2					√							18			18	36	
	FINA0031132099	时间序列分析	3.5						√						54			18	72	
	STAT0031131001	贝叶斯统计	2						√						36				36	
	STAT0031131903	专业实习	3							√						108			108	
	FINA0031131911	毕业论文	8								√					288			288	
专业教育课程		选修学分	35.5												378	414		126	918	
专业限制选修 数理统计	STAT0031132115	统计大类专业导航与生涯规划	1	√											18				18	
	STAT0031131019	统计软件	3				√								36			36	72	
专业任意选修	STAT0031131009	抽样调查	3.5					√							54			18	72	
	STAT0031131039	属性数据分析	2					√							36				36	
	STAT0031132085	非参数统计	2						√						36				36	
	STAT0031132108	大样本理论	3						√						54				54	
	STAT0031132990	现代统计方法选讲	3						√						54				54	
	STAT0031132109	概率论选讲	2							√					36				36	

续表

分类		课程代码	课程名称	学分	开课学期								暑期短学期			总学时				合计	备注
					1	2	3	4	5	6	7	8	1	2	3	理论	实验	实习	上机		
专业教育课程	专业限制选修	选修学分														324			54	378	
	大数据统计	STAT003113132114	最优化方法	2						√						36				36	
		STAT003113132112	因果推断	2							√					36				36	
		STAT003113132991	数据处理与可视化	2.5				√								36			18	54	
	生物统计	选修学分														108			18	126	
		STAT003113132111	生物信息学专题选讲	3			√									54				54	
		BIOL003113121011	生物统计学	2						√						36				36	
专业任意选修	经济金融统计	选修学分														90				90	
		FINA003113131102	会计学	3				√								45	9			54	
		FINA003113132085	经济统计	3					√							54				54	
		FINA003113131037	投资学	3					√							54				54	
		FINA003113132094	金融建模	3						√						54				54	
		FINA003113121012	计量经济学	3						√						36	18			54	
		FINA003113132003	行为金融学	2						√						36				36	

续表

分类		课程代码	课程名称	学分	开课学期								暑期短学期			总学时					备注
					1	2	3	4	5	6	7	8	1	2	3	理论	实验	实习	上机	合计	
专业限制选修	经济金融类	FINA0031132130	金融工程学	3						√						54				54	
		FINA0031132042	金融风险管理	3							√					54				54	
	统计类		选修学分													387	27			414	
		STAT0031132078	统计质量管理	2					√							36				36	
		STAT0031132113	可靠性统计	2.5						√						54				54	
			选修学分													90				90	
专业任意选修			选修学分	15												90				90	
跨专业选修	数学类	STAT0031121005	微分方程	3				√								54				54	
		STAT0031131014	运筹学	3			√									36	36			72	
		STAT0031132094	实变函数	3				√								54				54	
	计算机科学与技术类		选修学分													144	36			180	
		COMS0031121004	程序设计原理与C语言	3	√											36			36	72	
		COMS0031121009	数据结构	4.5			√									72			18	90	
		COMS0031131051	数据库系统原理与实践	4				√								54	36			90	

续表

分类	课程代码	课程名称	学分	开课学期								暑期短学期			总学时					备注
				1	2	3	4	5	6	7	8	1	2	3	理论	实验	实习	上机	合计	
计算机科学与技术类		选修学分													162	36		54	252	39.86%
跨专业选修		选修学分																		
专业任意选修		学分要求	23.5												162	36		54	252	
专业教育课程		学分要求	56													513			2430	
全程总计			148												2890	691		368	3868	
备注																				

八、养成教育方案

一级模块	二级模块	修读类型	活动(系列)名称	评价依据
智慧创获	学业发展	学校必修	新生先导课(学术规范与伦理、先锋榜样案例等)	完成规定学习为P；若无则为F
		院系必修	学在统计(学风主题教育、专业学术报告、朋辈研讨会、榜样经验分享会等)	每学年参加1次及以上为P；若无则为F
		自由选修	/	/
	创新创业	学校必修	思维训练与创新活动	参加1次及以上为P；若无则为F
		院系必修	创想未来(参与研究项目、学科竞赛、分享交流等)	参加1次及以上为P；若无则为F
		自由选修		
	科学人文	学校必修	"经典阅读季"校园主题活动	参加1次及以上为P；若无则为F
		院系必修	"统计学子说"经典阅读感悟交流	参加1次及以上为P；若无则为F
		自由选修	/	/
品性陶熔	思想素质	学校必修	形势政策课核心课程与学年考试	参加4次形势与政策课核心课及通过2次学年考试为P；若无则为F
		学校必修	党团班级活动	参加8次(含4次形势与政策课实践环节)及以上为P；若无则为F
		学校必修	教育部"学宪法 讲宪法"活动	参加1次及以上为P；若无则为F
		学校必修	校史校情教育	参加1次及以上为P；若无则为F
		院系必修	筑梦统计(新生入学教育、毕业生离校教育)	参加2次及以上为P；若无则为F
		自由选修	/	/

续表

一级模块	二级模块	修读类型	活动(系列)名称	评价依据
品性陶熔	身心健康	学校必修	上海市大学生安全教育课程	参加1次及以上为P；若无则为F
		学校必修	新生心理适应教育	参加1次及以上为P；若无则为F
		学校必修	幸福研习活动	参加1次及以上为P；若无则为F
		学校必修	应急避险教育	参加1次及以上为P；若无则为F
		学校必修	应急救护培训	参加1次及以上为P；若无则为F
		院系必修	统计心驿站(师生午餐会、学院接待日、师生联欢会等)	参加1次及以上为P；若无则为F
		自由选修	/	/
	体美劳育	学校必修	"健康学习、健康生活、运动校园"主题活动	参加1次及以上为P；若无则为F
		学校必修	"绿色校园"教育	参加1次及以上为P；若无则为F
		院系必修	/	/
		自由选修	/	/
卓越发展	生涯发展	学校必修	生涯教育活动	参加2次及以上为P；若无则为F
		学校必修	大学生职业规划大赛	参加1次及以上为P；若无则为F
		院系必修	"职统道合"(生涯主题教育、"求职有道"生涯指导讲座、"未来有约"生涯分享会等)	参加1次及以上为P；若无则为F
		自由选修	/	/
	志愿公益	学校必修	公益志愿服务	参加1次及以上为P；若无则为F
		院系必修	/	/

续表

一级模块	二级模块	修读类型	活动(系列)名称	评价依据
卓越发展	志愿公益	自由选修	"统"心协力(担任学导、学院大型活动志愿者等)	参加1次及以上为P；若无则为F
	实践拓展	学校必修	主题社会实践	参加1次及以上为P；若无则为F
		院系必修	/	/
		自由选修	/	/

九、课程设置、养成教育与毕业要求的关系矩阵

根据各课程、养成教育活动的目标与学生能力达成的相关度，填写如下关系矩阵。用符号表示相关度：H-高度相关；M-中等相关；L-弱相关。

统计学课程设置、养成教育与毕业要求的关系矩阵

课程	毕业要求							
	要求1	要求2	要求3	要求4	要求5	要求6	要求7	要求8
高等代数Ⅰ	M	H	H	H	H	L	H	H
高等代数Ⅱ	M	H	H	H	H	L	H	H
数学分析Ⅱ	M	H	H	H	H	L	H	H
数学分析Ⅲ	M	H	H	H	H	L	H	H
宏观经济学	M	H	H	H	H	L	H	H
数理统计	M	H	H	H	H	L	H	H
科学计算程序设计基础	M	H	H	H	H	L	H	L
概率论	M	H	H	H	H	L	H	H
微观经济学	M	H	H	H	H	L	H	H
思想素质	H	M	L	M	H	M	H	L
志愿服务	M	H	M	M	H	M	H	L
社会实践	H	H	H	H	H	H	H	L

续表

课程	毕业要求							
	要求1	要求2	要求3	要求4	要求5	要求6	要求7	要求8
心理健康	L	L	L	M	M	M	M	L
体育运动	M	L	H	H	L	L	M	H
美育实践	M	M	M	L	L	H	M	M
全球胜任力	H	M	L	L	M	L	L	H
生涯发展	M	H	M	M	H	L	M	H
人文素养	H	H	M	M	M	M	H	H
创新创业	M	H	H	H	M	M	H	L
专业学术	M	H	H	H	M	H	H	L

厦门大学
统计学专业培养方案

一、培养目标

本专业旨在培养具有深厚数理基础、统计学理论素养，掌握统计学方法，并具备熟练地运用统计方法和计算机技术分析处理数据的能力，研究与应用并重的复合型高级统计学人才。本专业将为学生在国内外攻读统计学、经济学、金融学硕士与博士学位奠定坚实基础，毕业生能在各级政府管理部门、金融相关部门、各类企事业单位从事统计分析、数量建模与预测等工作，或能在相关教育、科研部门从事教学和研究工作。

二、毕业要求

学生在学期间必须至少修满教学计划规定的 145 学分方能毕业。

1. 素质要求

学生应具备正确的价值观和道德观，具备爱国主义精神、诚实守信、遵纪守法的品德，具有高度的社会责任感与良好的团队协作精神；具备较强的文化素养和科学素养，掌握科学的世界观与方法论，具备分析和解决问题的综合能力；具有健康的体魄和良好的心理素质，能够适应科学技术和社会环境的不断变化与发展。

2. 能力要求

学生应具备较强的自主学习能力，熟练掌握数理分析方法，具备现代统计学思维，具有扎实的统计学理论基础，并能够熟练运用统计方法和相关技术分析与处理数据；具备较强的逻辑思维和创新能力，能够在复杂的实际问题中提出统计学解决方案。能够阅读英文文献，使用英文进行交流、沟通，具有一定国际竞争力。

三、学制/学位

四年，理学学士。

四、修读要求

最少要求 145 学分。

1. 公共基本课程模块：必修课，共 46 学分(校级要求)

大学英语1—4(8分)，毛泽东思想和中国特色社会主义理论体系概论(3分)，思想道德与法治(3分)，中国近现代史纲要(3分)，马克思主义基本原理概论(3分)，军事理论(2分)，军事技能(2分)，大学体育(4分)，大学生心理健康(2分)，大学语文(2分)，计算机应用基础(1分)，Python程序设计(2分)，形势与政策1—8(2分)，创新实践(2分)，"四史"专题研究(2分)，新时代中国特色社会主义劳动教育(2分)，习近平新时代中国特色社会主义思想概论(3分)。

[注1] 其中创新实践内容包括创新实验、创业训练以及创业实践项目等，项目经结题验收后，可获得学分。

[注2] 劳动教育、体育和体测的修读要求如下：

(1) 学生需完成不少于32学时的劳动教育课程。

(2) 学生需修满4个体育学分，其中含1个游泳必修学分；同时，按照《国家学生体质健康标准(2014年修订)》相关规定，学生体质健康测试成绩达标方能毕业。根据《标准》规定，学生毕业时测试成绩达不到50分者按结业或肄业处理。

2. 美育与通识教育课程模块：至少11分(校级要求)

短学期新生研讨课(1分)；选修课(跨学科基本课程即全校性选修课程，含公共艺术课程)至少修满10学分。

[注] 学生需修满公共艺术课程(美育模块，按学校要求) 2个学分方能毕业。

3. 学科通修课程模块：必修课13门，共47学分(院级要求)

政治经济学(3分)，社会主义政治经济学(3分)，经济学原理(3分)，微观经济学(3分)，宏观经济学(3分)，高等代数Ⅰ(4分)，高等代数Ⅱ(5分)，数学分析Ⅰ(4分)，数学分析Ⅱ(5分)，数学分析Ⅲ(5分)，概率导论(3分)，数理统计(3分)，计量经济学(3分)。

4. 专业课程模块：共29学分(系级要求)

需修读8门专业必修课(长学期)，合计24学分；以及毕业论文3学分、实习实践类2学分。

[注1] 毕业实习或社会实践(二选一，2分)，在二年级或三年级的短学期完成。实习或实践累积应不少于5周，同时需要撰写报告，并获得指导教师或相关部门认定。

[注2] 为完成毕业论文，需在大四秋季学期至少选修一门系里开设的专题课程；保研学生需在大四春季学期选修"本科论文写作指导"课程。

5. 任选课程模块：至少12分(各系定)

长学期：需至少选修3门专业选修课，9学分，其中最少选修2门(6学分)本系开设的课程，其余6学分可选修学院其他系开设的课程；

短学期：在大一、大二、大三短学期，所有学生需要完成3个学分短学期经济大讲堂(学院选修课或系选修课)课程(具体要求见"其他说明")。

6. 其他说明

关于短学期教学活动安排：

(1) 除全校性选修课外，每学年的短学期学院至少开设9门课程，包括通识教育课程模块中的新生研讨课(一年级短学期必修)、礼仪与沟通(中文)、职业规划讲座、学术讲座、国际商务文化(英文)、统计软件与编程等。短学期课程除标注外，均为1学分。

(2) 学生在前三年的三个短学期至少修读6个学分课程，包括通识教育必修课程中的新生研讨课，1个学分；短学期经济大讲堂(学院选修课或系选修课)，3个学分；社会实践类课程(毕业实习、社会实践)，2个学分。

五、课程设置

1. 公共基本课程

课程号	课程名称	修读形式	学分	总学时	周学时	理论教学学时	实验教学学时	实践教学学时	其他学时	开课学年	开课学期	备注
130010010054	大学语文	必修	2	32	2	32	0	0		1	2	
130020040007	大学英语（一）	必修	2	64	4	32	0	32				
130020040008	大学英语（二）	必修	2	64	4	32	0	32				
130020040004	大学英语（三）	必修	2	64	4	32	0	32				
	大学英语（四）	必修	2	64	4	32	0	32				可选不同专题
130130060002	计算机应用基础	必修	1	32	2	16	16	0		1	2	
130200000010	军事理论	必修	2	32	2	32	0	0		2	1	
180130060001	Python程序设计	必修	2	48	3	32	16	0		2	1	
180340000002	中国近现代史纲要	必修	3	64	3	32	0	32		1	1	
190200000015	军事技能	必修	2	168	56	0	0	168		1	1	
190340000006	形势与政策(1)	必修	0.25	8	2	8	0	0		1	1	
190340000007	形势与政策(2)	必修	0.25	8	2	8	0	0		1	2	
190340000008	形势与政策(3)	必修	0.25	8	2	8	0	0		2	1	

续表

课程号	课程名称	修读形式	学分	总学时	周学时	理论教学学时	实验教学学时	实践教学学时	其他学时	开课学年	开课学期	备注
19034000000009	形势与政策（4）	必修	0.25	8	2	8	0	0		2	2	
19034000000010	形势与政策（5）	必修	0.25	8	2	8	0	0		3	1	
19034000000011	形势与政策（6）	必修	0.25	8	2	8	0	0		3	2	
19034000000012	形势与政策（7）	必修	0.25	8	2	8	0	0		4	1	
19034000000013	形势与政策（8）	必修	0.25	8	2	8	0	0		4	2	
21034000000001	思想道德与法治	必修	3	64	3	32	0	32		1	2	
21034000000002	马克思主义基本原理	必修	3	64	3	32	0	32		3	2	
U1010140000001	创新实践	必修	2	80	5	0	0	80		2	3	
U10301600004	"四史"专题研究	必修	2	48	2	16	0	32		2	1	
U10301600005	新时代中国特色社会主义劳动教育	必修	2	48	2	16	0	32		2	2	
U10301600006	毛泽东思想和中国特色社会主义理论体系概论	必修	3	64	4	32	0	32		2	1	
U10301600007	习近平新时代中国特色社会主义思想概论	必修	3	64	4	32	0	32		2	1	
U10303500002	大学生心理健康	必修	2	48	1	16	0	32		1	1	
	大学体育	必修	4									含1个游泳
小计			46									

2. 学科通修课程

课程号	课程名称	修读形式	学分	总学时	周学时	理论教学学时	实验教学学时	实践教学学时	其他学时	开课学年	开课学期	备注
140050010001	政治经济学	必修	3	56	4	56	0	0		1	1	
U1030050018	经济学原理	必修	3	56	4	56	0	0		1	1	
170270000002	社会主义政治经济学	必修	3	64	4	64	0	0		1	2	
U1030050003	数学分析Ⅰ	必修	4	84	6	84	0	0		1	1	
U1030050004	数学分析Ⅱ	必修	5	96	6	96	0	0		1	2	
U1030050005	数学分析Ⅲ	必修	5	96	6	96	0	0		2	1	
U1030190027	高等代数Ⅰ	必修	4	78	6	78	0	0		1	1	
U1030190028	高等代数Ⅱ	必修	5	96	6	96	0	0		1	2	
U1030050013	商务沟通与文化交流(一)	必修	1	30	6	30	0	0		1	1	
U1030050015	商务沟通与文化交流(二)	必修	1	32	2	32	0	0		1	2	
U1030050014	微观经济学	必修	3	64	4	64	0	0		1	2	
U1030050020	宏观经济学	必修	3	64	4	64	0	0		2	1	
U1030050019	概率导论	必修	3	64	4	64	0	0		2	1	
U1030050016	数理统计	必修	3	64	4	64	0	0		2	2	
U1030050025	计量经济学	必修	3	64	4	64	0	0		3	1	
小计			49									

3. 专业课程

课程号	课程名称	修读形式	学分	总学时	周学时	理论教学学时	实验教学学时	实践教学学时	其他学时	开课学年	开课学期	备注
130080010026	常微分方程	必修	3	64	3	64	0	0		2	2	
130080010028	实变函数	必修	3	64	4	64	0	0		2	2	
16005 0020001	数据结构和算法分析	必修	3	64	4	48	16	0		2	2	
13005 0020007	抽样技术	必修	3	64	4	64	0	0		3	1	
13008 0010106	计算方法	必修	3	80	5	64	16	0		3	1	
14005 0020017	随机过程	必修	3	64	4	64	0	0		3	1	
13005 0020029	多元统计分析	必修	3	64	4	64	0	0		3	2	
14005 0020028	时间序列分析	必修	3	64	4	64	0	0		3	2	
14005 0020019	毕业实习	选修	2	200	20	0	0	200		3	3	
14005 0020021	社会实践	选修	2	200	40	0	0	200		3	3	
14005 0010019	毕业论文	必修	3	128	8	0	0	128		4	2	
小计			31	1056								

4. 通识教育课程

课程号	课程名称	修读形式	学分	总学时	周学时	理论教学学时	实验教学学时	实践教学学时	其他学时	开课学年	开课学期	备注
U10300500107	统计学与数据科学系新生研讨课	必修	1	20	4	20	0	0		1	3	
	美育与通识教育课程	选修	10									美育至少2学分
	小计		11									

5. 任选课程（可选外院，如数学科学学院、信息学院）

课程号	课程名称	修读形式	学分	总学时	周学时	理论教学学时	实验教学学时	实践教学学时	其他学时	开课学年	开课学期	备注
150050010007	短学期经济大讲堂	选修	3	60	12	60				1	3	见后面1学分院选课包
U10300500024	会计学原理	选修	3	64	4	64	0			1	1	
140050050025	金融经济学	选修	3	64	4	64	0			2	2	
U10300500148	大数据可视化	选修	3	64	4	64	0	0		2	2	
170050020002	回归分析	选修	3	64	4	64	0	0		3	1	
1810036	运筹学	选修	3	64	4	64	0	0		3	1	
190050020002	数据科学导论	选修	3	64	4	64	0	0		3	1	

续表

课程号	课程名称	修读形式	学分	总学时	周学时	理论教学学时	实验教学学时	实践教学学时	其他学时	开课学年	开课学期	备注
130080010113	数学建模	选修	3	64	4	64	0	0		3	2	
130080040007	统计计算	选修	3	64	4	64	0	0		3	2	
140050020012	贝叶斯统计	选修	3	64	4	64	0	0		3	2	
U1030050500006	数据库系统	选修	3	64	4	48	16	0		3	2	
U1030050500149	自然语言处理与大语言模型	选修	3	64	4	64	0	0		4	1	
200050020003	数据挖掘与机器学习	选修	3	64	4	50	14	0		3	2	
	因果推断	选修	3	64	4	64	0	0		4	1	本研贯通，申请研究生开新课
U1030050500112	神经网络和深度学习	选修	3	64	4	56	8	0		4	1	
130050020081	试验设计与方差分析	选修	3	64	4	32	32	0		4	1	
130050020088	属性数据分析	选修	3	64	4	64	0	0		4	1	
130050020092	金融工程	选修	3	64	4	64	0	0		4	1	
140050020016	非参数统计	选修	3	64	4	64	0	0		4	1	
140050020026	风险管理专题	选修	3	64	4	64	0	0		4	1	
140050040017	金融计量学	选修	3	64	4	64	0	0		4	1	
140270000027	微观计量经济学及其应用	选修	3	64	4	64	0	0		4	1	
U1030300500112	人工智能的统计基础	选修	3	64	4	56	8	0		4	1	新开课

续表

课程号	课程名称	修读形式	学分	总学时	周学时	理论教学学时	实验教学学时	实践教学学时	其他学时	开课学年	开课学期	备注
15027010016	本科论文写作指导	选修	2	38	4	28	0	10		4	2	
U10300500123	统计学与数据科学业界系列讲座	选修	1	16	3	16	0	0			3	
13005050053	英语视听说	选修	1	20	4	20	0	0				
13005050086	礼仪与沟通	选修	1	20	4	20	0	0				
15005010005	经济学实务系列讲座	选修	1	20	4	20	0	0		2	3	
13005050082	国际经济与贸易学科前沿系列课程	选修	1	20	4	20	0	0		2	3	
14005010031	工具软件在基本统计分析中的应用	选修	1	20	4	20	0	0				
14005050014	创业决策综合模拟实验	选修	1	20	4	0	0	0				
15005050001	实用商务英语	选修	1	20	4	20	0	0				
16005210001	量化投资分析（R语言应用）	选修	1	20	4	10	10	0				
16005210003	R语言数据分析基础	选修	1	20	4	10	10	0				
16005210004	量化投资与实验教学系列讲座	选修	1	20	4	20	0	0				
17005010003	行为经济学	选修	1	20	4	20	0	0				
17005010004	实验经济学	选修	1	20	4	20	0	0				
17005040001	杰出校友系列讲座	选修	1	20	4	20	0	0				
17005210002	Python数据获取、处理和可视化	选修	1	20	4	10	10	0				

续表

课程号	课程名称	修读形式	学分	总学时	周学时	理论教学学时	实验教学学时	实践教学学时	其他学时	开课学年	开课学期	备注
170050210003	大数据科学的基础与应用	选修	1	20	4	10	10					
G10300500002	数字经济系列讲座	选修	1	16	4	0	0	0				
G10300600001	文本数据分析方法与应用	选修	1	20	4	0	0	0				
U10300500108	厦门大学经济学科交叉前沿讲座	选修	1	20	4	20	0	0				
U10300500109	时间序列的机器学习预测方法	选修	1	20	4	20	0	0				
140050050015	商业社会与现代中国	选修	1	20	4	20	0	0				
160050010001	政治经济学前沿高级专题讲座	选修	1	20	4	20	0	0				
160050210002	数字媒体处理技术在微信营销上的应用	选修	1	20	4	8	5	0				
170050010002	企业境内外上市实务操作与案例分析	选修	1	20	4	20	0	0				
170050010005	经济发展与传统文化系列讲座	选修	1	20	4	20	0	0				
190050210002	C4D建模与电商营销设计	选修	1	20	4	8	5	0				
U10300500110	文献检索管理与分析	选修	1	16	4	16	0	0				
U10300500124	习近平经济思想暨政治经济学前沿高级专题系列讲座	选修	1	16	3	16	0	0				
小计												

东北师范大学
统计学专业培养方案 (2020 级)

一、培养目标

本专业培养理想信念坚定、品学兼优，具备扎实数学基础和统计学理论方法，具有良好数据思维习惯和统计学素养，能熟练运用专业软件分析数据并解决实际问题，在科研、教育部门从事研究和教学工作或在企事业单位、金融、保险、IT 等行业从事调查咨询和数据分析等工作的卓越统计学人才。

培养目标分解如下：

1. 政治坚定、理想远大、品德高尚、素质全面。政治素质过硬，坚决拥护中国共产党的领导。具备正确的世界观、人生观、价值观和良好的思想道德品质，吃苦耐劳的劳动精神，拥有作为合格公民的基本意识和社会责任感，全面发展。

2. 基础理论扎实、专业素养深厚。具有扎实的数学基础，掌握统计学的基本思想、基本理论和方法，融合相关领域专业知识，具有惯性的数据思维逻辑和良好的统计学专业素养。

3. 具备专业的数据分析技术、具有优秀的实践解困能力。能够独立设计调查问卷并开展调查研究，能够熟练运用统计学专业软件搜集、处理、分析数据并解释结果，具有运用所学知识解决实际问题的能力。

4. 高级科研人才。专业理论功底深厚，热爱科研和教育事业，具有国际视野、前沿学科站位、优秀科研气质和学术潜力的研究型拔尖创新人才。

5. 精英行业人才。专业基础扎实，相关交叉领域知识广博，具有一定的统计建模和数据挖掘技术，具有团队合作意识和人际交流技巧，具有较强的自学能力，善于发现、处理和解决实际问题的应用型拔尖创新人才。

二、毕业要求

毕业要求与毕业要求分解指标点

毕业要求	毕业要求分解指标点
1. 理想信念：具备良好的政治素质，坚持党的领导，拥护党的基本路线、方针；遵守国家法律、法规；具备正确的世界观、人生观、价值观和良好的思想道德品质，拥有作为合格公民的基本意识和社会责任感	1.1 掌握马克思列宁主义、毛泽东思想、邓小平理论、"三个代表"重要思想、科学发展观和习近平新时代中国特色社会主义思想；坚定共产主义理想和中国特色社会主义信念；拥护中国共产党的领导，拥护党的基本路线、方针、政策
	1.2 遵守国家法律、法规；遵守校规、校纪
	1.3 具备正确的世界观、人生观、价值观和良好的思想道德品质，拥有作为合格公民的基本意识和社会责任感
2. 家国情怀：尊重中华民族历史和文化，维护祖国统一和民族团结，热爱祖国；关心时事政治和国家发展；具有为国家繁荣和社会进步甘于奉献的责任和担当	2.1 尊重和传承中华民族悠久历史和文化，维护祖国统一和民族团结，坚持国家和人民的利益高于一切，自觉接受爱国主义教育
	2.2 关心时事政治，关注世界格局和国家发展
	2.3 具有实事求是、勤奋自强、知行合一、勇于创新的科学精神，具有为国家的繁荣昌盛和人类社会的文明进步甘于奉献的责任和担当
3. 专业素养：具备扎实的数学基础，掌握统计学的基本理论和方法；了解相关交叉学科领域的知识；具备良好的数据思维习惯，具有熟练运用专业软件采集、处理、分析数据的能力；能够合理运用方法和技术解决实际问题	3.1 具备扎实的数学基础，掌握统计学的基本理论、基本知识和基本方法；了解教育统计、生物统计、金融统计、工业统计等交叉领域相关知识
	3.2 能够设计调查问卷、采集调查数据、开展调查研究、撰写调查报告；能够针对数据问题运用统计学理论和方法进行统计建模；具备良好的数据思维习惯，能够熟练运用专业软件筛选、处理、描述和分析数据
	3.3 能够在现象中发现问题，进而将实际问题转化为专业问题，评估问题的复杂性和可解决性；能够明确问题属性，合理选择统计方法或模型；能够熟练运用相应方法和技术开发解决方案
4. 人文精神：具备一定的人文艺术与社会科学知识；尊重人的人格、尊严和价值，尊重人的理性和精神追求；诚实守信，对人友善	4.1 具备一定的人文艺术与社会科学知识
	4.2 以人为本，尊重人的人格、尊严和价值，尊重人的理性和精神追求；诚实守信，对人友善

续表

毕业要求	毕业要求分解指标点
5. 研究能力：熟练掌握文献检索技术，具备文献综述的写作能力；具有批判意识和辩证思维，具有反思惯性和创新的科学精神；具有发现新问题、提炼新观点、透析新现象的能力；具备融通知识、重构理论的潜力	5.1 熟练掌握文献检索技术，具备文献综述的写作能力；掌握信息资料的搜集途径、方法和技术
	5.2 具有理性批判、辩证思维、谨慎求证的科学精神；具有反思惯性和求是意识
	5.3 具有发现新问题、提炼新观点、透析新现象的能力；具备融通知识、重构理论的潜力
6. 国际视野：了解专业领域国内外的学科发展、前沿问题和焦点研究；具有较高的英语水平，能熟练阅读和翻译本专业的英文文献，具备一定的学术英语交流技能	6.1 了解专业领域国内外的学科发展，参加国际性学术论坛或科研报告，参与国际性学术会议的组织；具有较高的英语水平，能熟练阅读和翻译本专业的英文文献，具备一定的学术英语交流技能
	6.2 了解专业领域内的前沿问题和焦点研究，能够结合所学知识和技能发表相关看法和评论
7. 终身学习：具有端正的学习态度和内生的学习动力；能够合理地规划学习任务、完成学习目标、达成学习效果；具备知识更新理念，能够在不断探索中挖掘学习乐趣、享受学习过程	7.1 具有端正的学习态度和内生的学习动力，具有创新的学习精神和坚忍不拔的学习意志
	7.2 能够主动、勤奋、合理地规划学习任务、完成学习目标、达成学习效果
	7.3 具备知识更新理念，能够在不断探索中挖掘学习乐趣、享受学习过程，将学习延续终生
8. 交流合作：了解与人交流的方法和渠道，具备与人沟通的能力；具有团队协作意识	8.1 了解与人交流的方法和渠道，具备与人沟通的能力和技巧，能够准确理解别人的观点，有效表达自己的见解
	8.2 具有团队协作意识，了解团队建制和角色分工，具有成功的团队合作经历

三、毕业要求与培养目标对应关系矩阵

毕业要求与培养目标对应关系矩阵

毕业要求	培养目标				
	培养目标1	培养目标2	培养目标3	培养目标4	培养目标5
理想信念	√			√	√
家国情怀	√			√	√

续表

毕业要求	培养目标				
	培养目标1	培养目标2	培养目标3	培养目标4	培养目标5
专业素养		√	√	√	√
人文精神	√	√			
研究能力		√	√	√	
国际视野		√		√	
终身学习				√	√
交流合作			√		√

四、学制与修业年限

标准学制4年，修业年限3～6年。

五、最低毕业学分和授予学位

本专业学生毕业要求最低修满151学分(2021级开始，2020级148学分)。其中，通识教育课程最低修满48学分(2021级开始，2020级45学分)；专业教育课程最低修满88学分；发展方向课程最低修满15学分。符合毕业要求者，准予毕业，颁发统计学专业毕业证书。

符合《中华人民共和国学位授予条例》及《东北师范大学本科学生学士学位授予细则》规定者，授予理学学士学位。

六、课程设置及学分分配

本专业课程主要由通识教育课程、专业教育课程、发展方向课程构成。课程设置及学分分配见下表。

课程设置及学分分配表

课程类别				学分	学分小计
通识教育课程	必修	思想政治教育	思想政治教育	19	48学分(2021级开始,2020级45学分)
		体育与国防教育	体育	4	
			国防教育	2	
		劳动教育		2(2021级开始,其中1学分依托相关课程,不计入总学分)	
		心理健康教育		2(2021级开始)	
		交流表达与信息素养	信息技术	4	
			大学外语	8	
			中文写作	2	
	选修	思想政治与社会科学		6 (学生至少在人文与艺术和社会与行为科学类课程中各修满2学分)	
		人文与艺术			
		自然科学			
专业教育课程	必修	学科基础课程	大类平台课程	29	88
			专业基础课程	7	
		专业主干课程		24	60
		综合实践课程		10 (应用实践6学分、毕业论文4学分)	
	选修	专业系列课程		18	
	发展方向课程			15	15
总学分要求				151(2021级开始,2020级148学分)	

1. 通识教育课程

通识教育课程最低修满 48 学分(2021 级开始，2020 级 45 学分)。其中，通识教育必修课程修满 42 学分(2021 级开始，2020 级 39 学分)，通识教育选修课程最低修满 6 学分。

通识教育课程目录

课程类别	课程编码	课名称	学分	总学时	其中：实验学时	其中：实践学时 其他学时	开课学期	开课时间	开课单位
思想政治教育	1152361982009	思想道德修养与法律基础（2020级）	3	54			秋	1	马克思主义学部
	1152361982013	思想道德与法治（2021级开始）	3	54			春	2	
	1151791950007	中国近现代史纲要	3	54			秋	3	
	1151791953010	马克思主义基本原理	5	90			春	4	
	1152361953012	毛泽东思想和中国特色社会主义理论体系概论	2	36		36	秋	5	
	1151792019008	习近平新时代中国特色社会主义思想概论	1	18			秋	1	
	1151791987005	形势与政策Ⅰ	1	18			春秋	1–8	
	1151791987006	形势与政策Ⅱ（四选一）	1	18			秋	3	
	1152362020016	中共党史	1	18			秋	3	
	1152362020017	新中国史	1	18			秋	3	
	1152362020018	改革开放史	1	18			秋	3	
	1152362020019	社会主义发展史	1	18			秋	3	

续表

课程类别		课程编码	课程名称	学分	总学时	其中：实践学时		开课学期	开课时间	开课单位
						实验学时	其他学时			
体育与国防教育	体育	115177 2020007	体育 1	0.5	24		20	秋	1	体育学院
		115177 2020008	体育 2	0.5	24		24	春	2	
		115177 2020009	体育 3	0.5	24		20	秋	3	
		115177 2020010	体育 4	0.5	24		24	春	4	
		115177 2020011	体育 5	0.5	24		24	秋	5	
		115177 2020012	体育 6	0.5	24		24	春	6	
		115177 2020013	体育 7	0.5	0			秋	7	
		115177 2020014	体育 8	0.5	0			春	8	
	国防教育	115177 2015005	军事理论	1	18			春秋	1—2	
		115177 2015006	军事训练	1	120		120	秋	1	
劳动教育		115232 2020001	劳动教育(2021 级开始)	1	18		8	春秋	1—8	教育学部
心理健康教育		115001 20020105	大学生心理健康(2021 级开始)	2	36			秋	1	学生心理发展指导中心
交流表达与信息素养	中文写作	115164 2015001	中文写作	2	36			春秋	1—2	文学院
	大学外语		大学外语 1	4	72			秋	1	外国语学院

续表

课程类别		课程编码	课程名称	学分	总学时	其中：实践学时		开课学期	开课时间	开课单位
						实验学时	其他学时			
交流表达与信息素养	大学外语		大学外语2	4	72			春	2	外国语学院
	信息技术	115171215001	信息技术1(计算机基础)	2	54		36	秋	1	信息科学与技术学院
		115171215002	信息技术2(算法与程序设计基础)	2	54		36	春	2	信息科学与技术学院
通识教育选修课程			此部分课程参见学校通识教育选修课程目录	6				春秋	1—8	

注：劳动教育课程共2学分，其中1学分依托相关课程，不计入总学分。

2. 专业教育课程

专业教育课程由学科基础课程、专业主干课、综合实践课程组成。前三类课程为必修课程，专业系列课为选修课程。专业教育课程最低修满88学分，其中学科基础课36学分，专业主干课程24学分，综合实践课程10学分(应用实践6学分，毕业论文4学分)，专业系列课最低修满18学分。

课程名称后标记 "▲" 表示荣誉课程。符合《东北师范大学关于本科荣誉课程建设和荣誉学位管理的指导意见》《数学与统计学院本科荣誉课程和荣誉学位管理办法》规定的学生，颁发荣誉学位证书。

课程名称后标记 "※" 表示学科理解课程。

专业教育课程目录

课程类别	课程编码	课程名称	学分	总学时	其中：实践学时		预修课程编码	开课学期	建议修读学期	辅修专业或辅修学位课程		备注
					实验学时	其他学时				辅修专业	辅修学位课程	
学科基础课程 大类平台课程	1151701948301	数学分析1	5	90				秋	1	是	是	29学分
	1151701948307	高等代数1	4	72				秋	1	是	是	
	1151701948311	解析几何	4	72				秋	1			
	1151702007304	数学分析1习题课	0	36		36		秋	1			
	1151702007309	高等代数1习题课	0	36		36		秋	1			
	1151702007312	解析几何习题课	0	36		18		秋	1			
	1151701948302	数学分析2	6	108			1151701948301	春	2			
	1151701948308	高等代数2	6	108			1151701948307	春	2			
	1151702007305	数学分析2习题课	0	36		36		春	2			
	1151702007310	高等代数2习题课	0	36		36		春	2			
	1151701948303	数学分析3	4	72			1151701948302 1151701948308 1151701948311	秋	3			
	1151702007306	数学分析3习题课	0	36		36		秋	3			
	1151702020530	统计学导论▲	1	18		18		春	4			
专业基础课程	1151701955831	概率论基础▲	3	54			1151701948302	秋	3	是	是	7学分
	1151701955832	统计学▲	3	54			1151701955831	春	4	是	是	

续表

课程类别	课程编码	课程名称	学分	总学时	其中:实践学时 实验学时	其中:实践学时 其他学时	预修课程编码	开课学期	建议修读学期	辅修专业或辅修学位课程 辅修专业	辅修专业或辅修学位课程 辅修学位	备注
专业主干课程	1151701958422	实变函数	3	72			1151701948303	春	4			
	1151701977533	随机过程▲	3	72				春	4			24学分
	1151702005534	回归分析	3	54	18		1151701958326	秋	5	是	是	
	1151702020535	统计计算	3	54	27		1151701958326	秋	5	是	是	
	1151702020536	渐近理论▲	3	54			1151701958325	秋	5			
	1151702020537	抽样调查与试验设计	3	54	18			秋	5			
	1151702005538	多元统计分析	3	54	18		1151701958326	春	6	是	是	
	1151702005539	时间序列分析	3	54	18		1151701958326	春	6	是	是	
综合实践课程	1151702007540	应用实践	6	216		216		秋	7			10学分
	1151701950402	毕业论文	4	144		144		春	8	是	是	
统计学模块												
专业系列课程	1151702008524	统计案例分析▲	3	54	54			春	6	是	是	最低修满18学分
	1151702020541	非参数统计▲	3	54	18			春	6			
	1151702020542	贝叶斯统计	3	54	18			春	6			
	1151702015552	统计建模	3	54	18		1151702005532	春	6			
	1151702020543	统计思想综论▲※	2	36				秋	7			

续表

课程类别	课程编码	课程名称	学分	总学时	其中：实践学时		预修课程编码	开课学期	建议修读学期	辅修专业或辅修学位课程		备注
					实验学时	其他学时				辅修专业	辅修学位	
专业系列课程	1151702020544	统计机器学习▲	3	54	18			秋	7	是	是	
	1151702020545	文本数据挖掘	3	54	18			秋	7			
	1151702020546	统计学专业英语	2	36		18		秋	7			
	数据科学模块											
	1151701998391	C程序设计	2	36	36			秋	3			
	1151702020547	Python数据分析	3	54	54			春	4	是	是	
	1151702020548	数据库原理与应用	3	54	18	18		春	4			
	1151702020549	最优化原理及其算法▲	3	54	18	18		秋	5			
	1151702020550	分布式系统与云计算	3	54	18	18		秋	5			
	1151702020551	数据可视化	3	54	18	18		春	6			最低修满18学分
	数学与经济模块											
	1151702008371	离散数学	3	54			1151701948308 1151701948311	秋	3			
	1151702020552	微观经济学	3	54				秋	3			
	1151702020553	宏观经济学	3	54				秋	3			
	1151702005392	数学实验	2	36	36		1151701948322	秋	5			

续表

课程类别	课程编码	课程名称	学分	总学时	其中:实践学时		预修课程编码	开课学期	建议修读学期	辅修专业或辅修学位课程		备注
					实验学时	其他学时				辅修专业	辅修学位	
专业系列课程	1151701995372	运筹学	2	36			1151701948303 1151701948308 1151701948311	春	4			最低修满18学分
	1151701948322	常微分方程	3	54			1151701948303 1151701948308 1151701948311	春	4			
	1151701977323	复变函数	3	54			1151701948303	春	4			
	1151701977423	泛函分析	3	72			1151701948322 1151701977323 1151701958324	秋	5			
	1151701995393	数学建模	2	36		36	1151701948303 1151701948308 1151701948311	秋	5			
	1151702020554	计量经济学	2	36			1151701958531	秋	5			
	1151702011356	数学思想方法	1	18			1151701948327 1151701977423	春	6			
	1151702008402	高观点下的中学数学	3	54				春	6			

3. 发展方向课程

发展方向课程是任意选修课程模块，须修读不少于 15 学分。学生可以根据个人兴趣和未来发展需要，在辅修专业课程、辅修学位课程、教师教育课程等课程模块中自主选择，也可以在全校开设的所有课程中任意选择。有意从事教师职业的学生须选择教师教育课程作为发展方向课，具体课程参见数学与应用数学专业（公费师范）中的教师教育课程目录。

根据本专业的人才培养定位，建议选修数学类、经济类、工商类、地理类、环境科学类、生命科学类、计算机及软件类课程。

七、课程与毕业要求对应关系矩阵

课程与毕业要求对应关系矩阵

课程性质		课程名称	理想信念			家国情怀		专业素养			人文精神		研究能力			国际视野		终身学习			交流合作	
			政治坚定	遵纪守法	修身尚德	热爱祖国	责任担当心怀天下	专业知识	专业技术	专业实践	人文知识	人文素养	检索能力	科学精神	学术潜力	国际站位	聚焦前沿	学习意识	学习方法	学习惯性	交流技巧	协作意识
通识教育课程	必修	思想道德修养与法律基础(2020级)思想道德与法治(2021级开始)	H		H	H	M				M							L	L			
		中国近现代史纲要				H					H	H										
		马克思主义基本原理	H		H	M	M				H	H						M	M	M		

续表

课程性质		课程名称	理想信念			家国情怀			专业素养			人文精神		研究能力			国际视野		终身学习			交流合作	
			政治坚定	遵纪守法	修身尚德	热爱祖国	心怀天下	责任担当	专业知识	专业技术	专业实践	人文知识	人文素养	检索能力	科学精神	学术潜力	国际站位	聚焦前沿	学习意识	学习方法	学习习惯性	交流技巧	协作意识
通识教育课程	必修	毛泽东思想和中国特色社会主义理论体系概论	H		H	H		H				H							M	M	M		
		习近平新时代中国特色社会主义思想概论	H		H	H		H				H							M	M	M		
		形势与政策I	H		H	H	H	M															
		形势与政策II			M	H	H	M															
		四史	H		H	H	H	H				M	M						M	M	M		
		体育			M			H				M	M										
		国防教育			H			M				H	H				L	M					
		劳动教育			H			H		M		H	H		M	L							
		中文写作	H		H	H		H				H	H			M			L	L	L		H
		大学生心理健康(2021级开始)										M	M			M			M	M	M		
		大学外语	H								H	M				M	M	H	M	M	M	H	

续表

课程性质		课程名称	毕业要求																			
			理想信念			家国情怀			专业素养			人文精神		研究能力			国际视野		终身学习			交流合作	
			政治坚定	遵纪守法	修身尚德	热爱祖国	心怀天下	责任担当	专业知识	专业技术	专业实践	人文知识	人文素养	检索能力	科学精神	学术潜力	国际站位	聚焦前沿	学习意识	学习方法	学习习惯性	交流技巧	协作意识
专业教育课程	必修	信息技术								M	H			H									
		数学分析1							H							M			L	L	L		
		高等代数1							H						H	H							
		解析几何							H						H	H							
		数学分析1习题课							M						M	M			H	H	H		
		高等代数1习题课							M						M	M			H	H	H		
		解析几何习题课							H						H	H			H	H	H		
		数学分析2							M						M	M			H	H	H		
		高等代数2							M						M	M			H	H	H		
		数学分析2习题课							H						H	H			H	H	H		
		高等代数2习题课							M						M	M			H	H	H		
		数学分析3							M						M	M			H	H	H		
		数学分析3习题课							M						M	M			H	H	H		
		统计学导论▲							M	M	H	M			M	M	M	H	H	H	H		

续表

毕业要求

课程性质		课程名称	理想信念			家国情怀			专业素养			人文精神		研究能力			国际视野		终身学习			交流合作	
			政治坚定	遵纪守法	修身尚德	热爱祖国	心怀天下	责任担当	专业知识	专业技术	专业实践	人文知识	人文素养	检索能力	科学精神	学术潜力	国际站位	聚焦前沿	学习意识	学习方法	学习习惯性	交流技巧	协作意识
专业教育课程	必修	概率论基础▲	M						H						H	H	M			H			
		统计学▲							H						H	M	M			H			
		实变函数							H							M				M			
		随机过程▲							H							H	M	H		M			
		回归分析							H	M	H					M							
		统计计算			M					H	H					M				M			
		渐近理论▲							H						H	H	H	H					
		抽样调查与试验设计							H	H	H	M	M	H		M		M		H		H	H
		多元统计分析							H	M	H					M							
		时间序列分析							H	M	H	M	M	H	M								
		应用实践							M	H	H	M	M	H	M	M	M	M	H	H	H	H	H
		毕业论文							M	H	H	L	L		M	M			H	H	H	H	H
	选修	统计案例分析▲							L	L	M						L	L	M	M		M	M

续表

课程性质		课程名称	毕业要求																
			理想信念			家国情怀			专业素养			人文精神		研究能力			国际视野		终身学习			交流合作	
			政治坚定	遵纪守法	修身尚德	热爱祖国	心怀天下	责任担当	专业知识	专业技术	专业实践	人文知识	人文素养	检索能力	科学精神	学术潜力	国际站位	聚焦前沿	学习意识	学习方法	学习习惯性	交流技巧	协作意识
专业教育课程	专业选修	非参数统计▲							M							M							
		贝叶斯统计							L							L							
		统计建模							M	M	L												
		统计思想综论▲※							M	L				L	L	M			L				
		统计机器学习▲							L	M	M					L			L				
		文本数据挖掘							L	L	L			M		L		L					
		统计学专业英语								M	M					M	M	M	M			M	
		C程序设计							M	M	L			L		L							
		Python数据分析							M	M	L			L		L				L			
		数据库原理与应用							L	L					M	M							
		最优化原理及其算法▲							M	M	L				M	L							
		分布式系统与云计算							L	L						L					L	L	L
		数据可视化							M	M	M					L				L			

续表

课程性质		课程名称	毕业要求																	
			理想信念			家国情怀			专业素养			人文精神		研究能力			国际视野		终身学习			交流合作	
			政治坚定	遵纪守法	修身尚德	热爱祖国	心怀天下	责任担当	专业知识	专业技术	专业实践	人文知识	人文素养	检索能力	科学精神	学术潜力	国际站位	聚焦前沿	学习意识	学习方法	学习惯性	交流技巧	协作意识
专业教育课程	选修	离散数学							L							L							
		微观经济学							M			M				L							
		宏观经济学							M			M				L							
		数学实验								L	M				L	L				L			
		运筹学							M							L							
		常微分方程							L							L							
		复变函数							L							L							
		泛函分析							M							L							
		数学建模								L	M		L			L	L						
		计量经济学							M							L							
		数学思想方法							L						M	L	L			L			
		高观点下的中学数学							L						M	L			M	M	L		

注：该矩阵中H代表教学环节对毕业要求高支撑，M代表教学环节对毕业要求中支撑，L代表教学环节对毕业要求低支撑。可加注※标记课程为与每项毕业要求达成关联度最高的课程。

八、课程对毕业要求的支撑强度权重

课程对毕业要求的支撑强度权重

课程性质		课程名称	毕业要求																
			理想信念			家国情怀			专业素养			人文精神		研究能力			国际视野		终身学习			交流合作	
			政治坚定	遵纪守法	修身尚德	热爱祖国	心怀天下	责任担当	专业知识	专业技术	专业实践	人文知识	人文素养	检索能力	科学精神	学术潜力	国际站位	聚焦前沿	学习意识	学习方法	学习惯性	交流技巧	协作意识
通识教育课程	必修	思想道德修养与法律基础(2020级) 思想道德与法治(2021级开始)	0.15	1	0.15	0.15		0.1					0.15										
		中国近现代史纲要										0.1	0.1										
		马克思主义基本原理	0.15		0.15							0.1	0.1										
		毛泽东思想和中国特色社会主义理论体系概论	0.15		0.15	0.15		0.2				0.2	0.2										
		习近平新时代中国特色社会主义思想概论	0.15		0.15	0.15		0.2				0.2	0.2										
		形势与政策 I				0.1	0.4																

续表

毕业要求

课程性质	课程名称	理想信念			家国情怀			专业素养			人文精神		研究能力			国际视野		终身学习			交流合作	
		政治坚定	遵纪守法	修身尚德	热爱祖国	心怀天下	责任担当	专业知识	专业技术	专业实践	人文知识	人文素养	检索能力	科学精神	学术潜力	国际站位	聚焦前沿	学习意识	学习方法	学习惯性	交流技巧	协作意识
通识教育课程 必修	形势与政策Ⅱ	0.25			0.1	0.4																
	四史			0.15	0.15		0.2															
	体育					0.1																
	国防教育				0.1		0.1													0.2		0.5
	劳动教育			0.1																		
	中文写作			0.15	0.1		0.1				0.2	0.05										
	大学生心理健康(2021级开始)	0.15									0.2	0.1										
	大学外语											0.1				0.5					0.4	
	信息技术						0.2		0.2				0.1									
专业教育课程 必修	数学分析1							0.1						0.2	0.1							
	高等代数1							0.1						0.1	0.1							
	解析几何							0.1						0.1	0.1							
	数学分析1习题课																	0.2	0.1	0.1		

续表

课程性质	课程名称	理想信念			家国情怀		专业素养			人文精神		研究能力			国际视野		终身学习			交流合作	
		政治坚定	遵纪守法	修身尚德	热爱祖国	责任担当心怀天下	专业知识	专业技术	专业实践	人文知识	人文素养	检索能力	科学精神	学术潜力	国际站位	聚焦前沿	学习意识	学习方法	学习惯性	交流技巧	协作意识
专业教育课程 必修	高等代数1习题课																				
	解析几何习题课																				
	数学分析2						0.1														
	高等代数2						0.1														
	数学分析2习题课																				
	高等代数2习题课																				
	数学分析3											0.1	0.1	0.1							
	数学分析3习题课																				
	统计学导论▲								0.1								0.1	0.1	0.1		
	概率论基础▲						0.05					0.1	0.1	0.1	0.3		0.1	0.1	0.1		
	统计学▲						0.05					0.1	0.1	0.1			0.1	0.1	0.1		
	实变函数						0.05										0.1	0.1	0.1		
	随机过程▲						0.05							0.1	0.3		0.1	0.1	0.1		
	回归分析						0.05		0.1												

续表

毕业要求

课程性质		课程名称	理想信念			家国情怀			专业素养			人文精神		研究能力			国际视野		终身学习			交流合作	
			政治坚定	遵纪守法	修身尚德	热爱祖国	心怀天下	责任担当	专业知识	专业技术	专业实践	人文知识	人文素养	检索能力	科学精神	学术潜力	国际站位	聚焦前沿	学习意识	学习方法	学习惯性	交流技巧	协作意识
专业教育课程	必修	统计计算								0.2	0.1												
		习近平理论▲																					
		抽样调查与试验设计							0.05	0.2	0.1			0.3	0.1	0.1	0.5	0.3		0.1			
		多元统计分析							0.05	0.2	0.1												
		时间序列分析							0.05	0.2	0.1												
		应用实践								0.2	0.1			0.3									
		毕业论文								0.2	0.1			0.3									
	选修	统计案例分析▲																	0.1	0.05	0.1	0.2	0.25
		非参数统计▲																	0.1	0.05	0.1	0.2	0.25
		统计建模																				0.2	
		统计思想综论▲※																					
		统计机器学习▲																					
		文本数据挖掘																					

续表

课程性质		课程名称	毕业要求																			
			理想信念			家国情怀		专业素养			人文精神		研究能力			国际视野		终身学习			交流合作	
			政治坚定	遵纪守法	修身尚德	热爱祖国	心怀天下 责任担当	专业知识	专业技术	专业实践	人文知识	人文素养	检索能力	科学精神	学术潜力	国际站位	聚焦前沿	学习意识	学习方法	学习惯性	交流技巧	协作意识
专业教育课程	选修	统计学专业英语																				
		C程序设计																				
		Python数据分析																				
		数据库原理与应用																				
		最优化原理及其算法▲																				
		分布式系统与云计算																				
		数据可视化																				
		微观经济学																				
		宏观经济学																				
		数学实验																				
		运筹学																				
		泛函分析																				

续表

课程性质		课程名称	毕业要求													
			理想信念		家国情怀		专业素养			人文精神		研究能力			国际视野		终身学习			交流合作	
			政治坚定	遵纪守法 修身尚德	热爱祖国	心怀天下 责任担当	专业知识	专业技术	专业实践	人文知识	人文素养	检索能力	科学精神	学术潜力	国际站位	聚焦前沿	学习意识	学习方法	学习习惯性	交流技巧	协作意识
专业教育课程	选修	数学建模																		
		计量经济学																		
		数学思想方法																		
		高观点下的中学数学																		

注：对"七、课程与毕业要求对应关系矩阵"中的高支撑(H)课程进行权重分配，同一个指标点下的多门高支撑课程的权重之和应为 1。

九、辅修课程说明

辅修课程面向全校学生开设,是为学生拓宽知识面,增强适应性而提供的选择。

1. 辅修专业课程

辅修专业课程包括本专业人才培养方案"辅修专业"一栏标注为"是"的学科基础课程、专业主干课程和专业系列课程。符合主修专业毕业要求,并修满不少于27学分的学生,颁发统计学专业辅修证书。

2. 辅修学位课程

辅修学位课程包括本专业人才培养方案"辅修学位"一栏标注为"是"的学科基础课程、专业主干课程、专业系列课程和毕业论文。学生必须修满不少于40学分。符合《东北师范大学本科学生学士学位授予细则》规定的学生,授予理学辅修学士学位。

南开大学
统计学专业培养方案（2024级）

一、专业基本信息

专业名称：统计学

学科门类：理学

学制：4年

授予学位：理学学士

二、培养目标

本专业面向国家对统计学及相关领域的人才需求，围绕建设南开大学统计学世界一流学科的目标，坚持"厚基础、重创新"的培养理念，培养学生具有社会责任感、家国情怀和南开"公能"特色，良好的科技和人文底蕴，德、智、体、美、劳全面发展的基本素质；具有坚实的统计学和数学基础，掌握统计学的基本思想、基本理论、基本方法以及相关的计算机技术，具有收集数据与分析数据的能力，以及一定的专门领域知识。为各行业领域输送从事统计调查与咨询、统计信息管理、数据分析、产品设计、质量控制与改进等工作的研究人员或决策管理人员，以及为国内外高校、研究机构等输送从事教学与科研的高素质统计学专业人才。

三、毕业要求

要求本专业毕业生具有良好的数学基础、计算机应用能力，系统掌握统计学的基本理论与方法，并对数据科学、经济、金融、保险等知识有一定的了解和认知，具备应用所学理论解决实际问题的能力。熟练掌握英语，能听、说、读、写、译。具体要求如下：

1. 基本素养：具有良好的人文底蕴、道德修养、科学素养、体育素养和心理素质。能主动参与或组织创新、创业、社会实践等团队，具有一定团队合作和组织协调能力，能够准确有效进行中英文口头和文字的沟通和表达。

2. 社会责任：具有家国情怀、文化自信、南开"公能"特色、社会责任感和使命感，自觉担当社会责任，践行主流价值观。

3. 专业素养：掌握统计学专业的统计、数学、计算机等专业知识；深入理解相关的概念、方法和证明方法；熟练应用相关统计分析工具。

4. 创新意识：了解国内外统计学发展的动态和前景，具备较好的独立进行科学研究的潜质，培育创新意识、合作精神、国际视野和跨文化交流。

5. 应用能力：具有良好的采集数据、处理数据和分析数据的能力，能够通过本专业相关方法处理和解决实际问题。

四、专业核心课程

数学分析Ⅰ、数学分析Ⅱ、数学分析Ⅲ、高等代数与解析几何 2-1、高等代数与解析几何 2-2、概率论、数理统计、统计与大数据分析软件、数据挖掘和机器学习、数据采集方法、回归分析、多元统计分析。

五、主要实践环节

1. 必修实践环节（26 学分）

C++程序设计基础(2 学分)、军事技能训练(2 学分)、公能实践(2 学分)、体育(4 学分)、公共英语(1 学分)、高等代数与解析几何 2-1(0.5 学分)、高等代数与解析几何 2-2(0.5 学分)、数学分析Ⅰ(0.5 学分)、数学分析Ⅱ(0.5 学分)、数学分析Ⅲ(0.5 学分)、统计与大数据分析软件(4 学分)、数据挖掘和机器学习(1 学分)、回归分析(上机课 10 学时，0.5 学分)、创新研究与训练(1 学分)、毕业论文(6 学分)。

2. 选修实践环节（12.5 学分）

时间序列分析(上机课 10 学时，0.5 学分)、深度学习(0.5 学分)、自然语言处理(0.5 学分)、数据可视化(0.5 学分)、运筹与优化(0.5 学分)、分布式存储与计算(0.5 学分)、统计计算(0.5 学分)、数据库(0.5 学分)、算法基础(3.5 学分)、数据结构(1 学分)、数据科学实战(4 学分)。

六、毕业要求与课程设置对应关系矩阵

课程名称	毕业要求				
	1. 基本素养	2. 社会责任	3. 专业素养	4. 创新意识	5. 应用能力
思想道德与法治	HS	HS			

续表

课程名称	毕业要求				
	1. 基本素养	2. 社会责任	3. 专业素养	4. 创新意识	5. 应用能力
马克思主义基本原理概论	HS	HS			
中国近现代史纲要	HS	HS			
毛泽东思想和中国特色社会主义理论体系概论	HS	HS			
习近平新时代中国特色社会主义思想概论	HS	HS			
形势与政策	HS	HS			
公能实践	HS	HS		S	
新生研讨课	HS	HS		S	
军事技能训练	HS	HS			
军事理论	HS	HS			
体育课程(4门)	HS	S			
外语能力类	HS		HS		S
人文基础与四史类	HS	HS			
数理基础类	HS	HS			
信息技术基础类	HS	HS	HS		
概率论	S		HS	S	S
高等代数与解析几何2-1	S		HS	S	S
数学分析Ⅰ	S		HS	S	S
高等代数与解析几何2-2	S		HS	S	S
数学分析Ⅱ	S		HS	S	S
数学分析Ⅲ	S		HS	S	S
统计学导论	S		HS	HS	S
数理统计	S		HS	HS	S
数据科学导论	S		HS	HS	S
统计与大数据分析软件	S		HS	HS	HS

续表

课程名称	毕业要求				
	1. 基本素养	2. 社会责任	3. 专业素养	4. 创新意识	5. 应用能力
数据挖掘和机器学习	S		HS	HS	HS
数据采集方法	S		HS	HS	HS
回归分析	S		HS	HS	HS
多元统计分析	S		HS	HS	HS
创新研究与训练	S		HS	HS	HS
数据结构	S		HS	HS	HS
商务智能	S		HS	HS	HS
数据科学实战	S		HS	HS	HS
生物医学统计	S		HS	HS	HS
试验设计	S		HS	HS	HS
时间序列分析	S		HS	HS	HS
深度学习	S		HS	HS	HS
自然语言处理	S		HS	HS	HS
数据可视化	S		HS	HS	HS
贝叶斯统计	S		HS	HS	HS
实变函数	S		HS	HS	HS
运筹与优化	S		HS	HS	HS
泛函分析	S		HS	HS	HS
分布式存储与计算	S		HS	HS	HS
预测分析	S		HS	HS	HS
随机过程	S		HS	HS	HS
统计计算	S		HS	HS	HS
非参数统计	S		HS	HS	HS
数据库	S		HS	HS	HS

续表

课程名称	毕业要求				
	1. 基本素养	2. 社会责任	3. 专业素养	4. 创新意识	5. 应用能力
极限理论	S		HS	HS	HS
随机分析	S		HS	HS	HS
算法基础	S		HS	HS	HS
属性数据分析	S		HS	HS	HS
生存分析	S		HS	HS	HS
毕业论文	S		HS	HS	S

说明：须表明课程对毕业要求的支撑关系，可用符号表示课程对某一毕业要求的具体支撑力度：S=一般支撑；HS=高度支撑。

七、教学计划

分类		课程代码	课程名称	学分	开课学期	建议修读学期	是否必修	开课院系	备注
通识必修课	理想与信念教育类	IPTD0024	1 思想道德与法治	2.5	1	1	是	马克思主义基础理论教学部	
		UPRC0001	2 新生研讨课	1	1	1	是	教务部	
		IPTD0012	3 公能实践	2	1,2,3,4,5,6	1,2,3,4,5,6	是	马克思主义基础理论教学部	
		IPTD0016	4 形势与政策	2	1,2,3,4,5,6,7,8	1,2,3,4,5,6,7,8	是	马克思主义基础理论教学部	
		IPTD0025	5 马克思主义基本原理	2.5	2	2	是	马克思主义基础理论教学部	
		IPTD0013	6 中国近现代史纲要	2.5	3	3	是	马克思主义基础理论教学部	

续表

分类			课程代码	课程名称	学分	开课学期	建议修读学期	是否必修	开课院系	备注
通识必修课	理想与信念教育类		IPTD0026	7 习近平新时代中国特色社会主义思想概论	3	4	4	是	马克思主义基础理论教学部	
			IPTD0023	8 毛泽东思想和中国特色社会主义理论体系概论	2.5	5	5	是	马克思主义基础理论教学部	
			学分小计		18					
	军事体育与健康类		MHEC0003	9 大学生心理健康	2	1		是	心理健康教育中心	
			MITD0003	10 军事理论	2	1	1	是	军事教研室	
			MITD0005	11 军事技能训练	2	1	1	是	军事教研室	
			体育		4					第1-4学期修读
			学分小计		10					
	外语能力类	基础英语Ⅰ	ENTD0072	12 英语口语与写作基础Ⅰ	2	1	1	否	公共英语教学部	
			ENTD0073	13 英语口语与写作进阶Ⅰ	2	1	1	否	公共英语教学部	
			ENTD0074	14 英语口语与写作高阶Ⅰ	2	1	1	否	公共英语教学部	
			应修学分		2					
		基础英语Ⅱ	ENTD0059	15 基础英语ⅡA	2	2	2	否	公共英语教学部	
			ENTD0060	16 基础英语ⅡB	2	2	2	否	公共英语教学部	
			ENTD0061	17 基础英语ⅡC	2	2	2	否	公共英语教学部	
			应修学分		2					
		公共英语选修 语言技能模块	ENTD0036	18 公众演讲	2	3	3	否	公共英语教学部	
			ENTD0037	19 英汉双向笔译实务	2	3	3	否	公共英语教学部	

续表

分类			课程代码	课程名称	学分	开课学期	建议修读学期	是否必修	开课院系	备注
通识必修课	外语能力类	公共英语选修 语言技能模块	ENTD0043	20 英汉语言意识与翻译	2	3	3	否	公共英语教学部	
			ENTD0052	21 思辨能力与英语表达	2	3	3	否	公共英语教学部	
			ENTD0054	22 商务英语-BECⅡ	2	3	3	否	公共英语教学部	
			ENTD0062	23 高级英语	2	3	3	否	公共英语教学部	
			应修学分		0					
		学术英语模块	ENTD0034	24 学术交流英语	2	3	3	否	公共英语教学部	
			ENTD0035	25 学术英语写作	2	3	3	否	公共英语教学部	
			ENTD0039	26 实用英语语言学	2	3	3	否	公共英语教学部	
			ENTD0042	27 英语修辞与思维方式	2	3	3	否	公共英语教学部	
			ENTD0050	28 学术英语视听说	2	3	3	否	公共英语教学部	
			ENTD0053	29 留学与学术交流实用技能	2	3	3	否	公共英语教学部	
			ENTD0055	30 雅思学术英语	2	3	3	否	公共英语教学部	
			应修学分		0					
		文化素养模块	ENTD0038	31 西方幻想文学	2	3	3	否	公共英语教学部	
			ENTD0044	32 超越文化——中西文化概览	2	3	3	否	公共英语教学部	
			ENTD0046	33 美国社会与文化	2	3	3	否	公共英语教学部	
			ENTD0048	34 西方经典影视与文化	2	3	3	否	公共英语教学部	
			ENTD0049	35 西方电影中的文化冲突与融合	2	3	3	否	公共英语教学部	
			应修学分		0					
			应修学分		2					
			学分小计		6					

续表

分类		课程代码	课程名称	学分	开课学期	建议修读学期	是否必修	开课院系	备注
通识必修课	人文基础与四史类	LITE0244	36 大学语文	2	3		是	文学院	人文基础与"四史"选修模块(多选一)
		ECON0340	37 经济学原理	2	5		否	经济学院	
		HIST0242	38 史学通论	2	5		否	历史学院	
		IPTD0022	39 四史专题	2	5		否	马克思主义基础理论教学部	
		LAWS0120	40 法学概论	2	5		否	法学院	
		PHIL0141	41 哲学导论	2	5		否	哲学院	
		学分小计		4					
	数理基础类	PHYS0146	42 大学物理Ⅰ(数理科学与大数据类)	2	2		是	物理科学学院	
		PHYS0147	43 大学物理Ⅱ(数理科学与大数据类)	2	2		是	物理科学学院	
		学分小计		4					
	信息技术基础类	COTD0021	44 人工智能与创新(C++)	3	1	1	是	公共计算机基础教学部	
		学分小计		3					
		学分小计		45					
通识选修课			公能素质和服务中国	0					
			艺术审美与文化思辨	2					
			科学精神与健康生活	0					
			社会发展与国家治理	0					
			工程素养与未来科技	0					
			世界文明与国际视野	0					
			应修学分	14					
国际学分				3					

续表

分类	课程代码	课程名称	学分	开课学期	建议修读学期	是否必修	开课院系	备注
大类基础课程	STAT0048	45 概率论	4	3	3	是	统计与数据科学学院	
	STAT0010	46 高等代数与解析几何 2-1	4.5	1		是	统计与数据科学学院	
	STAT0039	47 数学分析Ⅰ	5.5	1		是	统计与数据科学学院	
	STAT0011	48 高等代数与解析几何 2-2	5.5	2		是	统计与数据科学学院	
	STAT0040	49 数学分析Ⅱ	4.5	2		是	统计与数据科学学院	
	STAT0036	50 数学分析Ⅲ	5	3		是	统计与数据科学学院	
	STAT0037	51 统计学导论	1	3	3	是	统计与数据科学学院	
	STAT0031	52 统计与大数据分析软件	4	4		是	统计与数据科学学院	
	STAT0038	53 数据科学导论	1	4	4	是	统计与数据科学学院	
	STAT0050	54 数理统计	4	4	4	是	统计与数据科学学院	
	STAT0018	55 数据挖掘和机器学习	4	5	5	是	统计与数据科学学院	
		学分小计	43					
专业必修课	STAT0034	56 毕业论文	6	8		是	统计与数据科学学院	
	STAT0013	57 数据采集方法	3	5	5	是	统计与数据科学学院	
	STAT0016	58 回归分析	3	5	5	是	统计与数据科学学院	
	STAT0032	59 多元统计分析	4	5		是	统计与数据科学学院	
	STAT0035	60 创新研究与训练	1	5		是	统计与数据科学学院	
		学分小计	17					
专业选修课	STAT0004	61 商务智能	3	7		否	统计与数据科学学院	
	STAT0007	62 生物医学统计	3	7		否	统计与数据科学学院	
	STAT0015	63 非参数统计	3	7		否	统计与数据科学学院	
	STAT0025	64 深度学习	3.5	7		否	统计与数据科学学院	
	STAT0030	65 数据可视化	2.5	7		否	统计与数据科学学院	

续表

分类	课程代码	课程名称	学分	开课学期	建议修读学期	是否必修	开课院系	备注
专业选修课	STAT0041	66 随机分析	2	7		否	统计与数据科学学院	
	STAT0042	67 信息论基础	2	7	7	否	统计与数据科学学院	
	STAT0043	68 生存分析	3	7		否	统计与数据科学学院	
	STAT0051	69 自然语言处理	3.5	7	7	否	统计与数据科学学院	
	STAT0003	70 贝叶斯统计	2	8		否	统计与数据科学学院	
	STAT0054	71 极限理论	3	8	8	否	统计与数据科学学院	
	STAT0022	72 数据库	2.5	3		否	统计与数据科学学院	
	STAT0052	73 数据结构	3	3	3	否	统计与数据科学学院	
	MATH0087	74 实变函数	4	4		否	数学科学学院	
	STAT0008	75 随机过程	3	4	4	否	统计与数据科学学院	
	STAT0014	76 运筹与优化	3.5	4		否	统计与数据科学学院	
	MATH0051	77 泛函分析	3	5		否	数学科学学院	
	STAT0024	78 分布式存储与计算	3.5	5	5	否	统计与数据科学学院	
	STAT0045	79 算法基础	3.5	5		否	统计与数据科学学院	
	STAT0002	80 预测分析	3	6		否	统计与数据科学学院	
	STAT0005	81 数据科学实战	4	6	6	否	统计与数据科学学院	
	STAT0012	82 统计计算	2.5	6		否	统计与数据科学学院	
	STAT0017	83 试验设计	3	6		否	统计与数据科学学院	
	STAT0023	84 时间序列分析	3	6		否	统计与数据科学学院	
	STAT0044	85 生物信息学	2	6	6	否	统计与数据科学学院	
	STAT0053	86 属性数据分析	2	6	6	否	统计与数据科学学院	
	应修学分		27					
	全程总计		149					
备注								

南开大学
数据科学专业培养方案（2024级）

一、专业基本信息

专业名称：数据科学
学科门类：理学
学制：4年
授予学位：理学学士

二、培养目标

本专业秉承服务国家大数据发展战略，坚持"厚基础、重创新"的培养理念，培养学生具有社会责任感、家国情怀和南开"公能"特色，良好的科技和人文底蕴，德、智、体、美、劳全面发展的基本素质；具有扎实的统计学和数学基础，缜密的数据思维，系统的计算机和人工智能基础知识，以及领域数据理解和利用的能力；掌握数据科学和人工智能的核心统计方法、学习算法和计算机实现方法，以及一定的专门领域知识。为大数据和人工智能领域研究和应用输送具有扎实基础理论知识和应用能力的高质量人才。

三、毕业要求

要求本专业毕业生具有厚实的数学、统计学和计算机科学的基础知识，系统地掌握数据科学的专业知识，并对经济、管理、生物、医学等交叉学科的知识有一定的了解和认知，具有良好的数据分析和独立解决实际问题的能力。熟练掌握英语，能听、说、读、写、译。具体要求如下：

1. 基本素养：具有良好的人文底蕴、道德修养、科学素养、体育素养和心理素质。能主动参与或组织创新、创业、社会实践等团队，具有一定团队合作和组织协调能力，能够准确有效进行中英文口头和文字的沟通和表达。

2. 社会责任：具有家国情怀、文化自信、南开"公能"特色、社会责任感和使命感，自觉担当社会责任，践行主流价值观。

3. 专业素养：掌握数据科学专业的数学、统计、计算机等基础知识；深入理解相关的概念、方法；熟练应用相关的数据分析工具以及一定的专门领域知识。

4. 创新意识：了解国内外数据科学发展的动态和前景，具备较好的独立进行科学研究的潜质，培育创新意识、合作精神、国际视野和跨文化交流。

5. 应用能力：具有良好的采集数据、处理数据和分析数据的能力，能够通过本专业相关方法处理和解决实际问题。

四、专业核心课程

数学分析Ⅰ、数学分析Ⅱ、数学分析Ⅲ、高等代数与解析几何 2-1、高等代数与解析几何 2-2、概率论、数理统计、统计与大数据分析软件、数据挖掘和机器学习、分布式存储与计算、多元统计分析、C++程序设计基础、数据科学实战。

五、主要实践环节

1. 必修实践环节（30 学分）

C++程序设计基础(2 学分)、军事技能训练(2 学分)、公能实践(2 学分)、体育(4 学分)、公共英语(1 学分)、高等代数与解析几何 2-1(0.5 学分)、高等代数与解析几何 2-2(0.5 学分)、数学分析Ⅰ(0.5 学分)、数学分析Ⅱ(0.5 学分)、数学分析Ⅲ(0.5 学分)、统计与大数据分析软件(4 学分)、数据挖掘和机器学习(1 学分)、分布式存储与计算(0.5 学分)、数据科学实战(4 学分)、创新研究与训练(1 学分)、毕业论文(6 学分)。

2. 选修实践环节（8 学分）

时间序列分析(上机课 10 学时)、数据结构(1 学分)、深度学习(0.5 学分)、自然语言处理(0.5 学分)、数据可视化(0.5 学分)、运筹与优化(0.5 学分)、统计计算(0.5 学分)、算法基础(3.5 学分)、数据库(0.5 学分)、回归分析(上机课 10 学时)。

六、毕业要求与课程设置对应关系矩阵

课程名称	毕业要求				
	1. 基本素养	2. 社会责任	3. 专业素养	4. 创新意识	5. 应用能力
思想道德与法治	HS	HS			
马克思主义基本原理	HS	HS			

续表

课程名称	毕业要求				
	1. 基本素养	2. 社会责任	3. 专业素养	4. 创新意识	5. 应用能力
中国近现代史纲要	HS	HS			
毛泽东思想和中国特色社会主义理论体系概论	HS	HS			
习近平新时代中国特色社会主义思想概论	HS	HS			
公能实践	HS	HS			
形势与政策	HS	HS		S	
新生研讨课	HS	HS		S	
军事技能训练	HS	HS			
军事理论	HS	HS			
体育课程(4门)	HS	S			
大学生心理健康	HS	S			
外语能力类	HS		HS		S
人文基础与四史类	HS	HS			
数理基础类	HS	HS	HS		
信息技术基础类	HS	HS	HS		
概率论	S		HS	S	S
高等代数与解析几何 2-1	S		HS	S	S
数学分析 Ⅰ	S		HS	S	S
高等代数与解析几何 2-2	S		HS	S	S
数学分析 Ⅱ	S		HS	S	S
数学分析 Ⅲ	S		HS	S	S
统计学导论	S		HS	HS	S
数理统计	S		HS	HS	S
数据科学导论	S		HS	HS	S
统计与大数据分析软件	S		HS	HS	HS

续表

课程名称	毕业要求				
	1. 基本素养	2. 社会责任	3. 专业素养	4. 创新意识	5. 应用能力
数据挖掘和机器学习	S		HS	HS	HS
多元统计分析	S		HS	HS	HS
分布式存储与计算	S		HS	HS	HS
创新研究与训练	S		HS	HS	HS
数据结构	S		HS	HS	HS
数据科学实战	S		HS	HS	HS
商务智能	S		HS	HS	HS
生物医学统计	S		HS	HS	HS
试验设计	S		HS	HS	HS
时间序列分析	S		HS	HS	HS
深度学习	S		HS	HS	HS
自然语言处理	S		HS	HS	HS
数据可视化	S		HS	HS	HS
贝叶斯统计	S		HS	HS	HS
实变函数	S		HS	HS	HS
运筹与优化	S		HS	HS	HS
泛函分析	S		HS	HS	HS
数据采集方法	S		HS	HS	HS
回归分析	S		HS	HS	HS
多元统计分析	S		HS	HS	HS
属性数据分析	S		HS	HS	HS
预测分析	S		HS	HS	HS
随机过程	S		HS	HS	HS
统计计算	S		HS	HS	HS

续表

课程名称	毕业要求				
	1. 基本素养	2. 社会责任	3. 专业素养	4. 创新意识	5. 应用能力
非参数统计	S		HS	HS	HS
数据库	S		HS	HS	HS
极限理论	S		HS	HS	HS
随机分析	S		HS	HS	HS
生物信息学	S		HS	HS	HS
信息论基础	S		HS	HS	HS
算法基础	S		HS	HS	HS
毕业论文	S		HS	HS	S

说明：须表明课程对毕业要求的支撑关系，可用符号表示课程对某一毕业要求的具体支撑力度：S = 一般支撑；HS = 高度支撑。

七、教学计划

分类		课程代码	课程名称	学分	开课学期	建议修读学期	是否必修	开课院系	备注
通识必修课	理想与信念教育类	IPTD0024	1 思想道德与法治	2.5	1	1	是	马克思主义基础理论教学部	
		UPRC0001	2 新生研讨课	1	1	1	是	教务部	
		IPTD0012	3 公能实践	2	1,2,3,4,5,6	1,2,3,4,5,6	是	马克思主义基础理论教学部	
		IPTD0016	4 形势与政策	2	1,2,3,4,5,6,7,8	1,2,3,4,5,6,7,8	是	马克思主义基础理论教学部	
		IPTD0025	5 马克思主义基本原理	2.5	2	2	是	马克思主义基础理论教学部	

续表

分类			课程代码	课程名称	学分	开课学期	建议修读学期	是否必修	开课院系	备注
通识必修课	理想与信念教育类		IPTD0013	6 中国近现代史纲要	2.5	3	3	是	马克思主义基础理论教学部	
			IPTD0023	7 毛泽东思想和中国特色社会主义理论体系概论	2.5	4	4	是	马克思主义基础理论教学部	
			IPTD0026	8 习近平新时代中国特色社会主义思想概论	3	5	5	是	马克思主义基础理论教学部	
				学分小计	18					
	军事体育与健康类		MHEC0003	9 大学生心理健康	2	1		是	心理健康教育中心	
			MITD0003	10 军事理论	2	1	1	是	军事教研室	
			MITD0005	11 军事技能训练	2	1	1	是	军事教研室	
				体育	4					第1—4学期修读
				学分小计	10					
	外语能力类	基础英语Ⅰ	ENTD0072	12 英语口语与写作基础Ⅰ	2	1	1	否	公共英语教学部	
			ENTD0073	13 英语口语与写作进阶Ⅰ	2	1	1	否	公共英语教学部	
			ENTD0074	14 英语口语与写作高阶Ⅰ	2	1	1	否	公共英语教学部	
				应修学分	2					
		基础英语Ⅱ	ENTD0059	15 基础英语ⅡA	2	2	2	否	公共英语教学部	
			ENTD0060	16 基础英语ⅡB	2	2	2	否	公共英语教学部	
			ENTD0061	17 基础英语ⅡC	2	2	2	否	公共英语教学部	
				应修学分	2					
		公共英语选修 语言技能模块	ENTD0036	18 公众演讲	2	3	3	否	公共英语教学部	
			ENTD0037	19 英汉双向笔译实务	2	3	3	否	公共英语教学部	

续表

分类			课程代码	课程名称	学分	开课学期	建议修读学期	是否必修	开课院系	备注
通识必修课	外语能力类	公共英语选修 语言技能模块	ENTD0043	20 英汉语言意识与翻译	2	3	3	否	公共英语教学部	
			ENTD0052	21 思辨能力与英语表达	2	3	3	否	公共英语教学部	
			ENTD0054	22 商务英语-BECII	2	3	3	否	公共英语教学部	
			ENTD0062	23 高级英语	2	3	3	否	公共英语教学部	
				应修学分	0					
		学术英语模块	ENTD0034	24 学术交流英语	2	3	3	否	公共英语教学部	
			ENTD0035	25 学术英语写作	2	3	3	否	公共英语教学部	
			ENTD0039	26 实用英语语言学	2	3	3	否	公共英语教学部	
			ENTD0042	27 英语修辞与思维方式	2	3	3	否	公共英语教学部	
			ENTD0050	28 学术英语视听说	2	3	3	否	公共英语教学部	
			ENTD0053	29 留学与学术交流实用技能	2	3	3	否	公共英语教学部	
			ENTD0055	30 雅思学术英语	2	3	3	否	公共英语教学部	
				应修学分	0					
		文化素养模块	ENTD0038	31 西方幻想文学	2	3	3	否	公共英语教学部	
			ENTD0044	32 超越文化——中西文化概览	2	3	3	否	公共英语教学部	
			ENTD0046	33 美国社会与文化	2	3	3	否	公共英语教学部	
			ENTD0048	34 西方经典影视与文化	2	3	3	否	公共英语教学部	
			ENTD0049	35 西方电影中的文化冲突与融合	2	3	3	否	公共英语教学部	
				应修学分	0					
				应修学分	2					
				学分小计	6					
	人文基础与四史类		LITE0244	36 大学语文	2	3		是	文学院	

续表

分类		课程代码	课程名称	学分	开课学期	建议修读学期	是否必修	开课院系	备注
通识必修课	人文基础与四史类	ECON0340	37 经济学原理	2	5		否	经济学院	人文基础与"四史"选修模块(多选一)
		HIST0242	38 史学通论	2	5		否	历史学院	
		IPTD0022	39 四史专题	2	5		否	马克思主义基础理论教学部	
		LAWS0120	40 法学概论	2	5		否	法学院	
		PHIL0141	41 哲学导论	2	5		否	哲学院	
		学分小计		4					
	数理基础类	PHYS0146	42 大学物理Ⅰ(数理科学与大数据类)	2	2		是	物理科学学院	
		PHYS0147	43 大学物理Ⅱ(数理科学与大数据类)	2	2		是	物理科学学院	
		学分小计		4					
	信息技术基础类	COTD0021	44 人工智能与创新(C++)	3	1	1	是	公共计算机基础教学部	
		学分小计		3					
	学分小计			45					
通识选修课			公能素质和服务中国	0					
			艺术审美与文化思辨	2					
			科学精神与健康生活	0					
			社会发展与国家治理	0					
			工程素养与未来科技	0					
			世界文明与国际视野	0					
			应修学分	14					
国际学分				3					

续表

分类	课程代码	课程名称	学分	开课学期	建议修读学期	是否必修	开课院系	备注
大类基础课程	STAT0048	45 概率论	4	3	3	是	统计与数据科学学院	
	STAT0010	46 高等代数与解析几何 2-1	4.5	1		是	统计与数据科学学院	
	STAT0039	47 数学分析Ⅰ	5.5	1		是	统计与数据科学学院	
	STAT0011	48 高等代数与解析几何 2-2	5.5	2		是	统计与数据科学学院	
	STAT0040	49 数学分析Ⅱ	4.5	2		是	统计与数据科学学院	
	STAT0036	50 数学分析Ⅲ	5	3		是	统计与数据科学学院	
	STAT0037	51 统计学导论	1	3	3	是	统计与数据科学学院	
	STAT0031	52 统计与大数据分析软件	4	4		是	统计与数据科学学院	
	STAT0038	53 数据科学导论	1	4		是	统计与数据科学学院	
	STAT0050	54 数理统计	4	4		是	统计与数据科学学院	
	STAT0018	55 数据挖掘和机器学习	4	5	5	是	统计与数据科学学院	
		学分小计	43					
专业必修课	STAT0034	56 毕业论文	6	8		是	统计与数据科学学院	
	STAT0024	57 分布式存储与计算	3.5	5		是	统计与数据科学学院	
	STAT0032	58 多元统计分析	4	5	5	是	统计与数据科学学院	
	STAT0035	59 创新研究与训练	1	5		是	统计与数据科学学院	
	STAT0005	60 数据科学实战	4	6		是	统计与数据科学学院	
		学分小计	18.5					
专业选修课	STAT0004	61 商务智能	3	7		否	统计与数据科学学院	
	STAT0007	62 生物医学统计	3	7		否	统计与数据科学学院	
	STAT0015	63 非参数统计	3	7		否	统计与数据科学学院	
	STAT0025	64 深度学习	3.5	7		否	统计与数据科学学院	
	STAT0030	65 数据可视化	2.5	7		否	统计与数据科学学院	

续表

分类	课程代码	课程名称	学分	开课学期	建议修读学期	是否必修	开课院系	备注
专业选修课	STAT0041	66 随机分析	2	7		否	统计与数据科学学院	
	STAT0042	67 信息论基础	2	7		否	统计与数据科学学院	
	STAT0043	68 生存分析	3	7		否	统计与数据科学学院	
	STAT0051	69 自然语言处理	3.5	7	7	否	统计与数据科学学院	
	STAT0003	70 贝叶斯统计	2	8		否	统计与数据科学学院	
	STAT0054	71 极限理论	3	8	8	否	统计与数据科学学院	
	STAT0014	72 运筹与优化	3.5	3	3	否	统计与数据科学学院	
	STAT0022	73 数据库	2.5	3		否	统计与数据科学学院	
	STAT0052	74 数据结构	3	3	3	否	统计与数据科学学院	
	MATH0087	75 实变函数	4	4		否	数学科学学院	
	STAT0008	76 随机过程	3	4	4	否	统计与数据科学学院	
	MATH0051	77 泛函分析	3	5		否	数学科学学院	
	STAT0013	78 数据采集方法	3	5		否	统计与数据科学学院	
	STAT0016	79 回归分析	3	5		否	统计与数据科学学院	
	STAT0045	80 算法基础	3.5	5		否	统计与数据科学学院	
	STAT0002	81 预测分析	3	6		否	统计与数据科学学院	
	STAT0012	82 统计计算	2.5	6		否	统计与数据科学学院	
	STAT0017	83 试验设计	3	6		否	统计与数据科学学院	
	STAT0023	84 时间序列分析	3	6		否	统计与数据科学学院	
	STAT0044	85 生物信息学	2	6		否	统计与数据科学学院	
	STAT0053	86 属性数据分析	2	6	6	否	统计与数据科学学院	
		应修学分	25.5					
		全程总计	149					
	备注							

北京师范大学
统计学专业培养方案（2024级）

一、培养目标

培养具有扎实的统计理论与方法基础、良好的专业素养、开阔的国际视野、较强的融会贯通能力与实践动手能力和有理想信念，有道德情操，有扎实学识，有仁爱之心的复合型拔尖创新统计人才。培养的学生能够胜任数据开发与分析、市场调查与决策以及政府与企事业单位数据管理业务工作；其中一部分还应具备从事统计学术研究的素质和潜力，能够在科研、教育部门从事统计学的研究和教学工作。

二、培养要求

1. 具有扎实的数学、统计学和经济学理论基础，受到比较严格的科学思维训练。
2. 掌握数据分析的基础知识、基本理论和方法，具有收集、分析、处理数据的基本能力。
3. 了解统计学科发展趋势及其应用前景，具有宽厚的文化修养、良好的心理素质和科学的思维方式。
4. 了解与社会经济统计、保险金融统计、医药卫生统计、生态环境统计、教育心理统计或工业统计等有关的自然科学、社会科学、工程技术等领域的基本知识，具有应用统计学知识分析、解决该领域实际问题的初步能力。
5. 有较强的语言表达能力，掌握资料查询、文献检索和运用现代信息技术获取相关信息的基本方法，具有一定的教学和科学研究能力。
6. 熟练掌握一门外语，能阅读专业外文文献，具备参与国际学术交流的能力。

三、主干学科

071201 统计学

四、专业必修课

数学分析、代数学基础、统计学导论A、概率论、数理统计、多元统计分析、时间序列分析、随机过程、抽样调查、线性模型、统计计算、经济学原理、国民经济核算。

五、毕业要求

在学校规定的学习年限内，修满培养方案各个模块规定的课程，成绩合格，且总学分达到专业的毕业要求，准予毕业，学校颁发毕业证书；符合学士学位授予条件的，授予学士学位。

六、学制

四年。

七、授予学位及毕业总学分

授予学位：理学学士学位。
毕业总学分：160 学分。

八、课程结构及学分要求

课程模块	课程性质	课程类别	要求及学分
通识课程	通识必修课 39 学分	思想政治理论类	17 学分，包括思想政治理论课 6 门
		体育与健康类	4 学分，包括：女子形体(1)/男子健身健美(1)、3 门体育项目自选课(3)
		军事理论与军事技能	4 学分，包括：军事理论(2)、军事技能(2)
		大学外语类	8 学分，大学外语(8)
		教师素养类	6 学分，包括：教育学(2)、教育心理学(2)、现代教育技术(1)、中国教育改革与发展(1)
	通识选修课 15 学分	家国情怀与价值理想	1 学分，至少修读 1 门"四史"选择性必修课(1)
		社会发展与公民责任	3 学分，包含：大学心理Ⅰ和Ⅱ(2)、国家安全教育课程(1)
		数理基础与科学素养	7 学分，必修信息处理技术(0)、算法与程序设计(C)(3)，选修 4 学分
		艺术鉴赏与审美体验	2 学分，至少修读 1 门艺术鉴赏模块课程(2)
		经典研读与文化传承	2 学分，至少修读 1 门经典研读模块课程(2)
		小计	54

续表

课程模块	课程性质	课程类别	要求及学分	
专业课程	专业必修课 67学分	专业基础课	49学分	
		专业核心课	18学分	
	专业选修课Ⅰ 20学分	专业方向课	选修不少于20学分	
	实践环节 9学分	劳动教育	1	9
		学术训练与实践	2	
		专业实习与社会调查	2	
		毕业论文(设计)	4	
	小计		96	
拔尖创新人才	专业选修课Ⅱ 10学分	专业拓展课	选修10学分	
	小计		10	
总计			160	

九、各学期指导性修读学分分布表（各学期实际修读分数有浮动）

课程模块	各学期指导性修读学分数							
	大一上	大一下	大二上	大二下	大三上	大三下	大四上	大四下
通识课程	10.25	12.25	10.25	10.25	7.25	6.25	4.25	3.25
专业课程	14	12	13	13	15	14	4	4
拔尖创新人才					3	5	2	0
小计	24.25	24.25	23.25	23.25	25.25	25.25	10.25	7.25

十、教学计划表

1. 通识课程

课程类别	课程编号	课程名称	学分	开课学期和周学时								总学时		考核方式	
				第一学年		第二学年		第三学年		第四学年		理论	实践	考试	考查
				1	2	3	4	5	6	7	8				
通识必修课 / 思想政治理论类	GEN01101	思想道德与法治	3		2+2							32	32	√	
	GEN01102	中国近现代史纲要	3	2+2								32	32	√	
	GEN01103	马克思主义基本原理	3			2+2						32	32	√	
	GEN01112	毛泽东思想和中国特色社会主义理论体系概论	3				2+2					32	32	√	
	GEN01113	习近平新时代中国特色社会主义思想概论	3					3				48		√	
	GEN09001-GEN09008	形势与政策	2	0.25	0.25	0.25	0.25	0.25	0.25	0.25	0.25	40	88	√	√
体育与健康类	GEN01201/GEN01202	女子形体/男子健身健美	1	√	√	√	√	√					32		√
	GEN01203-GEN01250	三自选项课程	3		√	√	√	√	√				96	√	
军事理论与军事技能	GEN01108	军事理论	2		2							32	4	√	
	GEN01109	军事技能	2	2									112		√
大学外语类	GEN02122	通用英语进阶	2	2								32		√	

续表

课程类别		课程编号	课程名称	学分	开课学期和周学时								总学时		考核方式	
					第一学年		第二学年		第三学年		第四学年		理论	实践	考试	考查
					1	2	3	4	5	6	7	8				
通识必修课	大学外语类	GEN02123	博雅英语听说	2		2							32		√	
		GEN02124	思辨英语读写	2			2						32		√	
			人文通识课程群/学业用途英语课程群	2				√	√				32		√	
	教师素养类	GEN06120	教育学	2	√	√	√						32		√	
		GEN06121	教育心理学	2	√	√	√						32		√	
		GEN06122	现代教育技术	1	√	√	√	√					16		√	
		GEN06123	中国教育改革与发展	1	√	√	√	√					16		√	
通识选修课	家国情怀与价值理想	GEN01114	中国共产党历史	1					√		√		16		√	
		GEN01115	社会主义发展史	1					√				16		√	
		GEN01116	新中国史	1					√				16		√	
		GEN01117	改革开放史	1					√				16		√	
	艺术鉴赏与审美体验		该模块课程	2			√	√	√	√	√	√	32			√
	数理基础与科学素养	GEN04221	信息处理技术	0	2								32		√	
		GEN04238	算法与程序设计(C)	3		2+2							32	32	√	
			该模块课程	4			√	√	√	√	√		64			√

续表

课程类别		课程编号	课程名称	学分	开课学期和周学时								总学时		考核方式	
					第一学年		第二学年		第三学年		第四学年		理论	实践	考试	考查
					1	2	3	4	5	6	7	8				
通识选修课	社会发展与公民责任	GEN06124	大学心理Ⅰ	1	2								16		√	
		GEN06125	大学心理Ⅱ	1		2							16		√	
		GEN06706	国家安全导论	1	√	√	√	√	√	√	√	√	16		√	
	经典研读与文化传承		该模块课程	2			√	√	√	√			32			√
小计				54												

2. 专业课程

课程类别		课程编号	课程名称	学分	开课学期和周学时								总学时		考核方式	
					第一学年		第二学年		第三学年		第四学年		理论	实践	考试	考查
					1	2	3	4	5	6	7	8				
专业必修课	专业基础课	MAT11001	数学分析Ⅰ	6	6								96		√	
		MAT11002	数学分析Ⅱ	6		6							96		√	
		MAT12005	数学分析Ⅲ	4				4					64		√	
		MAT11003	代数学基础Ⅰ	6	6								64		√	
		MAT11004	代数学基础Ⅱ	4		4							64		√	
		STA01801	统计学导论A	4	3+2								48	32	√	
		STA02003	概率论	4				4					64		√	
		STA02801	数理统计	4				3+2					48	32	√	

续表

课程类别		课程编号	课程名称	学分	开课学期和周学时								总学时		考核方式	
					第一学年		第二学年		第三学年		第四学年		理论	实践	考试	考查
					1	2	3	4	5	6	7	8				
专业必修课	专业基础课	PHY01003	大学物理BⅠ	4		4							64		√	
		PHY02005	大学物理BⅡ	4			4						64		√	
		STA02002	经济学原理	3			3						48		√	
	专业核心课	STA12001	随机过程	2				2					32		√	
		STA12002	国民经济核算	2				2					32		√	
		STA12801	抽样调查	2				1.5+1					24	16	√	
		STA13801	线性模型	3					2.5+1				40	16	√	
		STA13802	统计计算	2						1.5+1			24	16	√	
		STA13803	时间序列分析	3						2.5+1			40	16	√	
		STA13804	多元统计分析	4					3+2				48	32	√	
专业选修课Ⅰ	专业方向课	STA22001	Python编程及数据分析基础	2			2						32		√	
		STA22002	微观经济数据统计分析	2				2					32		√	
		STA22004	计量经济学	3				3					48		√	
		STA22005	教育测量评价与统计	2			2						32			√
		STA23001	统计学习	3					3				48		√	
		STA23002	非参数统计	3						3			48			√
		STA23003	试验设计	3						3			48			√
		STA23004	贝叶斯统计	3						3			48			√
		STA23005	国民经济统计学	2						2			32		√	
		STA23006	投入产出分析	2						2			32		√	
		STA23012	宏观经济统计分析	3						3			48		√	

续表

课程类别	课程编号	课程名称	学分	开课学期和周学时								总学时		考核方式	
				第一学年		第二学年		第三学年		第四学年		理论	实践	考试	考查
				1	2	3	4	5	6	7	8				
实践环节	EDU30001	大学生劳动教育	0.5	√	√							8			√
	TLO30801	劳动教育实践活动	0.5	√	√								24		√
	STA33801	学术训练与实践	2	√	√	√	√	√	√	√	√		64		√
	STA31801	专业实习与社会调查	2						2				64		√
	STA32801	毕业论文(设计)	4							4			128		√
小计			96												

3. 拔尖创新人才模块

课程类别	课程编号	课程名称	学分	开课学期和周学时								总学时		考核方式	
				第一学年		第二学年		第三学年		第四学年		理论	实践	考试	考查
				1	2	3	4	5	6	7	8				
专业选修课Ⅱ	STA22006	结构方程模型	2						2			32			√
	STA23007	统计极限理论	2					2				32		√	
	STA23008	生存分析	3					3				48		√	
	STA23009	金融统计学	3						3			48		√	
专业拓展课	STA23010	商务与经济统计	3					3				48		√	
	STA23013	函数型数据分析	2						2	2		32			√
	STA24001	现代统计方法选讲	3							3		48			√
	STA24002	属性数据分析	2							2		32			√
	STA24003	保险精算	2							2		32		√	
小计			10												

十一、修读要求

1. 通识课程

(1) 大学英语共 8 个学分。所有非英语专业本科新生入学后须参加本科生新生分级考试，卷面成绩 90 分(含)以上的学生加试写作及口语考试，成绩合格后可免修大学英语的后续课程，成绩记 90 分。鼓励学生根据我校大学英语免修相关规定，通过参加社会化考试的方式自愿申请免修大学英语课程，成绩记 90 分。

建议每位本科生在大学一、二年级完成 8 个学分的大学英语课程。选修课课程群中带*号的课程为拔高课程，课程考试合格后获得本科阶段 2 学分。若学生继续在本校攻读硕士学位，可用该类课程成绩申请认定研究生阶段选修课的 2 学分(成绩四年内有效)。

部分学有余力的三年级及四年级学生，如有继续在本校攻读学术硕士学位的意愿，可以向所在院系提出申请，经外国语言文学学院审核，教务部批准后修读研究生阶段学术英语视听说或学术英语读写译课程，成绩合格后可认定免修研究生学位基础英语课程(1 学分)(成绩四年内有效)。

学生在毕业前或毕业后两年内，通过"北京师范大学学士学位外语考试"，或经认定达到"北京师范大学学士学位外语考试"水平，方可授予学士学位。

(2) 体育课为全校通识必修课程，须修满 4 学分，含必选项目 1 学分和兴趣选修项目 3 学分；每学期只能选 1 门体育课，1 学分。

(3) 本院(系)开设通识课不得计入毕业所需的通识课程分数。

(4) 本科毕业后志愿当中小学教师的学生，建议选修相关教师教育课程，并需自行参加国家统一考试取得教师资格证书。

(5) 学生在通识选修课中至少修读 1 门通识核心课程，通识核心课程名录请参见教务部编印的《本科课程修读指导手册》。

2. 专业课程

(1) 专业基础课程包括：大学数学类课程(数学分析、代数学基础)、大学物理类课程(大学物理)、统计类课程(统计学导论 A、概率论、数理统计)、经济类课程(经济学原理)。

(2) 专业核心课程 7 门，共计 18 学分；专业选修课 I 至少修读 20 学分；专业选修课 II 至少修读 10 学分。

(3) 实践环节需完成"劳动教育"1 学分、"学术训练与实践"2 学分、"专业实习与社会调查"2 学分、毕业论文 4 学分。其中"学术训练与实践"参照学院相关文件进行认定。

十二、课程修读学期分布图

第一学期	第二学期	第三学期	第四学期	第五学期	第六学期	第七学期	第八学期
中国近现代史纲要(3)	思想道德与法治(3)	马克思主义基本原理(3)		毛泽东思想和中国特色社会主义理论体系概论(3)	习近平新时代中国特色社会主义思想概论(3)		
形势与政策1(0.25)	形势与政策2(0.25)	形势与政策3(0.25)	形势与政策4(0.25)	形势与政策5(0.25)	形势与政策6(0.25)	形势与政策7(0.25)	形势与政策8(0.25)
军事技能(2)	军事理论(2)			"四史"选择性必修课(1)			
	女子形体/男子健身健美(1)+三自选项课程(1学分×3门课)						
通用英语进阶(2)	博雅英语听说(2)	思辨英语读写(2)	人文通识课程群/学业用途英语课程群(2)				
	教师素养类课程(6)						
信息处理技术(0)	算法与程序设计(C)(3)	经典研读与文化传承(2)、艺术鉴赏与审美体验(2)、社会发展与公民责任(3)、数理基础与科学素养(4)					
数学分析Ⅰ(6)	数学分析Ⅱ(6)	数学分析Ⅲ(4)					
代数学基础Ⅰ(6)	代数学基础Ⅱ(4)	大学物理BⅡ(4)					
统计学导论A(4)	大学物理BⅠ(4)	经济学原理(3)					
		概率论(4)	数理统计(4)				
	专业核心课(18)、专业选修课Ⅰ(≥20)						
	实践环节(9)						
	专业选修课Ⅱ(10)						

北京师范大学
应用统计学专业培养方案（2024级）

一、培养目标

培养具有敏锐的统计学思维、开阔的国际视野、扎实的统计学方法论基础、鲜明的教师教育特色，有理想信念，有道德情操，有扎实学识，有仁爱之心，有较强的实践创新应用能力的交叉型拔尖创新统计人才。培养的学生能够胜任教育机构、政府部门和企事业单位的统计教育教学、数据开发与分析、市场调查与决策以及相关数据管理等实务工作。

二、培养要求

1. 具有扎实的数学和统计学基础，受到比较严格的科学思维训练。

2. 掌握数据分析的基础知识、基本理论和基本方法，具有收集、分析、处理数据的基本能力。

3. 了解统计学科发展趋势及其应用前景，具有宽厚的文化修养、良好的心理素质和科学的思维方式。

4. 了解与教育学、心理学、数据科学等有关的自然科学、社会科学、工程技术等领域的基本知识，具有应用统计学知识分析、解决该领域实际问题的初步能力。

5. 有较强的语言表达能力，掌握资料查询、文献检索和运用现代信息技术获取相关信息的基本方法，具有一定的教学和科学研究能力。

6. 熟练掌握一门外语，能阅读专业外文文献，具备参与国际学术交流的能力。

三、主干学科

071202 应用统计学

四、专业必修课

数学分析Ⅰ、数学分析Ⅱ、数学分析Ⅲ、代数学基础Ⅰ、代数学基础Ⅱ、大学物理ＢⅠ、大学物理BⅡ、统计学导论A、概率论、数理统计、应用线性模型、应用多元统计分析、应用时间序列分析、统计计算、教育统计学、教育经济学。

五、毕业要求

在学校规定的学习年限内，修满培养方案各个模块规定的课程，成绩合格，且总学分达到专业的毕业要求，准予毕业，学校颁发毕业证书；符合学士学位授予条件的，授予学士学位。

六、学制

四年。

七、授予学位及毕业总学分

授予学位：理学学士学位。
毕业总学分：160学分。

八、课程结构及学分要求

课程模块	课程性质	课程类别	要求及学分
通识课程	通识必修课 39学分	思想政治理论类	17学分，包括思想政治理论课6门
		体育与健康类	4学分，包括：女子形体(1)/男子健身健美(1)、3门体育项目自选课(3)
		军事理论与军事技能	4学分，包括：军事理论(2)、军事技能(2)
		大学外语类	8学分，大学外语(8)
		教师素养类	6学分，包括：教育学(2)、教育心理学(2)、现代教育技术(1)、中国教育改革与发展(1)
	通识选修课 13学分	家国情怀与价值理想	1学分，至少修读1门"四史"选择性必修课(1)
		社会发展与公民责任	3学分，包含：大学心理Ⅰ(1)、大学心理Ⅱ(1)和国家安全导论(1)
		数理基础与科学素养	5学分：必修信息处理技术(0)、算法与程序设计(C)(3)，选修2学分

续表

课程模块	课程性质	课程类别	要求及学分	
通识课程	通识选修课 13学分	艺术鉴赏与审美体验	2学分,至少修读1门大学美育课程(2)	
		经典研读与文化传承	选修2学分	
	小计		**52**	
专业课程	专业必修课 64学分	专业基础课	46学分	
		专业核心课	18学分	
	专业选修课Ⅰ 20学分	专业方向课	选修不少于20学分	
	自由选修课 5学分	个性化发展课	5学分	
	实践环节 9学分	劳动教育	1	9
		学术训练与实践	2	
		专业实习与社会调查	2	
		毕业论文(设计)	4	
	小计		98	
拔尖创新人才	专业选修课Ⅱ 10学分	专业拓展课	选修10学分	
	小计		10	
	总计		160	

九、各学期指导性修读学分分布表（各学期实际修读分数有浮动）

课程模块	各学期指导性修读学分数							
	大一上	大一下	大二上	大二下	大三上	大三下	大四上	大四下
通识课程	7.25	10.25	9.25	10.25	7.25	3.25	4.25	0.25
专业课程	18	14	16	13	16	19	2	4
拔尖创新人才					3	3	4	
小计	25.25	24.25	25.25	23.25	26.25	25.25	10.25	4.25

十、教学计划表

1. 通识课程

课程类别	课程编号	课程名称	学分	开课学期和周学时								总学时		考核方式	
				第一学年		第二学年		第三学年		第四学年		理论	实践	考试	考查
				1	2	3	4	5	6	7	8				
通识必修课	思想政治理论类	GEN01101	思想道德与法治	3	2+2								32	32	√	
		GEN01102	中国近现代史纲要	3		2+2							32	32	√	
		GEN01103	马克思主义基本原理	3			2+2						32	32	√	
		GEN01112	毛泽东思想和中国特色社会主义理论体系概论	3				2+2					32	32	√	
		GEN01113	习近平新时代中国特色社会主义思想概论	3					3				48		√	
		GEN09001-GEN09008	形势与政策	2	0.25	0.25	0.25	0.25	0.25	0.25	0.25	0.25	40	88	√	√
	体育与健康类	GEN01201/GEN01202	女子形体/男子健身健美	1	√	√	√	√	√	√			16	16		√
		GEN01203-GEN01250	三自选项课程	3	√	√	√	√	√	√			48	48	√	
	军事理论与军事技能	GEN01108	军事理论	2		2							32	4	√	
		GEN01109	军事技能	2	2									112		√
	大学外语类	GEN02122	通用英语进阶	2	2								32		√	
		GEN02123	博雅英语听说	2		2							32		√	
		GEN02124	思辨英语读写	2			2						32		√	

续表

课程类别		课程编号	课程名称	学分	开课学期和周学时								总学时		考核方式	
					第一学年		第二学年		第三学年		第四学年		理论	实践	考试	考查
					1	2	3	4	5	6	7	8				
通识必修课	大学外语类		人文通识课程群/学业用途英语课程群	2			√	√					32		√	
	教师素养类	GEN06120	教育学	2	√	√	√	√					32		√	
		GEN06121	教育心理学	2	√	√	√	√					32		√	
		GEN06122	现代教育技术	1	√	√	√	√					16		√	
		GEN06123	中国教育改革与发展	1	√	√	√	√					16		√	
通识选修课	家国情怀与价值理想	GEN01114	中国共产党历史	1					√	√	√	√	16		√	
		GEN01115	社会主义发展史	1					√	√	√	√	16		√	
		GEN01116	新中国史	1					√	√	√	√	16		√	
		GEN01117	改革开放史	1					√	√	√	√	16		√	
	艺术鉴赏与审美体验		该模块课程	2					√	√	√	√	32			√
	数理基础与科学素养	GEN04221	信息处理技术	0		2							32		√	
		GEN04238	算法与程序设计(C)	3			2+2						32	32	√	
			该模块课程	2			√	√	√	√	√	√	32			√
	社会发展与公民责任	GEN06124	大学心理Ⅰ	1	2								16		√	
		GEN06125	大学心理Ⅱ	1		2							16		√	
		GEN06706	国家安全导论	1	√	√	√	√	√	√	√	√	16		√	
	经典研读与文化传承		该模块课程	2					√	√	√	√	32			√
小计				52												

2. 专业课程

课程类别	课程编号	课程名称	学分	开课学期和周学时								总学时		考核方式	
				第一学年		第二学年		第三学年		第四学年		理论	实践	考试	考查
				1	2	3	4	5	6	7	8				
专业必修课	MAT 11001	数学分析Ⅰ	6	6								96		√	
	MAT 11002	数学分析Ⅱ	6		6							96		√	
	MAT 12005	数学分析Ⅲ	6			6						96		√	
	MAT 11003	代数学基础Ⅰ	6	6								96		√	
专业基础课	MAT 11004	代数学基础Ⅱ	4		4							64		√	
	STA 01801	统计学导论A	4	3+2								48	32	√	
	PHY 01003	大学物理BⅠ	4		4							64		√	
	PHY 02005	大学物理BⅡ	4				4					64		√	
	STA 02001	概率论	4				4					64		√	
	STA 02002	教育统计学	2						2			32		√	
专业核心课	STA 12801	数理统计	4				3+2					48	32	√	
	STA 12001	教育经济学	2				2					32		√	
	STA 13801	应用线性模型	3					2.5+1				40	16	√	

续表

课程类别		课程编号	课程名称	学分	开课学期和周学时								总学时		考核方式	
					第一学年		第二学年		第三学年		第四学年		理论	实践	考试	考查
					1	2	3	4	5	6	7	8				
专业必修课	专业核心课	STA 13802	应用多元统计分析	4					3+2				48	32	√	
		STA 13803	应用时间序列分析	3						2+2			32	32	√	
		STA 13804	统计计算	2						1.5+1			24	16	√	
专业选修课Ⅰ	专业方向课	STA 21001	经济学原理	3		3							48		√	
		STA 22001	最优化方法	2				2					32		√	
		STA 22801	数据结构	2			1+2						16	32	√	
		STA 22002	抽样调查	2				2					32		√	
		STA 22802	Python程序设计	2				1+2					16	32	√	
		STA 22003	计量经济学	3				3					48		√	
		STA 22004	测度与概率	4					4				64		√	
		STA 23001	应用随机过程	2					2				32		√	
		STA 23002	非参数统计	2					2				32		√	

续表

课程类别	课程编号	课程名称	学分	开课学期和周学时								总学时		考核方式	
				第一学年		第二学年		第三学年		第四学年		理论	实践	考试	考查
				1	2	3	4	5	6	7	8				
专业选修课 I	专业方向课	STA 23003	统计学习	2					2				32		√	
		STA 23004	国民经济统计学	2						2			32		√	
		STA 23005	贝叶斯统计	3						3			48		√	
		STA 23006	试验设计	3						3			48		√	
自由选修课			任选课程	5												√
实践环节		EDU 30001	大学生劳动教育	0.5	√	√	√	√					8			√
		TLO 30801	劳动教育实践活动	0.5	√	√	√	√						24		√
		STA 33001	学术训练与实践	2		√	√	√	√	√				64		√
		STA 31001	专业实习与社会调查	2					√	√	√	√		64		√
		STA 32001	毕业论文(设计)	4							√	√		128		√
小计				98												

3. 拔尖创新人才模块

课程类别	课程编号	课程名称	学分	开课学期和周学时								总学时		考核方式	
				第一学年		第二学年		第三学年		第四学年		理论	实践	考试	考查
				1	2	3	4	5	6	7	8				
专业选修课II	专业拓展课	STA23007	生存分析	3					3				48		√	
		STA23008	商务与经济统计	3					3				48		√	
		STA23009	宏观经济统计分析	3						3			48		√	
		STA23010	深度学习	3						3			48		√	
		STA23011	心理测量	2						2			32		√	
		STA24001	金融时间序列分析	3							3		48		√	
		STA24002	广义线性模型	3							3		48		√	
		STA24003	统计极限理论	2							2		32		√	
小计			10												

十一、修读要求

1. 通识课程

(1) 大学英语共 8 个学分。所有非英语专业本科新生入学后须参加本科生新生分级考试，卷面成绩 90 分(含)以上的学生加试写作及口语考试，成绩合格后可免修大学英语的后续课程，成绩记 90 分。鼓励学生根据我校大学英语免修相关规定，通过参加社会化考试的方式自愿申请免修大学英语课程，成绩记 90 分。

建议每位本科生在大学一、二年级完成 8 个学分的大学英语课程。选修课课程群中带*号的课程为拔高课程，课程考试合格后获得本科阶段 2 学分。若学生继续在本校攻读硕士学位,可用该类课程成绩申请认定研究生阶段选修课的 2 学分(成绩四年内有效)。

部分学有余力的三年级及四年级学生，如有继续在本校攻读学术硕士学位的意愿，可以向所在院系提出申请，经外国语言文学学院审核，教务部批准后修读研究生阶段学术英语视听说或学术英语读写译课程,成绩合格后可认定免修研究生学位基础英语课程(1

学分)(成绩四年内有效)。

学生在毕业前或毕业后两年内,通过"北京师范大学学士学位外语考试",或经认定达到"北京师范大学学士学位外语考试"水平,方可授予学士学位。

(2) 大学计算机公共课程要求修读3学分,包括:算法与程序设计(C)。

(3) 体育课为全校通识必修课程,须修满4学分,含必选项目1学分和兴趣选修项目3学分;每学期只能选1门体育课,1学分。

(4) 本院(系)开设通识课不得计入毕业所需的通识课程分数。

(5) 本科毕业后志愿当中小学教师的学生,建议选修相关教师教育课程,并需自行参加国家统一考试取得教师资格证书。

(6) 学生在通识选修课中至少修读1门通识核心课程,通识核心课程名录请参见教务部编印的《本科课程修读指导手册》。

2. 专业课程

(1)专业基础课程包括:大学数学类课程(数学分析、代数学基础)、大学物理类课程(大学物理)、统计类课程(统计学导论A、概率论、教育统计学)。

(2)专业核心课程6门,共计18学分;专业选修课Ⅰ至少修读20学分;专业选修课Ⅱ至少修读10学分。

(3)实践环节需完成"劳动教育"1学分、"学术训练与实践"2学分、"专业实习与社会调查"2学分、毕业论文4学分。其中"学术训练与实践"参照学院相关文件行认定。

十二、课程修读学期分布图

第一学期	第二学期	第三学期	第四学期	第五学期	第六学期	第七学期	第八学期
思想道德与法治(3)	中国近现代史纲要(3)	马克思主义基本原理(3)	毛泽东思想和中国特色社会主义理论体系概论(3)	习近平新时代中国特色社会主义思想概论(3)			
形势与政策1(0.25)	形势与政策2(0.25)	形势与政策3(0.25)	形势与政策4(0.25)	形势与政策5(0.25)	形势与政策6(0.25)	形势与政策7(0.25)	形势与政策8(0.25)
军事技能(2)	军事理论(2)			"四史"选择性必修课(1)			

续表

第一学期	第二学期	第三学期	第四学期	第五学期	第六学期	第七学期	第八学期
女子形体/男子健美(1)+三自选项课程(1学分×3门课)							
通用英语进阶(2)	博雅英语听说(2)	思辨英语读写(2)	人文通识课程群/学业用途英语课程群(2)				
教师素养类课程(6)							
信息处理技术(0)	算法与程序设计(C)(3)	经典研读与文化传承(2)、艺术鉴赏与审美体验(2)、社会发展与公民责任(3)、数理基础与科学素养(2)、自由选修(5)					
数学分析Ⅰ(6)	数学分析Ⅱ(6)	数学分析Ⅲ(6)			教育统计学(2)		
代数学基础Ⅰ(6)	代数学基础Ⅱ(4)	大学物理BⅡ(4)					
统计学导论A(4)	大学物理BⅠ(4)	概率论(4)					
专业核心课(18)、专业选修课Ⅰ(≥20)							
实践环节(9)							
专业选修课Ⅱ(10)							

中国科学技术大学
统计学专业培养方案（2023 级）

一、培养目标

培养具有坚实的数理基础和计算能力，熟练掌握统计学中的基本理论与方法，既能熟练地使用统计软件进行数据分析，也能从事理论研究，具备统计思维，熟练掌握英语的高级专门人才。毕业后可继续攻读统计学及相关的交叉学科等领域的研究生，也可以到企业、科研教育部门等从事数据分析、科研、教学和管理等工作。

二、学制、授予学位及毕业要求

学制：标准学制 4 年，弹性学习年限 3～6 年。

授予学位：理学学士。

毕业要求：总学分修满 166 学分，并通过毕业论文答辩。

课程设置分类及学分比例如下：

分类	学分	比例/%
校定通修课程	73	44
专业基础课程	30	18
专业核心课程	30	18
专业选修课程	9	5
自由选修课程	16	10
毕业论文	8	5
合　　计	166	100

三、修读课程要求

1. 校定通修课程

学科分类	课程名称		学时	学分	开课学期	建议年级
国防教育 4	军事理论		40	2	秋	1
	军事技能		10/60	2	秋	1
劳动教育 1	劳动教育		0/32	1	秋	3
通识类 11	核心通识课程			7	春、夏、秋	1、2、3
	大学生心理学		40	2	春、秋	1
	艺术实践		0/32	1	秋	3
	"科学与社会"研讨课		20	1	秋→春	1
英语类 8	学生根据自己英语水平选班上课，具体情况说明见《修订方案》中通修课设置英语类部分。			8	春、秋	1、2
数学类（理工）16	数学分析（B1）		120	6	秋	1
	数学分析（B2）		120	6	春	1
	线性代数（B1）		80	4	春	1
物理类（通识）方案1和2任选一种 7	方案1	大学物理Ⅰ	60	3	秋	1
		大学物理Ⅱ	60	3	春	1
		大学物理—基础实验B	0/40	1	春	1
	方案2 理论课学分≥5.5，实验课1.5学分	力学B	50	2.5	春、秋	1
		热学B	30	1.5	春	1
		电磁学B	80	4	秋	2
		光学B	40	2	春	2
		原子物理B	40	2	春	2
		量子物理	60	3	秋	2
		大学物理—基础实验B	0/40	1	春	1
		大学物理—综合实验B	0/20	0.5	秋	2

续表

学科分类	课程名称	学时	学分	开课学期	建议年级
政治类 18	思想道德与法治	50	2.5	秋	1
	习近平新时代中国特色社会主义思想概论	54	3	秋	1
	中国近现代史纲要	50	2.5	春	1
	马克思主义基本原理	50	2.5	秋	2
	毛泽东思想和中国特色社会主义理论体系概论	50	2.5	春	2
	形势与政策(讲座)	40	2	秋	3
	思想政治理论课实践	0/80	2	秋	3
	四史一课选修	20	1	春、秋	1、2、3
体育类 4	基础体育	40	1	秋	1
	基础体育选项	40	1	春	1
	体育选项(1)	40	1	春、夏、秋	2
	体育选项(2)	40	1	春、夏、秋	2
计算机类 4	计算机程序设计 A/B	60/40 60/60	4	秋	1
	学分小计		73		

2. 专业基础课程

学科分类	课程名称	学时	学分	开课学期	建议年级
数学	线性代数(B2)	100	5	秋	2
	数学分析(B3)	80	4	秋	2
	微分方程引论	80	4	秋	2
	概率论	80	4	秋	2
	实分析	60	3	春	2
	复分析	60	3	春	2
	泛函分析	60	3	秋	3

续表

学科分类	课程名称	学时	学分	开课学期	建议年级
经济管理	数据思维	40	2	秋	1
	经济学基础	40	2	春	1
学分小计			30		

3. 专业核心课程

课程名称	学时	学分	开课学期	建议年级
数理统计	80	4	春	2
实用随机过程	80	4	春	2
实用统计软件	40/40	3	春	2
凸优化	80	3.5	春	3
回归分析	80	3.5	秋	3
时间序列分析 A	60/20	3.5	秋	3
多元统计分析	60/20	3.5	春	3
非参数统计	60	3	春	3
统计算法基础	40	2	秋	3
学分小计		30		

4. 专业选修课程：选 9 学分

课程名称	学时	学分	开课学期	建议年级
机器学习方法	60	3	秋	3
机器学习概论	60/40	4	秋	3
属性数据分析	40	2	春	3
金融建模	40/40	3	春	3
深度学习导论	40/40	3	春	3
★ 贝叶斯分析	60	3	秋	4
抽样调查与试验设计	60	3	秋	4
★ 线性统计模型	80	4	秋	4

续表

课程名称	学时	学分	开课学期	建议年级
★ 高等概率论	80	4	秋	4
统计研究实践	40	2	秋	4
学分小计		31		

★ 本研贯通课

5. 自由选修课程：16 学分

以上模块内超出要求学分的选修课程学分均可算入自由选修学分，也可选修其他本科课程或者本硕贯通课程以获得自由选修学分。建议选修管理沟通、商业写作与演讲等课程。

6. 毕业论文：8 学分

四、统计学专业课程关系结构图

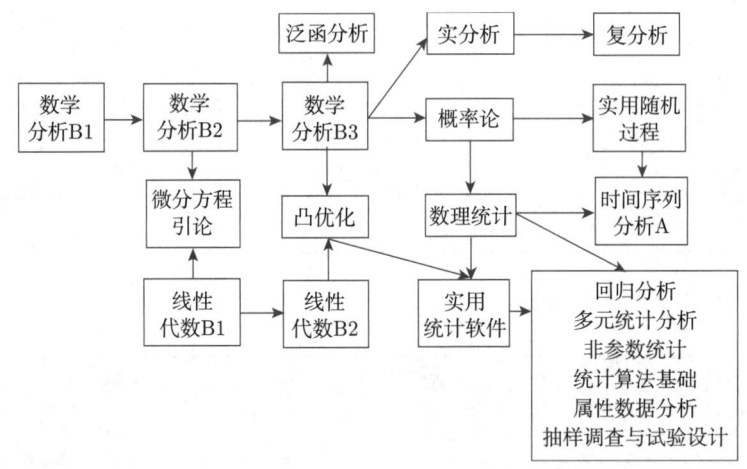

复旦大学
统计学(统计与数据科学)本科培养方案(2025 级)

一、培养目标

按照"宽口径、厚基础、重能力、求创新"的人才培养要求，以"2+X+Y"(2 是通识和专业教育，X 是多元发展路径，Y 为融合创新能力)，本专业致力于培养德智体美劳全面发展，具有良好的数学基础和管理学素养，系统掌握现代统计学和数据科学领域的理论和方法，并能熟练掌握算法编程技术以解决理论与实际问题的高端复合型人才。本专业学生能熟练地运用统计软件和编程语言分析大数据环境下的复杂数据，能在人工智能、互联网科技、金融、医疗、智能制造、政府与事业单位等相关领域从事诸如数据科学家、机器学习科学家、算法工程师、数据分析师、商业分析师等岗位的工作。学生需接受严格的数学基础训练；系统掌握现代统计学与数据科学(包括机器学习等人工智能技术)的核心理论和关键方法；熟练掌握大数据环境下的算法编程技能；熟练掌握一门外语，并通过海外交流项目等机会形成宽阔的国际视野；了解统计学和数据科学的最新动态和发展趋势；在实践中锻炼领导力和团队协作能力，为未来在统计学与数据科学中的实践与创新奠定坚实的基础。

二、修业要求

修业年限：4 年(类型：☑本科、□本硕、□本博)
学位授予说明：

授予学位	学位类型	专业名称	学段审核要求	
理学学士	/	统计学	□ 按照不少于总学分比例____%	
			☑ 按照不少于学分数 144	
			☑ 必修课组须通过	通识教育课程 40 学分
				专业培养课程 76 学分
				专业进阶模块 21 学分
				融合创新能力模块 7 学分
			□ 其他____	

三、学分要求

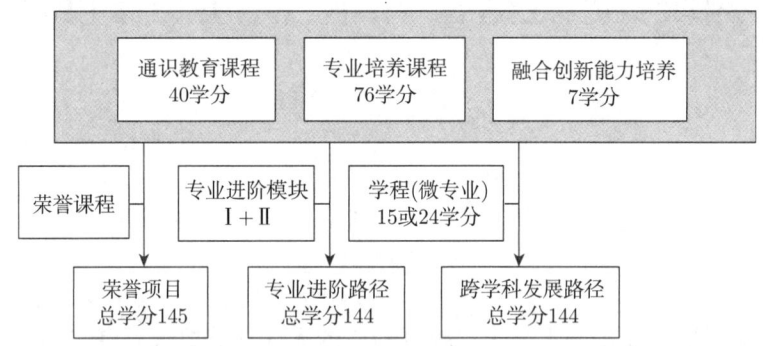

1. 专业进阶路径：144 学分

本路径学生需要完成144学分(含实践学分不低于36学分；含美育学分不少于2学分，其中至少在"美学和艺术史论类"或"艺术鉴赏和评论类"课程中修读 1 学分，并至少参与一项艺术实践活动；劳动教育不少于 32 学时，并满足劳动周教育要求)，包括通识教育课程40学分、专业培养课程76学分、专业进阶模块Ⅰ修读21学分、融合创新能力模块7学分。

2. 本科荣誉项目：145 学分

在专业进阶路径基础上，修读荣誉课程不少于 5 门课。荣誉项目课程设置和修读要求请见管理学院"本科荣誉项目"实施方案。下载地址见复旦大学教务处网站中专业培养—常用文档。鼓励学生选择荣誉项目。

3. 跨学科学发展路径：144 学分

学程课程详见教务处学程项目网页，下载地址见复旦大学教务处网站中专业培养—常用文档。完成学程修读要求的学生可获得相应的学程证书。

四、学位要求

4 年级结束时，如达到学士学位要求者授予理学学士学位。

1. 修满规定的学分，达到本科教学培养方案规定的各项要求。

2. 以符合学生毕业时所在专业教学培养方案规定的所有课程的有效成绩为准计算平均绩点，且此平均绩点大于或等于 2.0。

3. 在此基础上，达到管理学院"本科荣誉证书"获得条件的授予"本科荣誉证书"，具体要求请见管理学院"本科荣誉项目"实施方案。

五、课程设置与模块修读要求

1. 通识教育课程：模块"2"(40 学分)

通识教育课程包括通识教育核心课程和专项教育课程。Ⅰ类通识教育核心课程，要求修读 26 学分，含思想政治理论课 19 学分，七大模块课程 6 学分(美育学分不少于 2 学分)，大学生国家安全教育 1 学分。Ⅱ类专项教育课程，要求修读至少 14 学分。

2. 专业培养课程：模块"2"(76 学分)

(1) 大类基础课程(28 学分)

学生应在大类基础课程中修满 28 学分，设置如下：

课程名称	学分	周学时	修读要求	含实践学分	开课学期	备注
数学分析 AⅠ	5	5+1	必修	1.7	1	
数学分析 AⅡ	5	5+1	必修	1.7	2	
数学分析 AⅢ	3	3	必修		3	可用"PHYS120003 普通物理 B"替代
线性代数 Ⅰ	3	3+1	必修		1	
线性代数 Ⅱ	2	2	必修		2	
管理学导论	2	2	必修		1	部分为全英语授课课程
会计学	3	3+1	必修		2	
微观经济学	3	3	必修		2	
宏观经济学	2	2	必修		3	部分为全英语授课课程

(2) 专业核心教育课程(48 学分)

要求修读 48 学分(A 组学院平台课 29 学分，B 组 19 学分)，设置如下：

课程模块	课程名称	学分	周学时	修读要求	含实践学分	开课学期	备注
A 组	人工智能编程基础	2	4	必修		1	
	运筹学	4	5	必修	0.5	3	部分为全英语授课课程

续表

课程模块	课程名称	学分	周学时	修读要求	含实践学分	开课学期	备注
A组	财务管理	3	3	必修	0.5	3	全英语授课课程
	管理信息系统	2	2	必修		3	部分为全英语授课课程
	概率论	4	5	必修		3	
	组织行为学	2	2	必修	0.5	4	部分为全英语授课课程
	营销管理	2	2	必修		4	全英语授课课程
	数理统计	4	5	必修		4	
	统计软件	3	4	必修	1.1	4	
	数据结构与算法导论	3	3	必修		2	2选1
	计量经济学*	3	3	必修	0.8	5	
B组	回归分析	3	3	必修	0.4	5	全英语授课课程
	随机过程	3	3	必修	0.4	5	
	统计计算	3	3	必修	1.8	5	
	抽样调查	3	3	必修	1	6	
	时间序列分析	3	3	必修	0.4	6	
	多元分析	3	3	必修	0.6	6	
	职业规划与发展	1	3	必修	0.5	4	

3. 多元发展路径课程：模块"X"

包括专业进阶路径、荣誉项目、跨学科发展路径，要求在院系专业导师指导下选择1条发展路径，按路径要求修读课程。

(1)专业进阶路径(21学分)

要求在本专业专业进阶模块修读进阶Ⅰ15学分，进阶Ⅱ6学分。

专业进阶模块课程设置如下：

①专业进阶模块Ⅰ(15学分)

课程模块	课程名称	学分	周学时	修读要求	含实践学分	开课学期	备注
A 组	机器学习导论	3	3	必修		6	统计学专业全部必修
	非参数统计	3	3	必修	0.4	7	
	属性数据分析	3	3	必修	0.4	7	
	实变函数	3	4	选修		7	3选1
	泛函分析	3	4	选修		6	
	生成式人工智能技术基础	3	4	选修		6	
B 组	中级财务会计	3	3	选修	0.5	4	会计学专业必修课
	成本管理会计	3	4	选修	0.4	5	
	财务报告	3	3	选修		5	
	审计学	3	4	选修	0.8	6	
	高级财务会计	3	3	选修	0.5	6	
	消费者行为学	3	3	选修	0.5	5	市场营销专业必修课
	营销研究	3	4	选修	1.5	5	
	服务营销*	2	2	选修	0.8	5	
	数字化营销	3	3	选修	1	6	
	创新与创业	3	3	选修		5	工商管理(战略管理、国际商务、人力资源)专业必修课
	人力资源管理	2	2	选修	1	5	
	东方管理	2	2	选修	0.5	6	
	公司治理	3	3	选修	1	6	
	管理学研究方法	3	3	选修			
	供应链管理	3	3	选修	0.5	4	管理科学专业(人工智能、大数据、供应链管理)必修课
	机器学习与商务智能	3	3	选修		4	
	随机运筹学	3	3	选修	0.2	5	
	最优化方法及应用*	3	3	选修		5	
	金融工程	3	3	选修	0.5	6	

续表

课程模块	课程名称	学分	周学时	修读要求	含实践学分	开课学期	备注
B组	投资学	3	3	选修	0.7	5	财务管理(金融与财务)专业必修课
	金融市场与金融机构*	3	3	选修	0.2	5	
	衍生证券	3	3	选修	0.2	6	
	公司财务理论与实务	3	3	选修	0.5	6	
	数据库与企业数据管理	3	4	选修	1	4	信息管理与信息系统(商务智能、云计算、电子商务)专业必修课
	数据挖掘与商业智能	3	4	选修	1.6	5	
	人工智能系统开发和应用	3	3	选修		5	
	大数据商务分析与应用*	3	3	选修	1	6	

②专业进阶模块Ⅱ(6学分)

课程模块	课程名称	学分	周学时	修读要求	含实践学分	开课学期	备注
A组	计量经济学(H)	3	3	选修	0.8	5	数理高阶课(荣誉项目学生选修 H)
	高级微观经济学(H)	3	3	选修	0.6	5	
	现代企业理论(H)	2	2	选修	0.8	5	
	仿真与模拟	3	3	选修	1.2	5,6	
	高等概率论	3	3	选修	0.4	5	
	高等数理统计(一)	3	3	选修		5	
B组	商业与技术伦理学	2	2	选修	1	1	管理综合课程
	战略管理*	2	2	选修	0.7	5	
	组织沟通与社会环境*	3	3	选修	1.2	6	
	国际商务管理*	2	2	选修	0.4	5	
	职业责任与领导力*	3	3	选修	0.8	6	
	深度学习与运营优化	3	3	选修		5	

续表

课程模块	课程名称	学分	周学时	修读要求	含实践学分	开课学期	备注
B组	人工智能与仿真模拟	3	3	选修		7	管理综合课程
	动态规划与强化学习	3	3	选修		7	
	博弈论*	3	3	选修		6	
	运营管理	3	3	选修	1	6	
	物流管理	3	3	选修	1	6	
	信息技术创新应用	2	2	选修	0.6	6	
	人工智能商务应用	3	3	选修		6	
	人工智能经济学	3	3	选修		7	
	社会智能与心理计算	3	3	选修		7	
	云原生与现代软件开发	3	3	选修		6	
	智能程序设计与数据可视化	2	2	选修		6	
	数据科学编程进阶	3	3	选修		7	
	现代操作系统和网络应用	3	3	选修		7	
	产品创新管理	2	2	选修	1	5、6	
	品牌传播管理	3	3	选修	1	6	
	营销工程	3	3	选修	1.5	5	
	营销科技与决策系统	3	3	选修	1	5/6	
	营销创意思维	3	3	选修	1	6	
	人工智能(AI)营销	3	3	选修	1	6	
	税法	3	3	选修	0.5	5	
	法律、商业与社会	2	2	选修	0.8	7	
	社会研究方法 B*	3	3	必修		6	
	产业经济学	3	3	选修	0.6	5	
	规制经济学	3	3	选修	0.5	5	
	产业组织与企业战略	3	3	选修	0.5	6	

续表

课程模块	课程名称	学分	周学时	修读要求	含实践学分	开课学期	备注
B组	财务报表分析	3	3	选修	0.5	6	
	会计专题研究	3	3	选修	0.6	6	
	财务报表与资本市场	3	3	选修	0.4	6	
	价值投资实务	2	2	选修	1	5	
	国际财务管理	3	3	选修	0.5	6	
	中国金融市场	3	3	选修	0.7	5	
	基金管理*	3	3	选修	0.7	5	
	经济与金融中的统计方法	3	3	选修	0.5	6	
	行为金融学	3	3	选修	1	6	
	国际金融	3	3	选修	0.6	5	
	宏观政策与金融投资	3	3	选修		5	
	资本资产定价	3	3	选修	0.3	6	
	房地产金融*	3	3	选修		5	
	会计与人工智能	3	3	选修		6	
	数字平台经济学*	3	3	选修	0.5	6	
	AI会计理论与方法	2	2	选修	0.5	6	

注：*为全英语授课课程或部分全英语授课课程。

(2) 荣誉项目

荣誉项目课程设置和修读要求请见管理学院本科"荣誉项目"实施方案。下载地址见复旦大学教务处网站中专业培养—常用文档。

(3) 跨学科发展路径(24学分)

修满24学分，且满足该学程修读要求。要求修读2个外院开设的专业学程，或修读2个跨学科学程，或修读1个外院开设的专业学程和1个跨学科学程，或修读1个专业进阶I组课程15学分和1个外院的专业学程或1个跨学科学程，学分不足部分可在全校所有本科生课程中任意选修。毕业时将获得统计学专业毕业证书及学士学位证书。学程课程详见教务处学程项目网页，下载地址见复旦大学教务处网站中专业培养—常用文档。完成学程修读要求的学生可获得相应的学程证书。

4. 融合创新能力："Y"模块(7学分)

(1) 多渠道支持并资助学生参加国外世界一流水平高校进行一学期的学习与交换。

(2) 全员参加"朝阳行动"，教授带队，学以致用，培养高度的社会责任感。

(3) 体验科研训练，在解决复杂问题的过程中，激发批判性思维和科研潜力。鼓励完成1项复旦计划(FDUROP)项目，激发创新志趣。

培养环节	学分	周学时	修读要求	含实践学分	含劳动教育总学时	开课学期	备注
毕业实习	1		必修	1		8	
毕业论文	4		必修	4		8	可用复旦计划成果为论文主要内容
社会调查	2		必修	2	36	5	
复旦计划(FDUROP)	0	/	选修	第3—6学期，需要承担1项复旦计划(FDUROP)项目，详见复旦大学本科生学术研究资助计划管理办法			
国际交流	0	/	选修	大三上赴海外交换一学期			

江西财经大学
应用统计学专业培养方案（2024级）

一、培养目标

本专业培养德智体美劳全面发展，适应数字经济和人工智能时代的发展需要，具备扎实的统计学、数学、经济学的理论基础，精通 C 语言、R 语言、Python 等主流统计分析软件，擅长计算机编程和大数据分析，善于应用统计方法和统计机器学习技术分析解决经济社会领域中的现实问题，能够在高校或研究机构、科技企业、金融机构、政府部门等从事统计理论与方法研究、大数据分析与信息挖掘、算法设计与大数据统计等工作的具有"信敏廉毅"素质的创新型统计人才。

目标 1. 爱党爱国：有良好的思想品德和道德修养，能够主动践行社会主义核心价值观，具有强烈的社会责任感和"经世济民"的情怀与担当；身心健康。

目标 2. 专业胜任：针对数字经济时代出现的复杂现实问题，综合运用数学、经济学、统计学和机器学习等知识，建立数学或统计模型，通过编程算法实现建模结果，提出合理的解决方案。

目标 3. 科研素养：能够在更高层次的相关研究机构进一步提升专业素养，与国内外同行、与非专业的公众就专业问题进行有效的沟通，进行跨学科的复合型研究。

目标 4. 社会服务：履行并承担统计工作者应尽的社会义务及责任，主动提高并展示自身的社会服务职责、社会公德、职业道德、人文科学和数字素养。

目标 5. 团队合作：主动提高团队合作和自主学习意识，积极学习统计学相关前沿领域的方法与技术，适应跨学科背景下的数据分析工作任务，追求新的职业机会，能够在不同岗位上做出贡献，获得自身的可持续高质量发展。

二、学分要求

本专业学生须按培养方案要求修读各类课程，总学分最低修满157.5学分，达到毕业要求方可毕业。各课程模块学分要求详见"2024年应用统计学专业教学计划表"。

三、学制与授予学位

应用统计学专业标准学制4年,我校实行弹性学习年限,3~6年修满学分可以毕业。学生修满规定学分,达到毕业要求后,发给毕业证书,符合学士学位授予条件的毕业生,授予理学学士学位。同时,学生修满规定的荣誉课程学分,颁发江西财经大学荣誉课程证书。

四、毕业要求

1. 素质要求

思想品德:拥护党的领导,热爱祖国,德智体美劳全面发展,具有良好的思想品质、道德修养和坚定的理想信念;具有较高的科学素养、人文底蕴、文化品位和进取精神;具有良好的职业素养;具有强烈的家国情怀、社会责任感和社会公益意识,能够主动践行社会主义核心价值观;具有文化自信,能够传承创新和发扬中华优秀传统文化。

身心素质:具备良好的身体素质,具有积极锻炼身体的意识和韧性,熟练一项体育运动并能长期坚持;具有健康的心理素质和保健意识,具有正确的人生观、价值观和世界观。

价值判断:具备敏锐的价值判断力,在大数据、人工智能时代能够洞悉世界发展趋势,洞悉中国国情现状,洞悉中国发展潜力;培养出良好的专业判断能力,洞悉领域的发展趋势。具有职业认同和职业伦理,能够在数据分析处理实践中理解并遵守统计工作者的职业道德和规范,履行责任。

团队合作:能够在多学科背景下的团队中承担个体、团队成员以及负责人的角色;能够就社会经济领域复杂大数据分析处理问题与业界同行及社会公众进行有效沟通和交流,包括撰写报告和设计文稿、陈述发言、清晰表达或回应指令;能够与其他学科的成员有效沟通,合作共事,能够组织、协调和指挥团队开展工作;具备一定的国际视野,能够在跨文化背景下进行沟通和交流。

2. 知识要求

专业知识:掌握系统的基础知识和专业知识,掌握现代的研究方法,了解统计学相关领域的最新动态和发展趋势;具有扎实的数学、计算机编程、经济学基础,掌握系统的统计学基本理论和方法;掌握统计学及相关领域中理论研究和实证研究的基本方法;了解统计学、数据科学和人工智能等领域的最新研究动态和发展趋势。

工具知识:能利用信息技术和大数据分析技术解决现实问题;能够使用C、R、Python等编程语言收集、整理和分析数据,具备数据库管理、编写复杂程序的能力;能够熟练地使用编程语言实现常用的统计和机器学习算法,获得建模结果。

领域知识:能够对统计学及交叉学科领域问题进行综合分析和研究,构建和表达科学的解决方案;能够对复杂数据进行清洗和可视化,发现其内在规律,对复杂经济和社会现象进行分解、抽象、建模和预测；能够对交叉学科和跨学科领域中的问题进行综合分析，构建科学的解决方案；能够根据现实问题背景对经典统计方法进行改进，明确各类方法在应用中的局限，提出新的数据分析方法和技术。

通识知识：具备宽广的文学、历史、哲学、艺术、管理、法律等方面的知识，了解人类文明发展和世界优秀思想文化，掌握科学常识和现代科技发展趋势。对经济学和相关自然与社会科学的广泛领域有深刻的理解和把握，了解新技术革命趋势。

3. 能力要求

信息能力：熟练掌握数据挖掘与分析技术，具备较强的大数据整理与分析能力。能熟练使用数据挖掘、分析与处理的专业软件对经济数据进行分析和判断，将数据分析技术综合应用于经济相关领域的分析、辅助决策；能够针对社会经济领域复杂大数据问题，选择与使用恰当的技术、资源、现代信息技术工具，并能够理解其局限性。

英语能力：熟练掌握英语的听、说、读、写、译等能力，能够熟练阅读经济学、统计学类英文文献和学习专业英文知识，具有一定的国际交流能力。

科研能力：能够使用现代实验设备进行观测、测试和分析，具有在实践中发现、认识和解决问题的能力；能够根据现实需要进行试验设计，利用现代实验设备有目的收集所需数据；能够应用所学的数学、经济学和统计学知识发现和认识经济社会中的实际问题；能够针对现实问题选择适当的统计分析方法和模型，运用编程算法分析数据，并提出可行的解决方案；具备解决社会经济领域复杂大数据问题的基本能力，并能通过撰写规范的统计学类学术报告、论文等形式完整阐述研究过程及发现，为进一步深造及研究奠定扎实的科研基础。

自主学习：通过不断学习适应社会和个人可持续发展；具有独立获取知识、自主学习和自我管理能力；树立终身学习的理念，适应不断发展变化的时代需求，主动更新自己的知识和技能，提升自己的社会竞争力，实现个人的可持续发展；在基本活动中能够表现出观察力、记忆力、抽象概括力、注意力、理解力等能力。

毕业要求与培养目标支撑矩阵表

毕业要求		培养目标				
		培养目标1	培养目标2	培养目标3	培养目标4	培养目标5
素质要求	思想品德	H	M	M	L	M
	身心素质	H	H	M	H	M
	价值判断	H	H	H	H	M
	团队合作	H	L	L	M	H
知识要求	专业知识	H	H	H	H	M
	工具知识	H	H	H	H	M

续表

毕业要求		培养目标				
		培养目标1	培养目标2	培养目标3	培养目标4	培养目标5
知识要求	领域知识	H	H	H	H	M
	通识知识	H	M	M	H	H
能力要求	信息能力	M	M	H	M	M
	英语能力	H	L	H	H	H
	科研能力	M	M	M	M	L
	自我学习	H	H	M	H	M

注：毕业要求与培养目标的支撑关系分别用H(高)、M(中)、L(弱)表示。H表示至少覆盖80%，M表示至少覆盖50%，L表示至少覆盖30%。

五、培养特色

1. 本专业注重培养学生扎实的数理基础。对于数学和统计类基础课程的教学，在教材选用、课堂讲授、习题课、期末考核等各个教学环节均要求保持一定的难度和深度。从学生进校开始严格要求，进行逻辑思维、统计方法和计算机编程的严格训练，为学生继续求学深造、将来从事学科前沿研究打下坚实理论基础。

2. 本专业注重学科间的交叉融合。强调应用数学、统计学、计算机科学的基本原理和方法，以及数据收集、数据整理和数据分析技术，解决社会经济中的现实问题。同时，引进机器学习领域的前沿方法及其统计编程算法，培养学生融合统计学和机器学习方法对大数据背景下数字经济、能源、社会科学等领域复杂问题进行有效建模的能力。

3. 本专业实行本科生导师制和项目式培养。为每位学生配备学术导师和生活导师，在学习、生活、生涯规划等各个方面提供帮助和专业指导，帮助学生找准自己的定位和努力方向；采用项目组的方式，引导学生参与教师的科研项目和横向课题，增强学术的自主学习能力，培养学生的研究兴趣和创新创业能力。

六、主干学科

主干学科为统计学、数学和数据科学。

七、核心课程

主要包括：数学分析、高等代数、概率论基础、数理统计、随机过程、多元统计分析、最优化方法、非参数统计、回归分析、时间序列分析、R语言，统计计算、统计机器学习、高维数据分析、强化学习、联邦学习、文本数据分析、神经网络与深度学习等。

八、毕业要求实现矩阵

根据课程对各项毕业要求的支撑强度分别用H(高)、M(中)、L(弱)表示。支撑强度的含义是指该课程覆盖毕业要求指标点的多寡，其中H表示至少覆盖80%，M表示至少覆盖50%，L表示至少覆盖30%。表中教学环节是指课程、实践环节、训练等。

课程体系与毕业要求的关联度矩阵

教学课程/环节	学分	课程性质	毕业要求：素质要求				毕业要求：知识要求				毕业要求：能力要求			
			思想品德	身心素质	价值判断	团队合作	专业知识	工具知识	领域知识	通识知识	信息能力	英语能力	科研能力	自主学习
中国近现代史纲要	3	必修	H	M	H	M	M	M	M	M	M	L	L	M
形势与政策Ⅰ	0.5	必修	H	M	H	M	M	M	M	M	M	L	M	M
习近平新时代中国特色社会主义思想概论	3	必修	H	M	H	M	M	M	M	M	M	L	L	M
形势与政策Ⅱ	0.5	必修	H	M	H	M	M	M	M	M	M	L	M	M
毛泽东思想和中国特色社会主义理论体系概论	3	必修	H	M	H	M	M	M	M	M	M	L	L	M
思想道德与法治	3	必修	H	M	H	M	M	M	M	M	M	L	L	M
形势与政策Ⅲ	0.5	必修	H	M	H	M	M	M	M	M	M	L	L	M
马克思主义基本原理	3	必修	H	M	H	M	M	M	M	M	M	L	L	M
形势与政策Ⅳ	0.5	必修	H	M	H	M	M	M	M	M	M	L	L	M
数据处理技术基础	2	必修	H	L	L	M	H	H	H	M	H	L	M	H
数据技术应用导论	3	必修	H	M	H	M	H	H	H	M	H	L	L	M
大学英语Ⅰ	2	必修	M	M	L	M	L	L	L	H	L	H	L	M
大学英语Ⅱ	2	必修	M	M	L	M	L	L	L	H	L	H	L	M
英语视听说	2	必修	M	M	L	M	H	H	H	H	L	H	L	M

续表

教学课程/环节	学分	课程性质	毕业要求：素质要求				毕业要求：知识要求				毕业要求：能力要求			
			思想品德	身心素质	价值判断	团队合作	专业知识	工具知识	领域知识	通识知识	信息能力	英语能力	科研能力	自主学习
跨文化商务沟通	2	选修	M	M	M	M	M	L	H	M	H	L	M
六级英语专题	2	选修	M	M	M	L	M	M	H	L	H	L	M
商务英语口译	2	选修	M	M	M	L	M	M	H	L	H	M	M
新闻英语视听	2	选修	M	M	M	L	M	M	H	L	H	L	M
雅思英语专题	2	选修	M	M	M	L	M	M	H	L	H	L	M
英汉翻译基础与实践	2	选修	M	M	M	L	M	M	H	L	H	L	M
英美文学鉴赏	2	选修	M	M	M	L	M	M	H	L	H	L	M
英语演讲	2	选修	M	M	M	L	M	M	H	L	H	L	M
考研英语专题	2	选修	M	M	M	L	M	M	H	L	H	L	M
剑桥商务英语(中级)	2	选修	M	M	M	L	M	M	H	L	H	L	M
财经英语阅读	2	选修	M	M	M	L	M	M	H	L	H	L	M
体育1	1	必修	M	H	L	M	M	L	M	L	L	L	L	L
体育2	1	必修	M	H	L	M	M	L	M	L	L	L	L	L
体育3	1	必修	M	H	L	M	M	L	M	L	L	L	L	L
体育4	1	必修	M	H	L	M	M	L	M	L	L	L	L	L
美育模块	2	选修	H	H	M	L	M	M	H	L	L	L	M
军事理论	2	必修	H	H	M	L	M	L	M	H	L	L	L	M
大学生心理健康教育	2	必修	H	H	H	L	M	L	M	H	L	L	L	M
写作与沟通Ⅰ	1.5	必修	M	M	H	M	M	M	M	M	M	M	M	M
写作与沟通Ⅱ(学术写作)	0.5	必修	M	M	H	M	M	M	M	M	M	M	M	M
哲学、思维与语言模块	2	选修	H	M	M	L	M	L	H	M	L	L	M
历史、政治与社会模块	2	选修	H	M	M	L	M	L	H	M	L	L	M
科学、技术与方法模块	2	选修	H	M	M	L	M	L	H	M	L	L	M

续表

教学课程/环节	学分	课程性质	毕业要求：素质要求				毕业要求：知识要求				毕业要求：能力要求			
			思想品德	身心素质	价值判断	团队合作	专业知识	工具知识	领域知识	通识知识	信息能力	英语能力	科研能力	自主学习
创业概论	1	必修	H	M	H	H	M	M	H	M	M	L	L	M
数学分析Ⅰ(应统)	6	必修	M	M	L	L	H	L	M	M	M	L	M	H
高等代数Ⅰ(应统)	3	必修	M	M	L	L	H	L	M	M	M	L	M	H
微观经济学	3	必修	M	M	L	M	H	L	M	M	L	M	L	H
C语言设计(统计)	3	必修	M	M	M	M	H	M	M	M	H	L	M	H
数学分析Ⅱ(应统)	6	必修	M	M	L	L	H	L	M	M	M	L	M	H
高等代数Ⅱ(应统)	3	必修	M	M	L	L	H	L	M	M	M	L	M	H
宏观经济学	3	必修	M	M	L	M	H	L	M	M	L	M	L	H
新生研讨课	1	必修	H	M	H	M	H	L	M	M	L	L	L	M
概率论基础	4	必修	M	M	L	L	H	L	M	M	M	L	H	H
国民经济核算	3	必修	M	M	L	L	H	L	H	M	M	L	M	M
数理统计	3	必修	M	M	L	L	H	L	M	M	M	L	H	H
时间序列分析	3	必修	M	M	L	L	H	L	M	M	M	L	H	H
抽样技术	3	必修	M	M	L	L	H	L	M	M	M	L	H	H
金融统计	3	选修	M	M	L	H	H	M	H	M	M	M	M	M
统计学Ⅱ	3	选修	M	M	L	L	H	L	M	M	M	M	M	H
学科专业导论(含大学生涯规划)	0.5	必修	M	M	H	M	H	L	M	M	M	L	M	M
Python数据分析基础	3	必修	M	M	M	L	H	M	M	M	H	L	H	H
R语言	3	必修	M	M	M	L	H	M	M	M	H	L	H	H
回归分析	2	必修	M	M	L	L	H	L	M	M	M	L	H	H
多元统计分析	3	必修	M	M	L	L	M	L	M	M	M	L	M	H
"华创杯"市场调查大赛辅导	1	选修	M	M	L	H	M	H	H	M	M	M	H	H
社情民意调查	0.5	必修	M	M	L	H	H	M	M	M	M	M	M	M

续表

教学课程/环节	学分	课程性质	毕业要求：素质要求				毕业要求：知识要求				毕业要求：能力要求			
			思想品德	身心素质	价值判断	团队合作	专业知识	工具知识	领域知识	通识知识	信息能力	英语能力	科研能力	自主学习
学科前沿讲座(含毕业论文写作讲座)	0.5	必修	M	M	H	L	H	M	M	M	M	L	H	H
统计计算	3	必修	M	M	M	M	H	M	M	M	H	M	H	M
统计机器学习	3	必修	M	M	M	L	H	M	M	M	H	M	H	M
联邦学习	3	选修	M	M	L	L	M	H	M	M	H	M	L	H
概率图模型	3	选修	M	M	L	L	H	H	M	L	H	M	M	H
常微分方程	3	选修	M	M	L	L	H	L	M	L	M	L	M	H
实变函数	4	选修	M	M	L	L	H	L	M	L	M	L	M	H
泛函分析	4	选修	M	M	L	L	H	L	M	L	M	L	M	H
数据可视化技术	3	选修	M	M	L	M	H	H	M	L	H	M	M	H
大数据技术原理与运用	3	选修	M	M	M	L	H	H	M	L	H	L	H	H
计量经济学基础与EViews软件操作	3	选修	M	M	M	M	H	H	L	L	H	L	M	M
SAS软件	2	选修	M	M	M	L	H	H	M	L	H	M	M	H
随机过程	3	选修	M	M	M	L	H	H	M	L	M	L	M	H
最优化方法	3	选修	M	M	M	L	H	H	M	L	M	L	M	H
贝叶斯统计学	2	选修	M	M	L	L	H	H	M	L	M	M	H	H
社会网络分析方法与应用	3	选修	M	M	H	L	H	M	M	M	H	L	M	H
因果推断原理与应用	2	选修	M	M	M	L	H	M	M	L	H	L	M	H
数据结构	3	选修	M	M	M	L	H	H	M	L	H	L	H	H
非参数统计	2	选修	M	M	L	L	H	H	M	L	M	L	H	H
高维数据分析	3	选修	M	M	M	M	H	H	M	M	H	M	H	M
神经网络与深度学习	3	选修	M	M	M	L	H	H	M	L	H	M	M	H
文本数据挖掘	3	选修	M	M	M	L	H	H	M	L	H	M	M	H

续表

教学课程/环节	学分	课程性质	毕业要求：素质要求				毕业要求：知识要求			毕业要求：能力要求			
			思想品德	身心素质	价值判断	团队合作	专业知识	工具知识	领域知识	通识知识	信息能力	英语能力	科研能力	自主学习
强化学习	3	选修	M	M	M	M	H	H	M	M	H	H	H	M
数学分析Ⅲ	3	选修	M	M	L	L	H	H	M	M	M	L	M	H
军事训练	2	必修	H	H	H	H	M	L	L	H	L	L	L	L
职业生涯规划	0.5	必修	M	H	H	M	L	M	M	H	L	L	L	H
就业指导	0.5	必修	M	H	H	M	L	M	M	H	L	L	L	H
创新创业实践活动	4	必修	M	M	M	M	H	H	H	M	H	L	H	H
本科生科研训练	2	必修	M	M	M	M	H	H	H	M	M	L	L	H
毕业论文	6	必修	M	M	L	H	H	H	H	M	H	L	H	H
毕业实习	4	必修	M	M	L	H	H	H	H	M	H	L	L	H
劳育Ⅰ	1	必修	H	H	L	H	M	M	H	L	L	L	L
劳育Ⅱ	1	必修	H	H	L	H	M	M	H	L	L	L	L

九、其他说明

1. 大学生安全教育为第一学期必修课，但不计入总学分，新生入学后统一由保卫处组织上课，且考试成绩必须合格，不合格者将影响毕业资格审核。

2. 根据《高等学校体育工作基本标准（2014）》《江西财经大学深化公共体育教育改革实施意见》文件要求，不能达到《国家学生体质健康标准》合格要求者不能毕业。大学期间需参加四次体测，前3次体测成绩占总成绩的50%，第四次体测成绩占50%，总评成绩达不到50分者，将不颁发毕业证书。

十、教学计划

2024年应用统计学专业教学计划表

序号	课程类别	课程性质	[课程/环节代码] 课程/环节名称	学分	总学时	学时构成 讲授	学时构成 实验	学时构成 实践	学时构成 其他	周学时/周数	学期	考核方式	课程地位	承担单位
1	2024公共课/思想政治理论课	必修	[1012100193]中国近现代史纲要	3	48	42		6		3	一	考试		马克思主义学院
2		必修	[1012100340]形势与政策Ⅰ	0.5	8	8				2	一	考查		马克思主义学院
3		必修	[1012100493]习近平新时代中国特色社会主义思想概论	3	48	40	8			3	一	考试		马克思主义学院
4		必修	[1012100350]形势与政策Ⅱ	0.5	8	8				2	二	考查		马克思主义学院
5		必修	[1012100483]毛泽东思想和中国特色社会主义理论体系概论	3	48	40	8			3	二	考试		马克思主义学院
6		必修	[1012100523]思想道德与法治	3	48	42		6		3	二	考试		马克思主义学院
7		必修	[1012100360]形势与政策Ⅲ	0.5	8	8				2	三	考查		马克思主义学院
8		必修	[1012100533]马克思主义基本原理	3	48	42	6			3	三	考试		马克思主义学院
9		必修	[1012100370]形势与政策Ⅳ	0.5	8	8				2	四	考查		马克思主义学院
小计				17										
10	2024公共课/公共数智素养课	必修	[1004705022]数据处理技术基础	2	32	12	20			2	三	考试	主干课程	信息管理与数学学院
11		必修	[1004102593]数智技术应用导论	3	48	24	24			3	四	考试	主干课程	统计与数据科学学院
小计				5										

续表

序号	课程类别	课程性质	[课程/环节代码] 课程/环节名称	学分	总学时	学时构成 讲授	学时构成 实验	学时构成 实践	学时构成 其他	周学时/周数	学期	考核方式	课程地位	承担单位
12	2024 公共课/公共外语课	必修	[1004600232]大学英语Ⅰ	2	32	32				2	一	考试	主干课程	外国语学院
13		必修	[1004600282]大学英语Ⅱ	2	32	32				2	二	考试	主干课程	外国语学院
14		必修	[1004600732]英语视听说	2	32	24	8			2	三	考查		外国语学院
小计				6										
15	2024 公共课/公共外语课	选修	[1004601682]跨文化商务沟通	2	32			32		2	四	考查		外国语学院
16		选修	[1004601702]六级英语专题	2	32			32		2	四	考查		外国语学院
17		选修	[1004602652]商务英语口译	2	32			32		2	四	考查		外国语学院
18		选修	[1004602952]新闻英语视听	2	32			32		2	四	考查		外国语学院
19		选修	[1004603102]雅思英语专题	2	32			32		2	四	考查		外国语学院
20		选修	[1004603172]英汉翻译基础与实践	2	32			32		2	四	考查		外国语学院
21		选修	[1004603222]英美文学鉴赏	2	32	32				2	四	考查		外国语学院
22		选修	[1004604262]英语演讲	2	32			32		2	四	考查		外国语学院
23		选修	[1004606282]考研英语专题	2	32	32				2	四	考查		外国语学院
24		选修	[1004606292]剑桥商务英语(中级)	2	32	32				2	四	考查		外国语学院
25		选修	[1004606912]财经英语阅读	2	32	32				2	四	考查		外国语学院
小计				2										

续表

序号	课程类别	课程性质	[课程/环节代码]课程/环节名称	学分	总学时	学时构成 讲授	学时构成 实验	学时构成 实践	学时构成 其他	周学时/周数	学期	考核方式	课程地位	承担单位
26	2024公共课/体育	必修	[1005000641]体育1	1	32			32		2	一	考查		体育学院
27		必修	[1005000651]体育2	1	32			32		2	二	考查		体育学院
28		必修	[1005000661]体育3	1	32			32		2	三	考查		体育学院
29		必修	[1005000671]体育4	1	32			32		2	四	考查		体育学院
小计				4										
30	2024公共课/美育	选修	[1002302532]美育模块	2	32	32				2	八	考查		教务处、本科教学评估中心
小计				2										
31	2024公共课/军事理论	必修	[1005000422]军事理论	2	32	32				2	二	考试		体育学院
小计				2										
32	2024公共课/心理健康教育	必修	[1002600032]大学生心理健康教育	2	32	32				2	二	考查		学生工作处、学生资助管理中心、心理健康教育咨询中心
小计				2										
33	2024通识教育课/哲学、思维与语言	必修	[1004907141]写作与沟通Ⅰ	1.5	24	24				2	一	考查		人文学院
34		必修	[1004199990]写作与沟通Ⅱ（学术写作）	0.5	8	8				8	二	考查		统计与数据科学学院
小计				2										

续表

序号	课程类别	课程性质	[课程/环节代码] 课程/环节名称	学分	总学时	学时构成 讲授	学时构成 实验	学时构成 实践	学时构成 其他	周学时/周数	学期	考核方式	课程地位	承担单位
35	2024 通识教育课/哲学、思维与语言	选修	[1002302502]哲学、思维与语言模块	2	32	32				2	八	考查		教务处、本科教学评估中心
小计				2										
36	2024 通识教育课/历史、政治与社会	选修	[1002302512]历史、政治与社会模块	2	32	32				2	八	考查		教务处、本科教学评估中心
小计				2										
37	2024 通识教育课/科学、技术与方法	选修	[1002302522]科学、技术与方法模块	2	32	32				2	八	考查		教务处、本科教学评估中心
小计				2										
38	2024 通识教育课/创新、创意与创业	必修	[1004500361]创业概论	1	16	16				2	四	考查		工商管理学院
小计				1										
39	2024 专业教育课/学科基础课	必修	[1004102266]数学分析Ⅰ(应统)	6	96	96				6	一	考试	主干课程	统计与数据科学学院
40		必修	[1004102273]高等代数Ⅰ(应统)	3	48	48				3	一	考试	主干课程	统计与数据科学学院
41		必修	[1005101903]微观经济学	3	48	45		3		3	一	考试	主干课程	经济学院
42		必修	[1004100093]C语言设计(统计)	3	48		48			3	二	考查		统计与数据科学学院
43		必修	[1004102286]数学分析Ⅱ(应统)	6	96	96				6	二	考试	主干课程	统计与数据科学学院

续表

序号	课程类别	课程性质	[课程/环节代码] 课程/环节名称	学分	总学时	学时构成 讲授	学时构成 实验	学时构成 实践	学时构成 其他	周学时/周数	学期	考核方式	课程地位	承担单位
44	2024 专业教育课/学科基础课	必修	[1004102293]高等代数Ⅱ(应统)	3	48	48				3	二	考试	主干课程	统计与数据科学学院
45		必修	[1005100853]宏观经济学	3	48	45		3		3	二	考试		经济学院
46		必修	[1004199971]新生研讨课	1	16	16				16	二	考查		统计与数据科学学院
47		必修	[1004102304]概率论基础	4	64	64				4	三	考试	主干课程	统计与数据科学学院
48		必修	[1004100773]国民经济核算	3	48	48				3	四	考试		统计与数据科学学院
49		必修	[1004102313]数理统计	3	48	48				3	四	考试	主干课程	统计与数据科学学院
50		必修	[1004101323]时间序列分析	3	48	36	12			3	五	考试	主干课程	统计与数据科学学院
51		必修	[1004100383]抽样技术	3	48	48				3	六	考查		统计与数据科学学院
小计				41										
52	2024 专业教育课/学科开放课	选修	[1004100983]金融统计	3	48	24	24			3	四	考查		统计与数据科学学院
53		选修	[1004102203]统计学Ⅱ	3	48	48				3	四	考查		统计与数据科学学院
小计				3										

续表

序号	课程类别	课程性质	[课程/环节代码] 课程/环节名称	学分	总学时	学时构成 讲授	学时构成 实验	学时构成 实践	学时构成 其他	周学时/周数	学期	考核方式	课程地位	承担单位
54	2024专业教育课/专业必修课	必修	[1004102040]学科专业导论(含大学生涯规划)	0.5	8	8				8	二	考查		统计与数据科学学院
55		必修	[1004100143]Python数据分析基础	3	48	24	24			3	三	考查		统计与数据科学学院
56		必修	[1004102323]R语言	3	48		48			3	三	考查		统计与数据科学学院
57		必修	[1004100012]回归分析	2	32	16	16			2	四	考试	主干课程	统计与数据科学学院
58		必修	[1004100403]多元统计分析	3	48	24	24			3	四	考试	主干课程	统计与数据科学学院
59		必修	[1004100031]"华创杯"市场调查大赛辅导	1	16	4	8	4		16	四 二	考查		统计与数据科学学院
60		必修	[1004101280]社情民意调查	0.5	8	8				8	四 二	考查		统计与数据科学学院
61		必修	[1004102000]学科前沿讲座(含毕业论文写作讲座)	0.5	8	8				8	四 二	考查		统计与数据科学学院
62		必修	[1004101693]统计计算	3	48		48			3	五	考试	主干课程	统计与数据科学学院
63		必修	[1004102333]统计机器学习	3	48	32	16			3	五	考试	主干课程	统计与数据科学学院
小计				19.5										

续表

序号	课程类别	课程性质	[课程/环节代码] 课程/环节名称	学分	总学时	学时构成 讲授	学时构成 实验	学时构成 实践	学时构成 其他	周学时/周数	学期	考核方式	课程地位	承担单位
64		选修	[1004102573]联邦学习	3	48	32	16			3	七	考查		统计与数据科学学院
65		选修	[1004102583]概率图模型	3	48	48				3	七	考查		统计与数据科学学院
66		选修	[1004100303]常微分方程	3	48	48				3	三	考查		统计与数据科学学院
67		选修	[1004101364]实变函数	4	64	64				4	三	考查		统计与数据科学学院
68		选修	[1004100424]泛函分析	4	64	64				4	四	考查		统计与数据科学学院
69	2024专业教育课/专业方向课	选修	[1004101472]数据可视化技术	2	32	16	16			2	四	考查		统计与数据科学学院
70		选修	[1004102423]大数据技术原理与运用	3	48	48				3	四	考查		统计与数据科学学院
71		选修	[1004102813]计量经济学基础与EViews软件操作	3	48	36	12			3	四	考查		统计与数据科学学院
72		选修	[1004100172]SAS软件	2	32	16	16			2	五	考查		统计与数据科学学院
73		选修	[1004101643]随机过程	3	48	48				3	五	考查		统计与数据科学学院
74		选修	[1004102193]最优化方法	3	48	32	16			3	五	考查		统计与数据科学学院

续表

课程类别	课程性质	[课程/环节代码] 课程/环节名称	学分	总学时	讲授	实验	实践	其他	周学时/周数	学期	考核方式	课程地位	承担单位
序号													
75	选修	[1004102372]贝叶斯统计学	2	32	32				2	五	考查		统计与数据科学学院
76	选修	[1004102413]社会网络分析方法与应用	3	48	48				3	五	考查		统计与数据科学学院
77	选修	[1004102522]因果推断原理与应用	2	32	32				2	五	考查		统计与数据科学学院
78	选修	[1004702683]数据结构	3	48	30		18		3	五	考查		信息管理与数学学院
2024专业教育课/专业方向课													
79	选修	[1004100442]非参数统计	2	32	32				2	六	考查		统计与数据科学学院
80	选修	[1004100713]高维数据分析	3	48	48		48		3	六	考查		统计与数据科学学院
81	选修	[1004102343]神经网络与深度学习	3	48	48				3	六	考查		统计与数据科学学院
82	选修	[1004102353]文本数据分析	3	48	32	16			3	六	考查		统计与数据科学学院
83	选修	[1004102563]强化学习	3	48	32	16			3	六	考查		统计与数据科学学院
84	选修	[1004102823]数学分析Ⅲ	3	48	48				3	六	考查		统计与数据科学学院
小计			21										

续表

序号	课程类别	课程性质	[课程/环节代码]课程/环节名称	学分	总学时	学时构成 讲授	学时构成 实验	学时构成 实践	学时构成 其他	周学时/周数	学期	考核方式	课程地位	承担单位
85	2024实践教育课/军事训练	必修	[1305002302]军事训练	2	0					2	一	考查		体育学院
小计				2										
86	2024实践教育课/职业生涯规划	必修	[1012200080]职业生涯规划	0.5	8	8				2	一	考查		招生就业处、大学生职业发展促进中心
小计				0.5										
87	2024实践教育课/就业指导	必修	[1012200010]就业指导	0.5	8	8				2	六	考查		招生就业处、大学生职业发展促进中心
小计				0.5										
88	2024实践教育课/创新创业实践活动	必修	[1302600064]创新创业实践活动	4	0					8	八	考查		学生工作处、学生资助管理中心、心理健康教育与咨询中心
小计				4										
89	2024实践教育课/本科生科研训练	必修	[1304102512]本科生科研训练	2	0					2	八	考查		统计与数据科学学院
小计				2										

续表

序号	课程类别	课程性质	[课程/环节代码]课程/环节名称	学分	总学时	学时构成 讲授	学时构成 实验	学时构成 实践	学时构成 其他	周学时/周数	学期	考核方式	课程地位	承担单位
90	2024 实践教育课/毕业论文(设计)	必修	[1304102476]毕业论文	6	0					6	八	考查		统计与数据科学学院
小计				6										
91	2024 实践教育课/毕业实习	必修	[1304102484]毕业实习	4	0					4	八	考查		统计与数据科学学院
小计				4										
92	2024 实践教育课/劳动教育	必修	[1005202771]劳育Ⅰ	1	16	16				2	一	考查		财税与公共管理学院
93	2024 实践教育课/劳动教育	必修	[1004199981]劳育Ⅱ	1	16	8		8		16	二	考查		统计与数据科学学院
小计				2										
合计				157.5										

江西财经大学
数据科学专业培养方案（2024级）

一、培养目标

本专业致力于培养德智体美劳全面发展，适应数字经济发展需要，具备扎实的统计学基础、数据思维和计算思维，精通计算机编程和大数据分析，善于应用统计方法和人工智能技术解决经济社会中的现实问题，能够在高校或研究机构、科技企业、金融机构、政府部门等从事数据科学相关理论与方法研究、大数据分析与信息挖掘、算法设计等工作的具有"信敏廉毅"素质的创新型人才。

目标1. 具备扎实的数学、统计学和计算机科学的基础知识，掌握数据科学中的核心统计方法、数据分析和计算方法、计算机实现方法，以及一定的专门领域知识。

目标2. 适应社会主义市场经济发展和现代化建设需要，能够在政府部门、金融部门及各类企业成功地开展数据分析处理、机器学习和人工智能等相关工作。

目标3. 能够在大数据时代各种数据分析技术快速发展的背景下，理解和解决数据分析与处理、深度学习和人工智能等实践问题，准确及高效地解决专业难题。

目标4. 能熟练地运用计算机技术分析解决各领域的数据问题，具有缜密的逻辑推理和数据思维，具备终身学习的能力和良好的专业发展潜力。

二、学分要求

本专业学生须按培养方案要求修读各类课程，总学分最低修满160学分(必修学分127学分、选修学分33学分；专业理论课程学分142学分、专业实践环节学分18学分)，并达到毕业要求方可毕业。各课程模块学分要求详见"2024年数据科学专业教学计划表"。

三、学制与授予学位

数据科学专业标准学制4年，我校实行弹性学习年限，3～6年修满学分可以毕业。学生修满规定学分，达到毕业要求后，发给毕业证书，符合学士学位授予条件的毕业生，授予理学学士学位。

四、毕业要求

1. 品德修养

(1) 具有坚定正确的政治方向，拥护中国共产党领导；

(2) 具有良好的思想品德和积极的人生态度；具有科学精神、人文素养、艺术品位；具有家国情怀、公益意识，担当意识和使命意识；具有文化自信，能够传承创新和发扬中华优秀传统文化；

(3) 具有职业认同和职业伦理，具有人文社会科学素养、社会责任感，能够在数据分析工作实践中理解并遵守数据科学工作者的职业道德和规范，履行责任；了解国情民情社情，自觉践行社会主义核心价值观。

2. 学科知识

(1) 具有扎实的数学、统计学、计算机等数据科学基础；

(2) 掌握数据科学中的核心统计方法、数据分析和计算方法，以及计算机实现方法；

(3) 具有应用数据科学知识、高效计算方法和计算机技术解决数据科学领域实际问题的专业能力，能够基于科学原理并采用科学方法对数据科学问题进行研究。

3. 应用能力

(1) 能够综合运用统计学、经济学、数据科学等专业知识解决复杂的社会经济、工程技术等领域的现实问题；

(2) 能运用相关数据科学原理，识别和判断人工智能与数据工程关键环节问题；能基于相关科学原理和算法模型完整模拟解决复杂实践问题；

(3) 能认识到解决问题有多种方案可选择，会通过文献研究寻求可替代的解决方案；能运用基本原理，借助文献研究，分析过程的影响因素，获得有效结论。

4. 创新能力

(1) 具有大数据采集、存储、分析与处理的基本能力，使用机器学习、深度学习和人工智能算法解决新问题的能力；

(2) 能够基于科学原理并采用科学方法对科学问题进行研究，包括设计实验、分析与解释数据，并通过信息综合得到合理有效的结论；

(3) 具有逻辑思维能力、批判意识和创新精神，并能够针对科学问题，选择与使用恰当的技术、资源、现代工具和信息技术工具，包括对科学问题的预测与模拟，并能够理解其局限性。

5. 信息能力

(1) 掌握并且能够使用 Python 等编程语言、SQL、NoSQL 数据库语言收集、整理、存储和分析数据；

(2) 熟悉 Linux 操作系统,掌握 Hadoop 等大数据生态下分布式存储和并行计算原理，并能使用其生态下的各种工具对大数据进行获取、存储、分析计算等。

(3) 熟练使用 Scikit-Learn 机器学习工具库、Pytorch 和 TensorFlow 等主流深度学习框架进行数据挖掘与建模。

6. 沟通表达

(1) 具备沟通协调能力；

(2) 能够就数据分析处理问题与业界同行及社会公众进行有效沟通和交流，包括撰写报告和设计文稿、陈述发言、清晰表达或回应指令；

(3) 具备一定的国际视野，能够在跨文化背景下进行沟通和交流。

7. 团队合作

(1) 能够在多学科背景下的团队中承担个体、团队成员以及负责人的角色；

(2) 能够与其他学科的成员有效沟通，合作共事，能够组织、协调和指挥团队开展工作。

8. 国际视野

(1) 了解专业相关领域的国际规范、技术标准体系、知识产权、产业政策和法律法规，理解不同社会文化对数据工程活动的影响；

(2) 能基于国际大环境的视角，分析和评价专业实践对社会、健康、安全、法律、文化的影响，以及这些制约因素对项目实施的影响，并理解应承担的责任。

9. 学习发展

(1) 能在社会发展的大背景下，认识到自主和终身学习的必要性；

(2) 具有自主学习的能力，包括技术理解力，凝练综述能力和提出问题的能力等，能够独立获取知识、提出问题、分析问题和解决问题；

毕业要求与培养目标支撑矩阵表

毕业要求	培养目标			
	培养目标 1	培养目标 2	培养目标 3	培养目标 4
毕业要求 1	H	L	M	H
毕业要求 2	H	H	L	H
毕业要求 3	H	H	H	M
毕业要求 4	M	M	H	H
毕业要求 5	M	H	H	H
毕业要求 6	M	H	H	M
毕业要求 7	M	M	M	M
毕业要求 8	H	M	M	H
毕业要求 9	H	L	L	H

注：毕业要求与培养目标的支撑关系分别用 H(高)、M(中)、L(弱)表示。H 表示至少覆盖 80%，M 表示至少覆盖 50%，L 表示至少覆盖 30%。

(3) 在正式学习或非正式学习环境下，具有自我求知、做事、发展的能力，在基本活动中能够表现出观察力、记忆力、抽象概括力、注意力、理解力等能力。

五、培养特色

1. 人才培养坚持"厚基础、宽口径"，注重数学、统计学、计算机科学的学科交叉，学生不仅要掌握数学、统计学等基本理论、基本方法，还要熟悉计算机科学基础、网络、编程等，大数据的采集、存储、分析处理技术，机器学习与人工智能的编程与实现。重点发挥学院统计学专业的优势，能对具体经济、社会和生产活动提出数据生成的思路和框架，通过数据建模和应用相应的数据分析软件对模型进行深入分析，撰写数据分析报告。

2. 构建实践教学的创新模式——"三层两纵"模式，即以基础、演练、创新三层递进实践平台为支撑，以实践教学方法为纽带、实践教学管理为保障的两纵实践教学体系创新模式。该实践教学体系在运行中，纵向上，课程层依托基础平台、工具层依托演练平台、研训层依托创新平台打造学会方法、运用方法、创新方法的实践方法链；横向上，基于方法链的打造，在研训层依托创新平台延伸实践内容链，形成实践教学的长效机制。

3. 培养中重视学生"五种能力"的培养——自主学习的能力，具有独立获取知识、提出问题、分析问题和解决问题的能力；调查、分析和写作的能力，具备设计调查问卷、数据采集、处理分析调查数据、撰写分析报告的能力；计算机应用的能力，具备数据库系统处理、大数据软件系统分析处理数据的能力；处理人际关系的能力，具有沟通协调能力和社会适应能力；数据建模的能力，具有数据科学的理论与方法去分析、解决某一领域中实际问题的能力。

4. 注重推进人才培养的国际化特色。核心课程统计学建设国际慕课。邀请国际知名统计学者作为客座教授和任课老师，为本科生每年开设 2 门双语课程，并举办暑期班活动。

六、主干学科

主干学科为统计学、数学、计算机科学与技术和人工智能。

七、核心课程

主要包括：数学分析、高等代数、概率论基础、数理统计、数据库原理与应用、数据结构与算法分析、Python 数据分析基础、数据科学基础、随机过程、多元统计分析、大数据技术原理与运用、统计机器学习、统计计算、神经网络与深度学习、最优化方法、文本数据分析、数据可视化技术、数据挖掘、分布式存储与计算、数据科学应用线性模型、大数据统计分析等。

八、毕业要求实现矩阵

根据课程对各项毕业要求的支撑强度分别用 H(高)、M(中)、L(弱)表示。支撑强度的含义是指该课程覆盖毕业要求指标点的多寡，其中 H 表示至少覆盖 80%，M 表示至少覆盖 50%，L 表示至少覆盖 30%。表中教学环节是指课程、实践环节、训练等。

课程体系与毕业要求的关联度矩阵

教学课程/环节	学分	课程性质	毕业要求1	毕业要求2	毕业要求3	毕业要求4	毕业要求5	毕业要求6	毕业要求7	毕业要求8	毕业要求9
中国近现代史纲要	3	必修	H	L	L	M	L	M	M	M	M
形势与政策Ⅰ	0.5	必修	H	L	L	L	L	M	M	H	M
习近平新时代中国特色社会主义思想概论	3	必修	H	L	L	M	L	M	M	M	M
形势与政策Ⅱ	0.5	必修	H	L	L	L	L	M	M	H	M
毛泽东思想和中国特色社会主义理论体系概论	3	必修	H	L	L	M	L	M	M	M	M
思想道德与法治	3	必修	H	L	L	M	L	M	M	M	H
形势与政策Ⅲ	0.5	必修	H	L	L	L	L	M	M	H	M
马克思主义基本原理	3	必修	H	L	L	M	L	M	M	M	M
形势与政策Ⅳ	0.5	必修	H	L	L	L	L	M	M	H	M
数据技术应用导论	3	必修	L	H	M	H	H	L	L	L	L
Python 数据分析基础	3	必修	L	H	M	H	H	L	L	L	L
大学英语Ⅰ	2	必修	M	L	L	L	L	H	M	H	M
大学英语Ⅱ	2	必修	M	L	L	L	L	H	M	H	M
英语视听说	2	必修	M	L	L	L	L	H	M	H	M
跨文化商务沟通	2	选修	M	L	L	L	L	H	M	H	M
六级英语专题	2	选修	M	L	L	L	L	H	M	H	M
商务英语口译	2	选修	M	L	L	L	L	H	M	H	M
新闻英语视听	2	选修	M	L	L	L	L	H	M	H	M
雅思英语专题	2	选修	M	L	L	L	L	H	M	H	M
英汉翻译基础与实践	2	选修	M	L	L	L	L	H	M	H	M
英美文学鉴赏	2	选修	M	L	L	L	L	H	M	H	M
英语演讲	2	选修	M	L	L	L	L	H	M	H	M
考研英语专题	2	选修	M	L	L	L	L	H	M	H	M
剑桥商务英语(中级)	2	选修	M	L	L	L	L	H	M	H	M
财经英语阅读	2	选修	M	L	L	L	L	H	M	H	M

续表

教学课程/环节	学分	课程性质	毕业要求1	毕业要求2	毕业要求3	毕业要求4	毕业要求5	毕业要求6	毕业要求7	毕业要求8	毕业要求9
体育1	1	必修	M	L	L	L	L	L	H	L	L
体育2	1	必修	M	L	L	L	L	L	H	L	L
体育3	1	必修	M	L	L	L	L	L	H	L	L
体育4	1	必修	M	L	L	L	L	L	H	L	L
美育模块	2	选修	H	L	L	L	L	H	L	L	L
军事理论	2	必修	H	L	L	L	L	M	L	L	L
大学生心理健康教育	2	必修	H	L	L	L	L	H	H	L	H
写作与沟通Ⅰ	1.5	必修	L	M	M	H	L	H	L	L	H
写作与沟通Ⅱ(学术写作)	0.5	必修	L	M	M	H	M	H	L	L	L
哲学、思维与语言模块	2	选修	H	L	L	M	L	H	M	L	L
历史、政治与社会模块	2	选修	H	L	L	L	L	H	M	L	L
科学、技术与方法模块	2	选修	H	L	L	L	L	H	M	L	L
创业概论	1	必修	H	L	M	H	L	M	L	L	H
高等代数(上)	2	必修	L	H	M	L	M	L	L	L	M
数学分析(上)	5	必修	L	H	M	L	M	L	L	L	M
微观经济学	3	必修	M	H	H	L	L	L	L	L	L
高等代数(下)	3	必修	L	H	M	L	M	L	L	L	L
数学分析(下)	6	必修	L	H	H	L	L	L	L	L	L
宏观经济学	3	必修	M	H	H	L	L	L	L	M	L
新生研讨课	1	必修	M	M	H	H	L	L	L	M	H
国民经济核算	3	必修	M	H	H	L	L	L	L	L	M
数据库原理与应用	3	必修	L	H	M	H	H	L	L	L	M
概率论基础	4	必修	L	H	M	L	M	L	L	L	M
数理统计	3	必修	L	H	H	M	M	L	L	L	M
数据结构与算法分析	3	必修	L	H	H	H	H	L	L	L	M
C语言设计(统计)	3	选修	L	H	M	H	H	L	L	L	L
R语言	3	选修	L	H	M	H	H	L	L	L	L
学科专业导论(含大学生涯规划)	0.5	必修	M	M	L	M	M	M	L	M	H
多元统计分析	4	必修	L	H	H	H	H	L	L	L	M
随机过程	3	必修	L	H	M	H	L	L	L	L	L
数据科学基础	3	必修	L	H	H	H	H	L	L	L	L
社情民意调查	0.5	必修	M	H	H	M	M	H	L	M	M
学科前沿讲座(含毕业论文写作讲座)	0.5	必修	M	M	H	H	M	H	L	H	H

续表

教学课程/环节	学分	课程性质	毕业要求1	毕业要求2	毕业要求3	毕业要求4	毕业要求5	毕业要求6	毕业要求7	毕业要求8	毕业要求9
SPSS软件应用	0.5	必修	L	H	M	H	M	L	L	L	M
金融统计	3	必修	M	H	H	M	L	L	L	M	M
统计计算	3	必修	L	H	H	H	H	L	L	L	M
统计机器学习	3	必修	L	H	H	H	H	L	L	L	M
大数据技术原理与运用	3	必修	L	H	H	H	H	L	L	L	M
神经网络与深度学习	3	必修	L	H	H	H	H	L	L	L	M
数据工程导论：基础	3	选修	M	H	H	H	H	M	L	L	M
人工智能概论	2	选修	M	H	H	H	H	M	L	L	M
算法设计与问题求解	3	选修	L	H	H	H	H	L	L	L	M
数据融合	3	选修	L	H	H	H	H	L	L	L	M
数据科学应用线性模型	3	选修	L	H	H	H	M	L	L	L	M
常微分方程	3	选修	L	H	H	L	L	L	L	L	M
非参数统计	2	选修	L	H	H	H	M	L	L	L	M
金融风险管理	3	选修	M	H	H	M	H	L	L	L	M
利息理论(双语教学)	3	选修	M	H	H	M	L	L	L	M	M
实变函数	4	选修	L	H	M	H	M	L	L	L	M
预测与决策	2	选修	L	H	H	H	M	L	L	L	M
最优化方法	3	选修	L	H	H	H	H	L	L	L	M
保险精算模型	3	选修	L	H	H	H	H	L	L	L	M
非结构化数据处理	3	选修	L	H	H	H	H	L	L	L	M
高维数据分析	3	选修	L	H	H	H	H	L	L	L	M
时间序列分析	3	选修	L	H	H	H	L	L	L	L	M
数据可视化技术	2	选修	L	H	H	H	H	L	L	L	M
数据挖掘	2	选修	L	H	H	H	H	L	L	L	M
文本数据分析	3	选修	L	H	H	H	H	L	L	L	M
大数据统计分析	3	选修	L	H	H	H	H	L	L	L	M
分布式存储与计算	3	选修	L	H	M	H	H	L	L	L	M
军事训练	2	必修	H	L	L	L	L	H	H	L	M
职业生涯规划	0.5	必修	H	L	L	L	L	H	H	M	H
就业指导	0.5	必修	H	L	L	M	L	M	L	M	M
创新创业实践活动	4	必修	H	L	M	L	L	H	H	M	H
本科生科研训练	2	必修	L	M	H	H	L	L	L	L	M
毕业论文	6	必修	M	H	H	H	H	L	L	M	L
毕业实习	4	必修	M	H	H	H	H	L	L	M	L
劳育Ⅰ	1	必修	H	L	L	L	L	M	H	L	M
劳育Ⅱ	1	必修	H	L	L	L	L	M	H	L	M

九、其他说明

1. 大学生安全教育为第一学期必修课,但不计入总学分,新生入学后统一由保卫处组织上课,且考试成绩必须合格,不合格者将影响毕业资格审核。

2. 根据《高等学校体育工作基本标准(2014)》《江西财经大学深化公共体育教育改革实施意见》文件要求,不能达到《国家学生体质健康标准》合格要求者不能毕业。大学期间需参加四次体测,前3次体测成绩占总成绩的50%,第四次体测成绩占50%,总评成绩达不到50分者,将不颁发毕业证书。

十、教学计划

2024年数据科学专业教学计划表

序号	课程类别	课程性质	[课程/环节代码] 课程/环节名称	学分	总学时	讲授	实验	实践	其他	周学时/周数	学期	考核方式	课程地位	承担单位
1	2024 公共课/思想政治理论课	必修	[1012100193]中国近现代史纲要	3	48	42		6		3	一	考试		马克思主义学院
2		必修	[1012100340]形势与政策Ⅰ	0.5	8	8				2	一	考查		马克思主义学院
3		必修	[1012100493]习近平新时代中国特色社会主义思想概论	3	48	40	8			3	一	考试		马克思主义学院
4		必修	[1012100350]形势与政策Ⅱ	0.5	8	8				2	二	考查		马克思主义学院
5		必修	[1012100483]毛泽东思想和中国特色社会主义理论体系概论	3	48	40	8			3	二	考试		马克思主义学院
6		必修	[1012100523]思想道德与法治	3	48	42		6		3	二	考试		马克思主义学院
7		必修	[1012100360]形势与政策Ⅲ	0.5	8	8				2	三	考查		马克思主义学院
8		必修	[1012100533]马克思主义基本原理	3	48	42		6		3	三	考试		马克思主义学院
9		必修	[1012100370]形势与政策Ⅳ	0.5	8	8				2	四	考查		马克思主义学院
小计				17										
10	2024 公共课/公共数智素养课	必修	[1004102593]数据技术应用导论	3	48	24	24			3	三	考试	主干	统计与数据科学学院
11		必修	[1004100143]Python数据分析基础	3	48	24	24			3	四	考试		统计与数据科学学院
小计				6										

续表

序号	课程类别	课程性质	[课程/环节代码]课程/环节名称	学分	总学时	学时构成 讲授	学时构成 实验	学时构成 实践	学时构成 其他	周学时/周数	学期	考核方式	课程地位	承担单位
12	2024公共课/公共外语课	必修	[1004600232]大学英语Ⅰ	2	32	32				2	一	考试	主干	外国语学院
13		必修	[1004600282]大学英语Ⅱ	2	32	32				2	二	考试	主干	外国语学院
14		必修	[1004606732]英语视听说	2	32	24	8			2	三	考查		外国语学院
小计				6										
15	2024公共课/公共外语课	选修	[1004601682]跨文化商务沟通	2	32			32		2	四	考查		外国语学院
16		选修	[1004601702]六级英语专题	2	32			32		2	四	考查		外国语学院
17		选修	[1004602652]商务英语口译	2	32			32		2	四	考查		外国语学院
18		选修	[1004602952]新闻英语视听	2	32			32		2	四	考查		外国语学院
19		选修	[1004603102]雅思英语专题	2	32			32		2	四	考查		外国语学院
20		选修	[1004603172]英汉翻译基础与实践	2	32			32		2	四	考查		外国语学院
21		选修	[1004603222]英美文学鉴赏	2	32	32				2	四	考查		外国语学院
22		选修	[1004604262]英语演讲	2	32			32		2	四	考查		外国语学院
23		选修	[1004604282]考研英语专题	2	32	32				2	四	考查		外国语学院
24		选修	[1004606292]剑桥商务英语（中级）	2	32	32				2	四	考查		外国语学院
25		选修	[1004606912]财经英语阅读	2	32	32				2	四	考查		外国语学院
小计				2										

续表

序号	课程类别	课程性质	[课程/环节代码]课程/环节名称	学分	总学时	学时构成 讲授	学时构成 实验	学时构成 实践	学时构成 其他	周学时/周数	学期	考核方式	课程地位	承担单位
26	2024公共课/体育	必修	[1005000641]体育1	1	32			32		2	一	考查		体育学院
27		必修	[1005000651]体育2	1	32			32		2	二	考查		体育学院
28		必修	[1005000661]体育3	1	32			32		2	三	考查		体育学院
29		必修	[1005000671]体育4	1	32			32		2	四	考查		体育学院
小计				4										
30	2024公共课/美育	选修	[1002302532]美育模块	2	32	32				2	八	考查		教务处、本科教学评估中心
小计				2										
31	2024公共课/军事理论	必修	[1005000422]军事理论	2	32	32				2	二	考试		体育学院
小计				2										
32	2024公共课/心理健康教育	必修	[1002600032]大学生心理健康教育	2	32	32				2	二	考查		学生工作处、学生资助管理中心、心理健康教育与咨询中心
小计				2										
33	2024通识教育课/哲学、思维与语言	必修	[1004907141]写作与沟通I	1.5	24	24				2	一	考查		人文学院
34		必修	[1004199990]写作与沟通II(学术写作)	0.5	8	8				2	四	考查		统计与数据科学学院
小计				2										

续表

序号	课程类别	课程性质	[课程/环节代码]课程/环节名称	学分	总学时	讲授	实验	实践	其他	周学时/周数	学期	考核方式	课程地位	承担单位
35	2024通识教育课/哲学、思维与语言	选修	[1002302502]哲学、思维与语言模块	2	32	32				2	八	考查		教务处、本科教学评估中心
小计				2										
36	2024通识教育课/历史、政治与社会	选修	[1002302512]历史、政治与社会模块	2	32	32				2	八	考查		教务处、本科教学评估中心
小计				2										
37	2024通识教育课/科学、技术与方法	选修	[1002302522]科学、技术与方法模块	2	32	32				2	八	考查		教务处、本科教学评估中心
小计				2										
38	2024通识教育课/创新、创意与创业	必修	[1004500361]创业概论	1	16	16				2	四	考查		工商管理学院
小计				1										
39	2024专业教育课/学科基础课	必修	[1004100592]高等代数(上)	2	32	32				2	一	考试	主干	统计与数据科学学院
40		必修	[1004101555]数学分析(上)	5	80	80				5	一	考试	主干	统计与数据科学学院
41		必修	[1005101903]微观经济学	3	48	45		3		3	一	考试	主干	经济学院
42		必修	[1004100603]高等代数(下)	3	48	48				3	二	考试	主干	统计与数据科学学院
43		必修	[1004101586]数学分析(下)	6	96	96				6	二	考试	主干	统计与数据科学学院
44		必修	[1005100853]宏观经济学	3	48	45		3		3	二	考试	主干	经济学院

续表

序号	课程类别	课程性质	[课程/环节代码] 课程/环节名称	学分	总学时	学时构成 讲授	学时构成 实验	学时构成 实践	学时构成 其他	周学时/周数	学期	考核方式	课程地位	承担单位
45	2024专业教育课/学科基础课	必修	[100419971]新生研讨课	1	16	16				16	二	考查		统计与数据科学学院
46		必修	[1004100773]国民经济核算	3	48	48				3	三	考试		统计与数据科学学院
47		必修	[1004101483]数据库原理与应用	3	48				48	3	三	考试		统计与数据科学学院
48		必修	[1004102304]概率论基础	4	64	64				4	三	考试	主干	统计与数据科学学院
49		必修	[1004102313]数理统计	3	48	48				3	四	考试	主干	统计与数据科学学院
50		必修	[1004102783]数据结构与算法分析	3	48	32	16			3	四	考试		统计与数据科学学院
小计				39										
51	2024专业教育课/学科开放课	选修	[1004100093]C语言设计(统计)	3	48		48			3	三	考试		统计与数据科学学院
52		选修	[1004101643]R语言	3	48		48			3	三	考试		统计与数据科学学院
小计				3										
53	2024专业教育课/专业必修课	必修	[1004102040]学科专业导论(含大学生涯规划)	0.5	8	8				8	二	考查		统计与数据科学学院
54		必修	[1004100414]多元统计分析	4	64	64				4	四	考试	主干	统计与数据科学学院
55		必修	[1004101643]随机过程	3	48	48				3	四	考试	主干	统计与数据科学学院
56		必修	[1004102713]数据科学基础	3	48	48				3	四	考试	主干	统计与数据科学学院
57		必修	[1004101280]社情民意调查	0.5	8	8				8	二	考查		统计与数据科学学院

续表

序号	课程类别	课程性质	[课程/环节代码] 课程/环节名称	学分	总学时	学时构成 讲授	学时构成 实验	学时构成 实践	学时构成 其他	周学时/周数	学期	考核方式	课程地位	承担单位
58		必修	[1004102000]学科前沿讲座(含毕业论文写作讲座)	0.5	8	8				8	四二	考查		统计与数据科学学院
59		必修	[1004102670]SPSS 软件应用	0.5	8		8			8	四二	考查		统计与数据科学学院
60	2024 专业教育课/专业必修课	必修	[1004100983]金融统计	3	48	24	24			3	五	考试	主干	统计与数据科学学院
61		必修	[1004101693]统计计算	3	48		48			3	五	考试	主干	统计与数据科学学院
62		必修	[1004102333]统计机器学习	3	48	32	16			3	五	考查		统计与数据科学学院
63		必修	[1004102423]大数据技术原理与运用	3	48	48				3	五	考查		统计与数据科学学院
64		必修	[1004102343]神经网络与深度学习	3	48	48				3	六	考查		统计与数据科学学院
小计				27										
65		选修	[1004101433]数据工程导论：基础	3	48			48		3	七	考查		统计与数据科学学院
66		选修	[1004102442]人工智能概论	2	32	32				2	七	考查		统计与数据科学学院
67	2024 专业教育课/专业方向课	选修	[1004102743]算法设计与问题求解	3	48	48				3	七	考查		统计与数据科学学院
68		选修	[1004102803]数据融合	3	48	48				3	七	考查		统计与数据科学学院
69		选修	[1004102793]数据科学应用线性模型	3	48	32	16			3	四	考查		统计与数据科学学院
70		选修	[1004100303]常微分方程	3	48	48				3	五	考试		统计与数据科学学院
71		选修	[1004100442]非参数统计	2	32	32				2	五	考查		统计与数据科学学院

续表

序号	课程类别	课程性质	[课程/环节代码] 课程/环节名称	学分	总学时	学时构成 讲授	学时构成 实验	学时构成 实践	学时构成 其他	周学时/周数	学期	考核方式	课程地位	承担单位
72	2024专业教育课/专业方向课	选修	[1004100913]金融风险管理	3	48	48				3	五	考查		统计与数据科学学院
73		选修	[1004101163]利息理论(双语教学)	3	48	32		16		3	五	考试		统计与数据科学学院
74		选修	[1004101364]实变函数	4	64	64				4	五	考试		统计与数据科学学院
75		选修	[1004102132]预测与决策	2	32			32		2	五	考查		统计与数据科学学院
76		选修	[1004102193]最优化方法	3	48	32	16			3	五	考查		统计与数据科学学院
77		选修	[1004100223]保险精算模型	3	48	32	16			3	六	考试		统计与数据科学学院
78		选修	[1004100463]非结构化数据处理	3	48	24	24			3	六	考查		统计与数据科学学院
79		选修	[1004100713]高维数据分析	3	48			48		3	六	考查		统计与数据科学学院
80		选修	[1004101323]时间序列分析	3	48	36	12			3	六	考查		统计与数据科学学院
81		选修	[1004101472]数据可视化技术	2	32	16	16			2	六	考查		统计与数据科学学院
82		选修	[1004101502]数据挖掘	2	32	32				2	六	考查		统计与数据科学学院
83		选修	[1004102353]文本数据分析	3	48	32	16			3	六	考查		统计与数据科学学院
84		选修	[1004102733]大数据统计分析	3	48	32	16			3	六	考查		统计与数据科学学院
85		选修	[1004102753]分布式存储与计算	3	48	24	24			3	六	考查		统计与数据科学学院
小计				20										

续表

序号	课程类别	课程性质	[课程/环节代码] 课程/环节名称	学分	总学时	学时构成 讲授	学时构成 实验	学时构成 实践	学时构成 其他	周学时/周数	学期	考核方式	课程地位	承担单位
86	2024实践教育课/军事训练	必修	[1305002302]军事训练	2	0					2	一	考查		体育学院
小计				2										
87	2024实践教育课/职业生涯规划	必修	[1012200080]职业生涯规划	0.5	8	8				2	一	考查		招生就业处、大学生职业发展促进中心
小计				0.5										
88	2024实践教育课/就业指导	必修	[1012200010]就业指导	0.5	8	8				2	六	考查		招生就业处、大学生职业发展促进中心
小计				0.5										
89	2024实践教育课/创新创业实践活动	必修	[1302600064]创新创业实践活动	4	0					8	八	考查		学生工作处、学生资助管理中心、心理健康教育与咨询中心
小计				4										
90	2024实践教育课/本科生科研训练	必修	[1304102512]本科生科研训练	2	0					2	八	考查		统计与数据科学学院
小计				2										
91	2024实践教育课/毕业论文(设计)	必修	[1304102476]毕业论文	6	0					6	八	考查		统计与数据科学学院
小计				6										

续表

序号	课程类别	课程性质	[课程/环节代码]课程/环节名称	学分	总学时	学时构成 讲授	学时构成 实验	学时构成 实践	学时构成 其他	周学时/周数	学期	考核方式	课程地位	承担单位
92	2024实践教育课/毕业实习	必修	[1304102484]毕业实习	4	0					4	八	考查		统计与数据科学学院
小计				4										
93	2024实践教育课/劳动教育	必修	[1005202771]劳育Ⅰ	1	16	16				2	一	考查		财税与公共管理学院
94		必修	[1004199981]劳育Ⅱ	1	16	8		8		16	二	考查		统计与数据科学学院
小计				2										
合计				160										

323

上海财经大学
统计学专业实验班培养方案（2024级）

一、指导思想

统计学专业依照国家"双一流"学科发展战略和上海财经大学章程制定本科培养方案。本专业旨在加强数理基础和计算能力的教学，实行专业教育和通识教育相结合，培育学生掌握良好的数学、统计学和外语等方面的基础知识和技能、具备科学素养、人文精神、国际视野、创新精神和实践能力。

本专业实行"专通结合"和"拔尖型"人才教育；加强基础教学，拓宽专业口径；合理设置和安排课程体系，优化学生的知识结构；力求知识、能力和素质的协调发展，注重对学生综合素质的培养；积极推行创新教育，鼓励尖子人才脱颖而出。

二、培养目标

以习近平新时代中国特色社会主义思想为指导，深入贯彻落实党的二十大、全国高校思想政治工作会议和全国教育大会精神，坚持社会主义办学方向，紧紧围绕立德树人根本任务，紧密结合国家战略和经济社会发展的重大需求，瞄准学科和专业建设前沿，培养具有严谨求实的思想作风和较高的精神文明素养，德智体美劳全面发展，努力为建设中国特色社会主义服务的一流卓越财经人才。

本专业致力于重点培养学生掌握统计学的基本理论、方法及计算机应用技能，使之具有良好的数学与统计学素养、人文精神、科学素养、国际视野，具有较强的创新精神和实践能力，以及熟练运用计算机软件分析和处理数据的能力。实验班定位于培养数字时代的学术精英和未来战略社会科学家。培养学生具备扎实的数学与计算机功底、专而精的数理基础和统计思维能力，并配以经济学、金融学和管理学等领域的交叉知识，形成发现问题、解决问题的综合学术素养的创新统计拔尖型人才。毕业生的主要去向：出国深造、攻读研究生，或在银行、证券、保险、制药等行业的政府部门、上市公司、企业集团等从事高级分析、预测决策、咨询管理等工作。

三、培养要求

本专业本科学生，通过在校学习，在专业知识、能力结构和个人素质等方面达到以下要求：

1. 知识结构

本专业强调学生掌握数学基础、计算能力及跨学科的知识，全方位地培养学生的统计分析的方法和能力。同时积极拓宽学生的知识广度，有针对性地开设跨学科选修课，并多角度培养学生的科研兴趣，介绍统计学及大数据研究的最新前沿和发展趋势。

2. 能力结构

既具有扎实的数理基础，又富有跨学科创新意识的复合型人才。鼓励学生有梦想、敢实践，走出课堂、走出校园、根植社会，在未来统计学研究与应用领域中有所建树，成长为统计专业学术精英和创新型人才，投身国家的科技发展与经济建设并做出巨大贡献。

3. 素质结构

要求学生系统掌握马克思主义基本理论，具有科学世界观、爱国主义和集体主义精神，有理想、有道德、有文化、守纪律，成为立志献身祖国建设事业的合格公民。通过专业课程和通识课程的系统学习，打下深厚的数理基础，融合经济学与金融学理论，培养良好的道德素质、科学文化素质和专业素质，成长为与国际统计发展接轨的创新拔尖型人才。具有健康的体魄，达到"学生体质健康标准"的要求。

四、培养计划(详见附件)

1. 专业核心课程

专业核心课程表

序号	课程代码	课程名称
1	100693	数学分析Ⅰ
2	105308	数学分析Ⅱ
3	105309	数学分析Ⅲ
4	103298	高等代数Ⅰ
5	103299	高等代数Ⅱ
6	105490	概率论
7	103246	数理统计
8	105506	数据结构
9	105511	运筹学
10	100923	回归分析

续表

序号	课程代码	课程名称
11	100786	计算统计
12	102689	机器学习
13	100250	计算与优化
14	103237	时间序列分析
15	103294	非参数统计
16	103322	多元统计分析
17	103300	复变函数
18	100982	实变函数
19	100409	泛函分析

2. 学分分配情况

专业学分分配表

课程类别			学分	占总学分百分比	
必修课	公共课	通识教育课	60	40%	小计 82%
		第二课堂、毕业实习与毕业论文	23	15.33%	
	专业课	学科共同课	15	小计 123	10%
		专业课	17		11.33%
		个性化培养	8		5.33%
选修课	公共课	通识教育课	11	小计 27	7.33%	小计 18%
	专业课	学科共同课	8		5.33%	
		专业课	5		3.33%	
		个性化培养	3		2%	
毕业要求总合计			150	100%	

3. 课程与知识对应情况

培养方案中课程与知识领域对应情况

序号	知识领域	教育部教指委专业标准	本专业开设的相关课程
1	基础性知识	包括经济学、管理学、政治学、社会学和法学等社会科学知识，以及有利于促进学生全面发展的人文、艺术和自然科学知识	通识教育课程体系中的历史、哲学、体育与健康教育、思想政治与法律4个通识教育模块；通识限定选修课中的7个模块；通识选修课模块；新生研讨课；个性化培养课程体系以及第二课堂
2	专业性知识	包括统计学专业的基本知识、基本理论和基本技能	学科共同课、专业课以及个性化培养课程中的部分拔尖型必修课程
3	工具性知识	包括外语、计算机及信息技术应用、文献检索、社会调查与研究方法、论文写作	通识模块六的计算机编程；通识模块七的英语；以及数据库、数据结构、统计写作等部分专业选修和个性化选修课程
4	思想政治	思想政治理论课和通识课程学分应占总学分的40%左右。思想政治理论课程至少开设以下课程：马克思主义基本原理、毛泽东思想和中国特色社会主义理论体系概论、形势与政策、思想道德修养与法律基础、中国近现代史纲要	思想政治理论课程和通识课程的学分设置符合统计学类专业教育国家质量标准的要求。开设的思想政治课程包括：中国近现代史纲要、马克思主义基本原理、毛泽东思想和中国特色社会主义理论体系概论、习近平新时代中国特色社会主义思想概论、思想道德与法治及形势与政策等
5	通识教育	通识课程包括数学、外语、计算机及信息技术应用、体育等必修课程，以及根据学校特色和条件设置的人文艺术、社会科学和自然科学类选修课程。社会科学类选修课程应包括政治学、社会学、法学相关课程	本专业开设了通识教育模块、通识限定选修模块、通识选修和新生研讨4个模块化课程。其中，通识教育模块包括历史、哲学、体育与健康教育、数理基础、思想政治与法律基础、计算机和外语七部分；通识限定选修模块包括经典阅读与历史文化传承、哲学思辨与伦理规范、艺术修养与运动健康、经济分析与数学思维、社会分析与公民素养、科技进步与科学精神、语言与跨文化沟通七个部分
6	学科基础	学科基础课程应包括数学分析、高等代数、实变函数、数学建模、概率论等相关课程。各高校可在此基础上根据实际情况安排1~2门其他课程	数学分析、高等代数、复变函数、实变函数、泛函分析、概率论等
7	专业必修	统计学专业必修课程有数理统计、回归分析、多元统计分析、时间序列分析、随机过程、统计计算与软件等	数理统计、回归分析、多元统计分析、时间序列分析、计算统计、非参数统计、机器学习、计算与优化、运筹学等

续表

序号	知识领域	教育部教指委专业标准	本专业开设的相关课程
8	专业选修	专业选修课应当与专业必修课形成逻辑上的拓展与延续关系,并形成课程模块(课程组)供学生选择性修读。各专业可以自主设置专业选修课程体系。鼓励有条件的高校开设双语或全英文专业课程、文献选读、模型建立类课程	金融建模、深度学习、文本挖掘技术、随机过程、商务统计建模与决策、国民经济核算、金融统计学、金融风险管理、计量经济学、统计思想、抽样技术、数量金融、统计预测与决策、试验设计、生存分析等

4. 课程关系情况

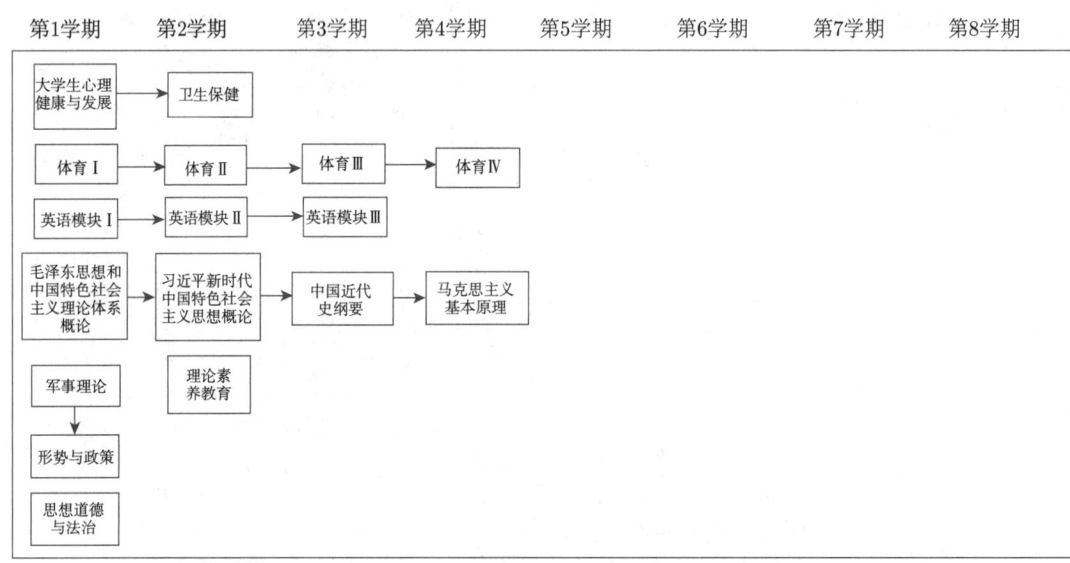

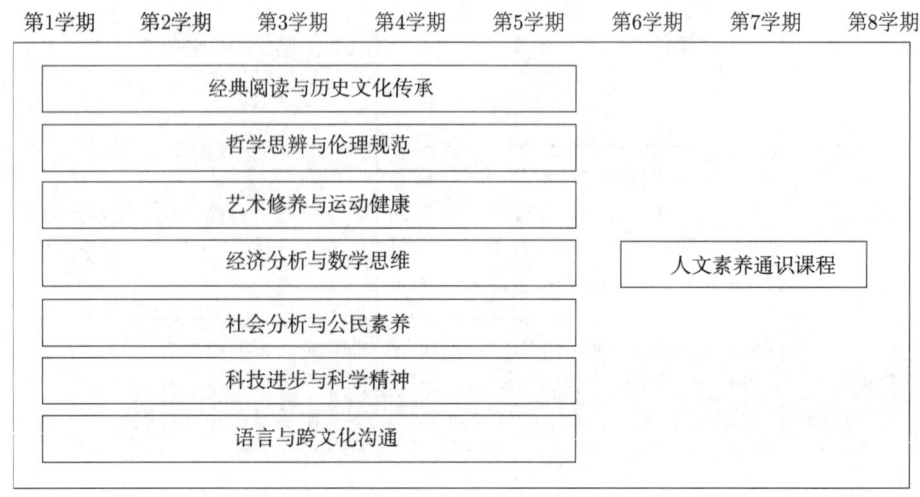

上海财经大学 统计学专业实验班培养方案（2024级）

2024统计学实验班

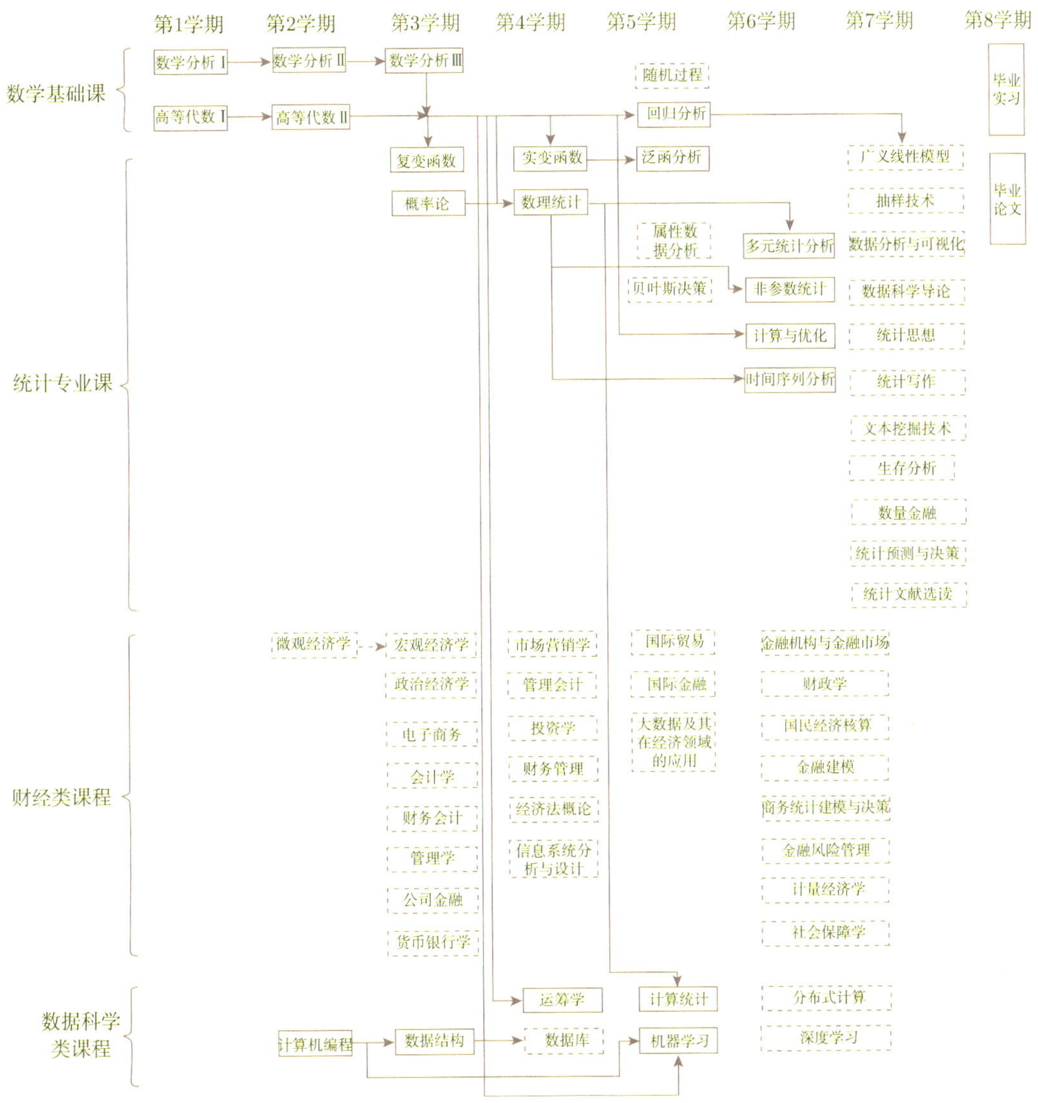

	第1学期	第2学期	第3学期	第4学期	第5学期	第6学期	第7学期	第8学期
数学基础课	数学分析Ⅰ 高等代数Ⅰ	数学分析Ⅱ 高等代数Ⅱ	数学分析Ⅲ		随机过程	回归分析		毕业实习 毕业论文
统计专业课			复变函数 概率论	实变函数 数理统计	泛函分析 属性数据分析 贝叶斯决策 计算与优化 时间序列分析	多元统计分析 非参数统计	广义线性模型 抽样技术 数据分析与可视化 数据科学导论 统计思想 统计写作 文本挖掘技术 生存分析 数量金融 统计预测与决策 统计文献选读	
财经类课程	微观经济学	宏观经济学 政治经济学 电子商务 会计学 财务会计 管理学 公司金融 货币银行学	市场营销学 管理会计 投资学 财务管理 经济法概论 信息系统分析与设计	国际贸易 国际金融 大数据及其在经济领域的应用	金融机构与金融市场 财政学 国民经济核算 金融建模 商务统计建模与决策 金融风险管理 计量经济学 社会保障学			
数据科学类课程			计算机编程	数据结构	运筹学 数据库	计算统计 机器学习	分布式计算 深度学习	

五、选拔、考核和退出

本项目实行严格的选拔和科学的考核与退出机制。

1. 选拔和考核

（1）选拔规模：以统计与数据科学学院一年级本科生为主，兼顾大一下学期外院转专业同学申请，每年招生人数原则上为 40 人。

（2）选拔时间与对象：学院 9 月初进行院内新生选拔，外院转专业的同学选拔一般在每年 4 月份，具体信息请关注学院网站通知。

(3) 选拔要求：有志于从事统计学科学研究，并有攻读博士学位意向的优秀本科生。

(4) 考核方式：自愿报名后，对符合条件的学生进行笔试和面试。

2. 退出

基于多年统计学实验班的经验，为培养优秀的人才和营造稳定的学习环境，前两学年实施进出制管理。规定如下：

(1) 实验班学生仅可选本班课程，不受成绩正态分布的"高分比例"限制。

(2) 每学期末，班级排名最后5%的学生将退出，转至本院其他专业。

(3) 舞弊或违纪受处分者，舞弊或违纪者直接退出，不受比例限制。

(4) 学期内必修课挂科超过两门者直接退出，不受比例限制。

(5) 学期初，学生可根据情况申请"自动退出"，通过后转至本院其他专业。

(6) 不满足转入所在专业或方向一学年的同学不得参与奖学金评定和申请。

(7) 自动退出并转至本院其他专业的学生不占当年转入名额，需签订自愿退出和调剂情况说明书。

六、毕业论文(设计)

毕业论文是统计学本科学生在掌握本门学科的基础理论、专门知识和基本技能的基础上，进行科学研究工作的训练，是培养独立工作能力、全面提高教学质量的重要环节。第八学期学生必须在老师指导下独立完成毕业论文的写作。具体要求见《上海财经大学本科学生毕业论文(设计)工作的规定》。

七、成绩考核

为巩固学生所学知识，检查教学效果，保证教学质量，严格执行考核制度。考核合格，给予相应的成绩。各门课程分别记载学分、成绩与绩点。具体规定详见《上海财经大学学分制实施办法》《上海财经大学本科学生学籍管理实施细则》和《上海财经大学学生课程考核管理办法》。

八、科学研究

本专业为使学生逐步掌握科学研究的基本方法，提高学生的科学研究能力，培养和提高学生认识问题、分析问题和解决问题的能力，引导和组织学生参加学术探讨和科学研究，积极鼓励学生参与社会和经济领域的学术活动，提倡学生结合课程教学、社会实践等开展科研活动。对科研成绩优秀的学生，将在优秀学生、奖学金等的评定中给予优先考虑，对成绩显著者，将另行给予奖励。

同时，本专业方向注重加强实验室、实习实训基地、实践教学共享平台建设，积极构建多层次实践课程体系。让学生通过参加社会实践活动、团学联与社团活动、学术报告与讲座、创新创业训练项目等第二课堂活动，增强对专业理论知识的理解和应用。同时本专业学生需要参加 8 周的社会实习以进一步提升社会实践能力，在此基础之上学生可总结在校期间的学习成果，综合性地、创造性地运用所学知识和技能撰写毕业论文。

为提高学生的实际操作能力和工作能力，培养学生的综合素质，本专业方向的学生需修满 150 学分后方可毕业。其中课堂教学环节 127 学分，本专业学生在校期间需完成 15 个学分的第二课堂学习，内容包括军训、体育锻炼和实践教育；鼓励学生结合所学专业知识，自主开展各类实习、社会实践和社会调查活动，毕业实习环节需完成 4 个学分。第二课堂、毕业实习与毕业论文环节合计占到总学分的 15.33%。课堂教学环节包括通识教育模块 71 学分，学科共同课程 23 学分，专业课 22 学分，个性化培养课程 11 学分。

九、学制与学位

本专业教育实行四学年的基本学制，并实行弹性学制。凡按教学计划和有关规定，提前学完全部课程，取得相应的学分，符合毕业条件者，允许提前毕业，或辅修另一专业的主干课程。学生在符合有关规定的条件下，可延长在校学习期限，但最长不得超过两年延长期。具体规定详见《上海财经大学本科学生学籍管理实施细则》《上海财经大学本科辅修专业、辅修学位教育试行办法》等。

本专业学生在规定的时间内完成培养方案规定的全部课程和学习任务，获得相应的学分，准予毕业并发给毕业证书。毕业生符合《中华人民共和国学位条例》《中华人民共和国学位条例暂行实施办法》和学校的有关规定者，经学校学位委员会审查通过，授予理学学士学位。

附件：

统计学专业实验班培养计划（2024 级）

分类		课程代码	课程名称	学分	按学期学分分配								开课院系	备注
					1	2	3	4	5	6	7	8		
通识教育课程	通识模块一	近现代史	102985	中国近现代史纲要	2			√						马克思主义学院	
		学分小计		2			2							
		理论素养教育		1	1									
		学分小计		3	1		2							

续表

分类			课程代码	课程名称	学分	按学期学分分配								开课院系	备注
						1	2	3	4	5	6	7	8		
通识教育课程	通识模块二		103638	马克思主义基本原理	3				√					马克思主义学院	
			学分小计		3				3						
	通识模块三			体育模块Ⅰ	1	1									
				体育模块Ⅱ	1		1								
				体育模块Ⅲ	0.5			0.5							
				体育模块Ⅳ	0.5				0.5						
		健康教育	106233	大学生心理健康与发展	2	√								党委学生工作部(党委研究生工作部)	
			106001	卫生保健	1		√							医疗健康服务中心	
			学分小计		3	2	1								
			学分小计		6	3	2	0.5	0.5						
	通识模块四		100693	数学分析Ⅰ	6	√								统计与数据科学学院	
			105308	数学分析Ⅱ	6		√							统计与数据科学学院	
			105309	数学分析Ⅲ	4			√						统计与数据科学学院	
			105490	概率论	4			√						统计与数据科学学院	
			103246	数理统计	4				√					统计与数据科学学院	
			学分小计		24	6	6	8	4						
	通识模块五		101156	形势与政策	1	√								马克思主义学院	
			101938	思想道德与法治	3	√								马克思主义学院	

续表

分类		课程代码	课程名称	学分	按学期学分分配								开课院系	备注
					1	2	3	4	5	6	7	8		
通识教育课程		103486	军事理论	2	√								保卫部	1学分在线学习
		104792	毛泽东思想和中国特色社会主义理论体系概论	2	√								马克思主义学院	
		104793	习近平新时代中国特色社会主义思想概论	3		√							马克思主义学院	
		学分小计		11	8	3								
	通识模块六	101828	计算机编程	3		√							统计与数据科学学院	
		学分小计		3		3								
	通识模块七		英语模块Ⅰ	4	4									
			英语模块Ⅱ	4		4								
			英语模块Ⅲ	2			2							
		学分小计		10	4	4	2							
	通识限定选修课		通识模块一(经典阅读与历史文化传承)限选课	2										
			通识模块二(哲学思辨与伦理规范)限选课	2										
			通识模块三(艺术修养与运动健康)限选课	2										

续表

分类		课程代码	课程名称	学分	按学期学分分配								开课院系	备注
					1	2	3	4	5	6	7	8		
通识教育课程	通识限定选修课		通识模块四(经济分析与数学思维)限选课	2										
			通识模块五(社会分析与公民素养)限选课	2										
			通识模块六(科技进步与科学精神)限选课	2										
			通识模块七(语言与跨文化沟通)限选课	2										
			学分小计	8				2	4		2			从七个模块中选修四个模块
			通识选修课	2					2					
			新生研讨课	1		1								
			学分小计	71	21	20	12.5	11.5	4		2			
学科共同课	必修课	103298	高等代数Ⅰ	3	√								数学学院	
		103299	高等代数Ⅱ	3		√							数学学院	
		105506	数据结构	3			√						统计与数据科学学院	
		105511	运筹学	3				√					统计与数据科学学院	
		100923	回归分析	3					√				统计与数据科学学院	
			学分小计	15	3	3	3	3	3					
	选修课	103430	微观经济学	2		√							经济学院	

续表

分类		课程代码	课程名称	学分	按学期学分分配								开课院系	备注
					1	2	3	4	5	6	7	8		
学科共同课	选修课	100096	宏观经济学	2			√						经济学院	
		100656	电子商务	2			√						信息管理与工程学院	
		101271	管理学	2			√						商学院	
		101314	财务会计	3				√					会计学院	《财务会计》(英文),《会计学》(中文),可以2选1
		101376	会计学	3			√						会计学院	《财务会计》(英文),《会计学》(中文),可以2选1
		101619	政治经济学	2		√							经济学院	
		105350	公司金融(选修)	3			√						金融学院	
		105352	货币银行学(选修)	2		√							金融学院	
		100319	信息系统分析与设计	4				√					信息管理与工程学院	
		101639	市场营销学	2				√					商学院	
		105354	投资学(选修)	3				√					金融学院	
		105478	经济法概论(选修)	2				√					法学院	

续表

分类		课程代码	课程名称	学分	按学期学分分配								开课院系	备注
					1	2	3	4	5	6	7	8		
学科共同课	选修课	105505	财务管理(新商科)	3				√					会计学院	《管理会计》(英文),财务管理(中文),可以2选1
		105508	数据库	3				√					统计与数据科学学院	
		105513	管理会计(新商科)	3				√					会计学院	《管理会计》(英文),财务管理(中文),可以2选1
		100202	贝叶斯决策	2					√				统计与数据科学学院	
		100830	国际金融	2					√				金融学院	
		100831	国际贸易	2					√				商学院	
		100937	属性数据分析	2					√				统计与数据科学学院	
		102336	大数据及其在经济领域的应用	2					√				信息管理与工程学院	
		100016	社会保障学	2						√			公共经济与管理学院	
		102041	财政学	2						√			公共经济与管理学院	
		105353	金融机构与金融市场(选修)	2						√			金融学院	
			选修学分	8			2	2	2	2				
			学分小计	23	3	3	5	5	5	2				

续表

分类		课程代码	课程名称	学分	按学期学分分配								开课院系	备注
					1	2	3	4	5	6	7	8		
专业课	必修课	100786	计算统计	3					√				统计与数据科学学院	
		102689	机器学习	3					√				统计与数据科学学院	
		100250	计算与优化	3						√			统计与数据科学学院	
		103237	时间序列分析	3						√			统计与数据科学学院	
		103294	非参数统计	2						√			统计与数据科学学院	
		103322	多元统计分析	3						√			统计与数据科学学院	
		学分小计		17					6	11				
	选修课	103275	数据科学导论	3					√				统计与数据科学学院	
		105509	随机过程	3					√				统计与数据科学学院	
		100659	国民经济核算	3						√			统计与数据科学学院	
		101849	商务统计建模与决策	3						√			统计与数据科学学院	
		103278	分布式计算	2						√			统计与数据科学学院	高年级研讨课(拟)
		105497	计量经济学	2						√			统计与数据科学学院	
		105498	金融风险管理	3						√			统计与数据科学学院	
		105500	金融建模	2						√			统计与数据科学学院	
		105503	深度学习	2						√			统计与数据科学学院	高年级研讨课(拟)

续表

分类		课程代码	课程名称	学分	按学期学分分配							开课院系	备注
					1	2	3	4	5	6	7	8		
专业课	选修课	106273	函数型数据分析方法、理论及其应用	2						√			统计与数据科学学院	高年级研讨课(拟)
		106274	因果推断	2						√			统计与数据科学学院	高年级研讨课(拟)
		106275	高维数据统计推断	2						√			统计与数据科学学院	高年级研讨课(拟)
		100189	统计思想	2							√		统计与数据科学学院	高年级研讨课
		100490	金融统计学	2							√		统计与数据科学学院	
		101592	抽样技术	2							√		统计与数据科学学院	
		101851	统计指数理论与应用	2							√		统计与数据科学学院	
		102039	数量金融	2							√		统计与数据科学学院	
		102731	图论及其应用	2							√		统计与数据科学学院	
		103087	数据分析与可视化	2							√		统计与数据科学学院	
		103256	统计预测与决策	2							√		统计与数据科学学院	
		103277	试验设计	2							√		统计与数据科学学院	
		103302	社会统计与社会调查方法	2							√		统计与数据科学学院	

续表

分类		课程代码	课程名称	学分	按学期学分分配								开课院系	备注
					1	2	3	4	5	6	7	8		
专业课	选修课	103431	统计写作	1							√		统计与数据科学学院	
		105504	生存分析	2							√		统计与数据科学学院	高年级研讨课(拟)
		105510	文本挖掘技术	2							√		统计与数据科学学院	
		106276	金融优化	2							√		统计与数据科学学院	高年级研讨课(拟)
			选修学分	5						3	2			
			学分小计	22					6	14	2			
个性化培养课程	拔尖型	必修课	100982	实变函数	3				√					统计与数据科学学院	
			100409	泛函分析	3					√				统计与数据科学学院	
			102109	广义线性模型	2							√		统计与数据科学学院	
			学分小计	8				3	3		2			
		选修课	103300	复变函数	2			√						统计与数据科学学院	
			102111	统计文献选读	2							√		统计与数据科学学院	
			选修学分	2		2								
			国际课程	1						1				
			学分小计	11		2	3	3		1	2			
			学分小计	11		2	3	3		1	2			
第二课堂			军训	2										
			体育锻炼	1										
			实践教育	12										
			毕业论文	4								4		

339

续表

分类	课程代码	课程名称	学分	按学期学分分配								开课院系	备注
				1	2	3	4	5	6	7	8		
第二课堂		毕业实习	4							4			
		学分小计	23										
全程总计			150	24	23	19.5	19.5	18	17	6	8		
备注	1) 至少修读2学分的艺术修养类通识限定选修课或通识选修课程； 2) 需完成不少于32学时(2学分)的劳动实践教育内容； 3) 修读的暑期国际课程超过1学分的，具体替换规则以学院当年通知细则为准。												

上海交通大学
统计学专业培养方案 (2023 级)

一、培养目标与规格

本专业旨在培养品德优良、具有扎实的数学和统计理论功底、系统掌握统计专业知识、熟练运用计算机和统计软件、具有创新意识和实践能力的复合型人才。

统计学是应用数学的一个分支，主要通过利用概率论建立数学模型，收集所观察系统的数据，进行量化分析、总结，做出推断和预测，为相关决策提供依据和参考。它被广泛地应用在各门学科之上，从物理和社会科学到人文科学，甚至被用在工商业及政府的情报决策之上。随着数字化的进程不断加快，人们越来越多地希望能够从大量的数据中总结出一些经验规律从而为后面的决策提供一些依据。统计学专业不是仅仅像其表面的文字表示，只是统计数字，而是包含了调查、收集、分析、预测等。应用的范围十分广泛。本专业以精英教育的理念统领人才培养工作，培养德、智、体、美、劳全面发展，知识、能力、素质协调统一，具有创新精神和能力的高层次人才。

二、规范与要求

1. 本科教育的基本定位

上海交通大学本科教育以"立德树人"为根本任务，以"价值引领、知识探究、能力建设、人格养成"为人才培养理念，实施与通识教育相融合的宽口径专业教育，使学生成为具备社会责任感、创新精神、实践能力、宽厚基础、人文情怀和全球视野的卓越创新人才。

2. 本科人才培养目标体系构成

围绕落实"四位一体"育人理念，学校构建了可实施、可评测的本科专业人才培养目标体系。学校本科专业培养的目标体系构成包含四个核心要素，即"价值引领、知识探究、能力建设和人格养成"。各专业的培养方案可在此基础上作进一步细化，同时结合本专业的认证标准，提出本专业人才培养目标要求，并做好课程体系与培养目标之间的对应。

(1) 价值引领

A1 坚定理想信念，践行社会主义核心价值观

A2 厚植家国情怀，担当民族伟大复兴重任

A3 立足行业领域，矢志成为国家栋梁

A4 追求真理，树立创造未来的远大目标

A5 胸怀天下，以增进全人类福祉为己任

(2) 知识探究

B1 深厚的基础理论

B2 扎实的专业核心

B3 宽广的跨学科知识

B4 领先的专业前沿

B5 广博的通识教育

(3) 能力建设

C1 审美与鉴赏能力

C2 沟通协作与管理领导能力

C3 批判性思维、实践与创新能力

C4 跨文化沟通交流与全球胜任力

C5 终身学习和自主学习能力

(4) 人格养成

D1 刻苦务实，意志坚强

D2 努力拼搏，敢为人先

D3 诚实守信，忠于职守

D4 身心和谐，体魄强健

D5 崇礼明德，仁爱宽容

三、课程体系构成

1. 通识教育课程

通识教育课程由两部分组成，即公共课程和通识教育核心课程，共 42 学分。公共课程含思想政治类课程、英语、体育等 32 学分；通识教育核心课程最低要求为 10 学分，须在人文学科、社会科学、艺术修养、工程科学与技术模块课程中各至少选修 2 学分，其余学分可在 5 个模块课程中任意选修。

2. 专业教育课程

最低要求为 82 学分。专业教育课程由三部分组成，即专业基础课程 37 学分，专业必修课程 36 学分和专业选修课 9 学分(专业选修课至少选 3 门课)。

3. 专业实践类课程

实践教育课程最低要求为 16 学分,其中实验课程 2 学分,军训 2 学分,毕业设计 12 学分。

4. 个性化教育课程

全部修业期间,个性化教育课程需修满 6 学分。除本专业培养方案中通识教育课程、专业教育课程、实践教育课程三个模块要求学分之外的所有学分均可计入。

四、学制、毕业条件与学位

统计学专业学制 4 年,最长修读年限(含休学)不得超过 6 年。学生修完本专业培养计划规定的课程及教学实践环节,取得规定的 146 学分,通过游泳技能达标测试,德、智、体、美、劳考核合格,按照《中华人民共和国学位条例》规定的条件授予理学学士学位。

五、课程设置一览表

1. 通识教育课程

要求最低学分:42 学分

(1) 公共课程类

要求最低学分:32 学分

① 必修　　要求最低学分:26 学分

须修满全部。

课程代码	课程名称	学分	总学时	理论学时	实践学时	年级	推荐学期	课程性质	价值贡献	知识贡献	能力贡献	素质贡献	备注
KE1201	体育(1)	1	32	0	32	一	1	必修					
PSY1201	大学生心理健康	1	16	16	0	一	1	必修					
MARX1205	形势与政策	0.5	8	8	0	一	1	必修					
MIL1201	军事理论	2	32	32	0	一	1	必修					
MARX1208	思想道德与法治	3	48	48	0	一	1	必修					
MARX1202	中国近现代史纲要	3	48	48	0	一	2	必修					
KE1202	体育(2)	1	32	0	32	一	2	必修					

续表

课程代码	课程名称	学分	总学时	理论学时	实践学时	年级	推荐学期	课程性质	价值贡献	知识贡献	能力贡献	素质贡献	备注
MARX1206	新时代社会认知实践	2	32	4	28	一	2	必修					
MARX1219	习近平新时代中国特色社会主义思想概论	3	48	40	8	二	1	必修					
KE2201	体育(3)	1	32	0	32	二	1	必修					
MARX1203	毛泽东思想和中国特色社会主义理论体系概论	3	48	48	0	二	2	必修					
KE2202	体育(4)	1	32	0	32	二	2	必修					
MARX1204	马克思主义基本原理	3	48	48	0	三	1	必修					
总计		24.5	456	292	164								

② 英语选修　　要求最低学分：6 学分

英语选修课。全部修业期间需修满 6 学分，且需达到学校英语培养目标基本要求，多修读学分计入个性化。

课程代码	课程名称	学分	总学时	理论学时	实践学时	年级	推荐学期	课程性质	价值贡献	知识贡献	能力贡献	素质贡献	备注
FL1201	大学英语(1)	3	48	48	0	一	1	限选					
FL2201	大学英语(2)	3	48	48	0	一	1	限选					
FL4201	大学英语(4)	3	48	48	0	一	1	限选					
FL3201	大学英语(3)	3	48	48	0	一	1	限选					
FL5201	大学英语(5)	3	48	48	0	一	2	限选					
总计		15	240	240	0								

(2) 通识核心类模块

要求最低学分：10 学分

最低要求为 10 学分。须在人文学科、社会科学、艺术修养、工程科学与技术模块课程中各至少选修 2 学分。其余学分可在 5 个模块课程中任意选修。

① 人文学科　　要求最低学分：2 学分

见课程组，在人文学科(2022)中选择。

② 社会科学　　要求最低学分：2 学分

见课程组，在社会科学(2022)中选择。

③ 工程科学与技术　　要求最低学分：2 学分

见课程组，在工程科学与技术(2022)中选择。

④ 艺术修养　　要求最低学分：2 学分

见课程组，在艺术修养(2022)中选择。

⑤ 自然科学　　要求最低学分：0 学分

在该模块没有学分要求。但另外模块最低学分要求都分别达标后，选修此模块课程的学分可计入通识教育核心课程总学分。

见课程组，在自然科学(2022)中选择。

2. 专业教育课程

要求最低学分：82 学分

(1) 基础类

要求最低学分：37 学分

① 必修　　要求最低学分：15 学分

须修满全部。

课程代码	课程名称	学分	总学时	理论学时	实践学时	年级	推荐学期	课程性质	价值贡献	知识贡献	能力贡献	素质贡献	备注
PHY1600	专业导论(数、理、统、天)	1	16	16	0	一	1	必修					
PHY1601	力学	4	64	64	0	一	1	必修					
PHY1602	热学	3	48	48	0	一	2	必修					
MATH1803	程序设计	3	48	48	0	一	2	必修					
PHY1603	电磁学	4	64	64	0	一	2	必修					
总计		15	240	240	0								

② 数学选修　　要求最低学分：14学分

A. 数学一　　要求最低学分：6学分　　课程最低门数：1门

课程代码	课程名称	学分	总学时	理论学时	实践学时	年级	推荐学期	课程性质	价值贡献	知识贡献	能力贡献	素质贡献	备注
MATH1607H	数学分析（荣誉）I	6	96	96	0	一	1	限选					
MATH1203	数学分析 I	6	96	96	0	一	1	限选					
总计		12	192	192	0								

B. 数学二　　要求最低学分：4学分　　课程最低门数：1门

课程代码	课程名称	学分	总学时	理论学时	实践学时	年级	推荐学期	课程性质	价值贡献	知识贡献	能力贡献	素质贡献	备注
MATH1204	数学分析 II	4	64	64	0	一	2	限选					
MATH1608H	数学分析（荣誉）II	4	64	64	0	一	2	限选					
总计		8	128	128	0								

C. 数学三　　要求最低学分：4学分　　课程最低门数：1门

课程代码	课程名称	学分	总学时	理论学时	实践学时	年级	推荐学期	课程性质	价值贡献	知识贡献	能力贡献	素质贡献	备注
MATH2607H	数学分析（荣誉）III	4	64	64	0	二	1	限选					
MATH2607	数学分析 III	4	64	64	0	二	1	限选					
总计		8	128	128	0								

③ 高等代数选修　　要求最低学分：8学分

A. 高等代数一　　要求最低学分：5学分　　课程最低门数：1门

课程代码	课程名称	学分	总学时	理论学时	实践学时	年级	推荐学期	课程性质	价值贡献	知识贡献	能力贡献	素质贡献	备注
MATH1405H	高等代数（荣誉）I	5	80	80	0	一	1	限选					
MATH1405	高等代数 I	5	80	80	0	一	1	限选					
总计		10	160	160	0								

B. 高等代数二　　要求最低学分：3学分　　课程最低门数：1门

课程代码	课程名称	学分	总学时	理论学时	实践学时	年级	推荐学期	课程性质	价值贡献	知识贡献	能力贡献	素质贡献	备注
MATH1406H	高等代数（荣誉）II	3	48	48	0	一	2	限选					
MATH1406	高等代数II	3	48	48	0	一	2	限选					
总计		6	96	96	0								

(2) 专业类

要求最低学分：45学分

① 必修　　要求最低学分：36学分

须修满全部。

课程代码	课程名称	学分	总学时	理论学时	实践学时	年级	推荐学期	课程性质	价值贡献	知识贡献	能力贡献	素质贡献	备注
MATH2701	概率论	4	64	64	0	二	1	必修					
MATH2609	复分析	4	64	64	0	二	1	必修					
MATH4704	随机过程	3	48	48	0	二	2	必修					
MATH3705	数理统计	3	48	48	0	二	2	必修					
MATH2501	常微分方程	4	64	64	0	二	2	必修					
MATH3605	实变函数	3	48	48	0	二	2	必修					
MATH4701	多元统计	3	48	48	0	三	1	必修					
MATH3711	回归分析与线性模型	3	48	48	0	三	1	必修					
MATH3712	统计学习	3	48	48	0	三	2	必修					
MATH2802	科学计算	3	48	48	0	三	1	必修					
MATH4702	时间序列分析	3	48	48	0	三	2	必修					
总计		36	576	576	0								

② 专业选修　　要求最低学分：9学分　　　　课程最低门数：3门

专业选修课。至少修满3门课。

课程代码	课程名称	学分	总学时	理论学时	实践学时	年级	推荐学期	课程性质	价值贡献	知识贡献	能力贡献	素质贡献	备注
MATH3801	数学规划	3	48	48	0	三	1	限选					
MATH3806	最优化方法	3	48	48	0	三	1	限选					
MATH2702	随机模拟方法	3	48	48	0	三	2	限选					
MATH3706	贝叶斯统计	3	48	48	0	三	2	限选					
MATH3713	金融统计	3	48	48	0	三	2	限选					
MATH4306	研讨课	2	32	32	0	四	1	限选					
MATH3710	统计软件与算法	3	48	48	0	四	1	限选					
MATH4705	生存分析	3	48	48	0	四	1	限选					
MATH3807	高等计算方法	3	48	48	0	四	1	限选					
MATH3708	大数据分析	3	48	48	0	四	1	限选					
MATH4703	数理金融	3	48	48	0	四	1	限选					
总计		32	512	512	0								

3. 专业实践类课程

要求最低学分：16学分

(1) 实验课程

必修　　要求最低学分：2学分

须修满全部。

课程代码	课程名称	学分	总学时	理论学时	实践学时	年级	推荐学期	课程性质	价值贡献	知识贡献	能力贡献	素质贡献	备注
PHY1401	物理学实验导论	2	32	0	32	一	1	必修					
总计		2	32	0	32								

(2) 军事技能训练

必修　　要求最低学分：2 学分

须修满全部。

课程代码	课程名称	学分	总学时	理论学时	实践学时	年级	推荐学期	课程性质	价值贡献	知识贡献	能力贡献	素质贡献	备注
MIL1202	军训	2	112	0	112	一	1	必修					
总计		2	112	0	112								

(3) 专业综合训练

必修　　要求最低学分：12 学分

须修满全部。

课程代码	课程名称	学分	总学时	理论学时	实践学时	年级	推荐学期	课程性质	价值贡献	知识贡献	能力贡献	素质贡献	备注
MATH4304	毕业设计(论文)(统计)	12	192	192	0	四	2	必修					
总计		12	192	192	0								

4. 个性化教育课程

要求最低学分：6 学分

除本专业培养方案中通识教育课程、专业教育课程、实践教育课程三个模块要求学分之外的所有学分均可计入。

云南大学
统计学专业培养方案

一、培养目标

本着遵循高等教育教学和人才培养规律,以特色发展为导向,以提高质量为核心,按照"育人为本、德育为先、能力为重、全面发展"要求,着力推进协同育人、科研育人、实践育人和文化育人,构建"知识、能力、人格"三位一体的育人体系,培养学生的学习能力、创新能力、实践能力、交流能力和社会适应能力,造就"基础厚、素养高、能力强、潜力大、全面发展"的高素质专门人才和拔尖创新人才的培养宗旨,统计学专业培养学生的目标是:具有坚实的数学基础,良好的统计理论素养,熟练的计算机及统计软件应用能力,具备专业学习与应用所需的英语听说读写能力以及较强的社会沟通能力,面对大数据时代的社会需求,具有较大发展潜力和卓越创新实践能力,适应能力强、全面发展的高素质数据分析处理人才。

二、培养要求

1. 知识要求

(1) 掌握统计学的基础知识、基本理论,具备系统的统计思想。具体包含概率和数理基础理论,统计计算能力,现代统计学的核心方法如抽样技术、回归分析、多元统计、时间序列分析以及试验设计等。

(2) 掌握应用计算机和多种统计软件进行数据分析的多种方法,并能根据数据特点进行方法的选择、整合以及创新。

2. 能力要求

(1) 具备了解统计学理论与方法的发展动态,并且继续学习新知识的能力,以及进行科学研究的基本能力。

(2) 掌握中外文资料查询和文献检索的现代信息技术,具备探索、研究和解决新问题的能力。

(3) 具备在新的行业及领域(经济、金融、保险、管理、市场调查、生物、医药、工业、农业、林业、商业、信息技术、教育、卫生、气象、环境和减灾等)中快速学习并应用统计方法发现、分析、解决问题的能力。

3. 素质要求(含专业思政要求)

(1) 具有良好的政治、思想、文化、道德、身体和心理素质,全面发展;树立科学的世界观和正确的人生观。

(2) 具有交流沟通、适应环境和团队合作的良好能力。

(3) 具有一定职业发展能力和自我提升能力。

三、主干学科

统计学　数学

四、学制与学位

基本学制为4年,弹性学制为3～7年,授予理学学士学位。

五、课程设置

1. 专业核心课程

统计学概论、统计学概论实验、统计计算与软件、统计计算与软件实验、数理统计、应用回归分析、应用回归分析实验、应用多元统计分析、应用多元统计分析实验、应用时间序列分析、应用时间序列分析实验、随机过程、随机过程实验。

2. 主要实践性教学环节

主要课程有:(1) 与理论课配套的上机实验和实训;(2) 科研训练;(3) 含学年论文;(4) 课外科研实践(各种建模竞赛、大学生创新创业项目等);(5) 专业毕业实习;(6) 毕业论文。实践教学学分占总学分的31.64%。

3. 专业"阅读计划"书目

(1)《数学分析中的典型问题与方法》, 裴礼文编著,北京:高等教育出版社,2006年,第二版。

(2)《高等代数中的典型问题与方法》,李志慧、李永明编著,北京:科学出版社,2008年。

(3)《统计学》,贾俊平编著,北京:中国人民大学出版社,2003年。

(4)《概率论与数理统计》,陈希孺编著,合肥:中国科学技术大学出版社,2009年,第六版。

(5) Mathematical Statistics with Application,Irwin Miller、John E.Freund、Marylees Miller 编著,北京:清华大学出版社,2005年,第七版。

(6)《概率论(第二册)》、《数理统计(第一分册)》,复旦大学编,北京:高等教育出版社,1979年。

(7)《实验设计和分析》,(美)狄恩(Angela Dean)编,北京:世界图书出版公司,2010 年。

(8)《经典和现代回归分析及其应用(影印版)》,(美)麦尔斯著,北京:高等教育出版社,2008 年,第二版。

(9)《抽样技术》,金勇进等编著,北京:中国人民大学出版社,2012 年,第三版。

(10)《非线性时间序列——建模、预报及应用》,范剑青、姚琦伟著,陈敏译,北京:高等教育出版社,2011 年。

(11)《多元统计分析及 R 语言建模》,王斌会编著,广州:暨南大学出版社,2011 年。

(12)《计量经济学分析方法与建模:EViews 应用及实例》,高铁梅编著,北京:清华大学出版社,2009 年,第二版。

(13)《统计建模与 R 软件》,薛毅、陈立萍编著,北京:清华大学出版社,2007 年。

(14)《应用随机过程:概率模型导论》,(美)罗斯(Sheldon M.Ross)著,龚光鲁译,北京:人民邮电出版社,2012 年,第十版。

(15)《寿险精算学》,王燕编著,北京:中国人民大学出版社,2014 年,第二版。

(16)《非寿险精算学》,杨静平编著,北京:北京大学出版社,2012 年。

(17)《IBM SPSS 数据分析与挖掘实战案例精粹》,张文彤、钟云飞著,北京:清华大学出版社,2013 年。

(18)《统计学:从数据到结论》,吴喜之编著,北京:中国统计出版社,2013 年。

(19)《经济学的思维方式》,(美)海恩著,史晨等译,北京:世界图书出版公司,2012 年,修订第十二版。

(20)《属性数据分析引论》,(美)阿格雷斯特著,张淑梅等译,北京:高等教育出版社,2008 年,第二版。

(21)《统计与真理:怎样运用偶然性》,(美) C. R. 劳,四川大学译,北京:科学出版社,2002 年。

阅读计划通过两种方式落实:第一,各门专业课教师指定作为课程的阅读材料,在课堂教学中以读书笔记方式完成;第二,给学生安排导师,指导学生进行阅读。

4. 核心课程与培养要求的对应关系矩阵

核心课程(理论课程、实践课程)与培养要求重点对应关系矩阵

培养要求	核心课程名称	核心课程如何有效支撑培养目标、培养要求
1. 掌握统计学学科概貌及框架,了解统计学的历史和发展	统计学概论	通过教学,达到让学生了解统计学的概念、历史、发展、基本思想和学科框架,对统计学学科有整体认识的目标

续表

培养要求	核心课程名称	核心课程如何有效支撑培养目标、培养要求
2. 掌握统计学基础理论	数理统计	通过教学,达到让学生掌握统计学核心基础理论——概率论与数理统计理论的目标
3. 掌握统计学核心方法	应用回归分析	通过教学,达到让学生系统掌握统计学核心方法论——回归分析、时间序列分析、随机过程等方法的目标
	应用多元统计分析	
	应用时间序列	
	随机过程	
4. 掌握统计学基本方法及其主要统计软件的应用	统计学实验	通过上机实验、实训或实践应用,达到让学生熟练操作统计软件,运用统计学方法进行统计分析的目标。培养学生的科研能力、撰写学术论文的能力,及运用统计学方法解决实际问题的能力,培养学生的创新能力
	应用回归分析实验	
	应用多元统计分析实验	
	统计计算与软件	
	统计计算与软件实验	
	应用时间序列分析实验	
	随机过程实验	

六、毕业与授予学位要求

1. 修读学分要求

统计学专业课程平台、模块及学分分配表

课程平台	课程模块		课程类型	学分
第一课堂教育	通识教育	通识必修课程	包括思政、外语、体育、计算机、中文写作、文科数学、心理健康、创新创业、军事课等	54
			全校通识教育选修课程	
	大类(学科)教育		大类(学科)教育课程	37
	专业教育	专业课程	专业核心课程	27
			专业选修课程	18
		综合实践	专业实习、学年论文、毕业论文、科研训练类、专业综合技能训练类、阅读计划、研究计划等	16
	拓展教育	跨学科教育	跨学科门类课程	6
		专业深度教育	挑战性课程类、本硕衔接课程类等	
		个性拓展教育	特色拓展课程类、专创融合课程类	
	总学分	158	实践教学环节学分占比	31.64%
第二课堂教育			劳动教育、科技创新、学术讲座、社团活动社会实践、技能考证、海外短期交流学习等。	6

2. 主修专业毕业和学位修读要求

在学校规定的学习年限内，按教学计划修满第一课堂 158 学分、第二课堂 6 学分，达到《国家学生体质健康标准》，予以毕业，授予理学学士学位。

3. 辅修专业和辅修学位修读要求

辅修专业修读要求：在学校规定的学习年限内，按教学计划修满第一课堂 59 学分，且获得主修专业毕业证书，颁发辅修专业证书。

辅修学位修读要求：在学校规定的学习年限内，按教学计划修满第一课堂 73 学分，且获得主修专业学士学位，授予统计学辅修学士学位。

七、课程教学计划

统计学专业本科课程教学计划

课程平台	课程模块		课程代码	课程名称	修读学期	总学分	总学时	周学时	学分类型分配 讲授	学分类型分配 实验	学分类型分配 实训	学时类型分配 讲授	学时类型分配 实验	学时类型分配 实训	辅修专业课程	辅修学位专业课程	学生毕业应修总学分构成
通识教育	全校通识必修	思政课程系列	YN3021170018	思想道德与法治	1	3	54	3	2.7		0.3	48		6			本模块应修总学分数:42
			YN3021170020	习近平新时代中国特色社会主义思想概论	1	3	54	3	2		1	36		18			
			YN3021170005	形势与政策(1)	1	0.25	8	0.5	0.25			8					
			YN3021170002	中国近现代史纲要	2	3	54	3	2.7		0.3	48		6			
			YN3021170006	形势与政策(2)	2	0.25	8	0.5	0.25			8					
			YN3021170019	马克思主义基本原理	3	3	54	3	2.7		0.3	48		6			
			YN3021170007	形势与政策(3)	3	0.25	8	0.5	0.25			8					
			YN3021170021	毛泽东思想和中国特色社会主义理论体系概论	4	3	54	3	2		1	36		18			
			YN3021170008	形势与政策(4)	4	0.25	8	0.5	0.25			8					
			YN3021170009	形势与政策(5)	5	0.25	8	0.5	0.25			8					
			YN3021170010	形势与政策(6)	6	0.25	8	0.5	0.25			8					
			YN3021170011	形势与政策(7)	7	0.25	8	0.5	0.25			8					
			YN3021170012	形势与政策(8)	8	0.25	8	0.5	0.25			8					

续表

课程平台	课程模块	课程代码	课程名称	修读学期	总学分	总学时	周学时	学分类型分配			学时类型分配			辅修专业课程	辅修学位专业课程	学生毕业应修总学分构成
								讲授	实验	实训	讲授	实验	实训			
通识教育	全校通识必修															
	大学英语板块	YN3004170001	大学英语读写(1)	1	1	36	2	2			36					
		YN3004170004	大学英语听说(1)	1	1	36	2	2			36					
		YN3004170002	大学英语读写(2)	1—2	1	36	2	2			36					
		YN3004170005	大学英语听说(2)	1—2	1	36	2	2			36					
		YN3004170003	大学英语读写(3)	1—3	1	36	2	2			36					
		YN3004170006	大学英语听说(3)	1—3	1	36	2	2			36					
		YN3004170008	大学英语读写(4)	2—4	1	36	2	2			36					
		YN3004170007	大学英语听说(4)	2—4	1	36	2	2			36					
	学术英语	YN3004180003	通用学术英语听说	4—6	1	36	2	2			36					
		YN3004180001	通用学术英语读写	3—5	1	36	2	2			36					
	语言技能与文化修养	YN3004180002	高级英语(口译)	3—6	1	36	2	2			36					
		YN3004180005	高级英语(笔译)	3—6	1	36	2	2			36					
		YN3004170009	旅游文化交流英语	3—6	1	36	2	2			36					
			英语文学赏析	3—6	1	36	2	2			36					
	计算机应用技能	YN3011170002	数据库技术		2	72	2	1		1	36		36			
		YN3011170001	程序设计		2	72	2	1		1	36		36			
	大学体育	YN3017170001	体育(1)	1	1	36	2			1			36			
		YN3017170002	体育(2)	2	1	36	2			1			36			
		YN3017170003	体育(3)	3	1	36	2			1			36			
		YN3017170004	体育(4)	4	1	36	2			1			36			

续表

课程平台	课程模块	课程代码	课程名称	修读学期	总学分	总学时	周学时	学分类型分配 讲授	学分类型分配 实验	学分类型分配 实训	学时类型分配 讲授	学时类型分配 实验	学时类型分配 实训	辅修专业课程	辅修学位专业课程	学生毕业应修总学分构成
通识教育	全校通识必修	写作	YN3027170001	中文写作	1	2	36	2	2			36					
		数学	YN3007170001	文科数学	1	2	32	2	2			32					
		心理健康	YN2003170001	大学生心理健康教育	1	2	36	2	2			36					
		创新创业	YN3005170001	大学生创新创业教育	3—6	2	36	2	1		1	18		18			
		军事	YN2003170004	军事理论	1	2	36	2	2			36					
			YN2003170005	军事技能训练	1	2	168				2			168			
		四史	YN3021170014	改革开放史	1—6	1	18	2	1			18					
			YN3021170015	新中国史	1—6	1	18	2	1			18					
			YN3021170016	社会主义发展史	1—6	1	18	2	1			18					
			YN3021170017	党史	1—6	1	18	2	1			18					
	全校通识选修			通识教育选修课程	2—8	12											本模块应修总学分数：12
大类（学科）基础教育	新生研讨课	YN3007110036	统计学发展介绍	1	1	27	1.5						27				
	大类（学科）基础课程	YN3007110014	高等代数习作(1)	1	1	27	1.5			1			27	√	√		
		YN3007110013	高等代数(1)	1	3	54	3	3			54			√	√		
		YN3007110011	数学分析(1)	1	4	72	4	4			72			√	√		
		YN3007110012	数学分析习作(1)	1	1	27	1.5			1			27				本模块应修总学分数：37

续表

课程平台	课程模块	课程代码	课程名称	修读学期	总学分	总学时	周学时	学分类型分配			学时类型分配			辅修专业课程	辅修学位专业课程	学生毕业应修总学分构成
								讲授	实验	实训	讲授	实验	实训			
大类(学科)基础教育	大类(学科)基础课程	YN3007110018	高等代数(2)	2	3	54	3	3			54			√	√	
		YN3007110019	高等代数习作(2)	2	1	27	1.5			1			27	√		
		YN3007110016	数学分析(2)	2	5	90	5	5			90			√	√	
		YN3007110017	数学分析习作(2)	2	1	27	1.5			1			27	√	√	
		YN3007110020	数学分析(3)	3	4	72	4	4			72			√	√	
		YN3007110021	数学分析习作(3)	3	1	27	1.5			1			27	√	√	
		YN3007110028	概率论	3	4	72	4	4			72			√	√	
		YN3007110060	实变函数	4	3	54	3	3			54			√	√	
		YN3007110002	数学建模	5	2	36	2	2			36			√	√	
		YN3007110030	数学建模实验	5	1	27	1.5		1			27		√	√	
		YN3007110031	机器学习	6	2	36	2	2			36			√	√	
	大类(学科)选修课程															
专业教育	专业核心课程	YN3007180024	统计学概论	2	2	36	2	2			36			√	√	本模块应修学分数:27
		YN3007180025	统计学概论实验	2	1	27	1.5		1			27		√	√	
		YN3007180026	统计计算与软件	4	3	54	3	3			54			√	√	
		YN3007180027	统计计算与软件实验	4	1	27	1.5		1			27		√	√	
		YN3007180028	数理统计	4	4	72	4	4			72			√	√	

续表

课程平台	课程模块	课程代码	课程名称	修读学期	总学分	总学时	周学时	学分类型分配 讲授	学分类型分配 实验	学分类型分配 实训	学时类型分配 讲授	学时类型分配 实验	学时类型分配 实训	辅修专业课程	辅修学位专业课程	学生毕业应修总学分构成
	专业核心课程	YN3007180029	应用回归分析	5	3	54	3	3			54				√	
		YN3007180030	应用回归分析实验	5	1	27	1.5		1			27			√	
		YN3007180031	应用多元统计分析	6	3	54	3	3			54			√	√	
		YN3007180032	应用多元统计分析实验	6	1	27	1.5		1			27			√	
		YN3007180033	应用时间序列分析	6	3	54	3	3			54			√	√	
		YN3007180034	应用时间序列分析实验	6	1	27	1.5		1			27			√	
专业教育		YN3007180035	随机过程	6	3	54	3	3			54			√	√	
		YN3007180036	随机过程实验	6	1	27	1.5		1			27			√	
	专业选修课程	YN3007140034	描述统计与探索性数据分析	3	2	36	2	2			36				√	本模块应修总学分数:18
		YN3007140035	描述统计与探索性数据分析实验	3	1	27	1.5		1			27			√		
		YN3007140036	面向对象的程序设计(C++)	3	2	36	2	2			36			√		
		YN3007140037	面向对象的程序设计(C++)实验	3	1	27	1.5		1			27			√		
		YN3007140083	国民经济统计核算	4	2	36	2	2			36					
		YN3007140028	经济学原理	4	2	36	2	2			36					
		YN3007140038	运筹学	4	2	36	2	2			36				√	

续表

课程平台	课程模块	课程代码	课程名称	修读学期	总学分	总学时	周学时	学分类型分配			学时类型分配			辅修专业课程	辅修学位专业课程	学生毕业应修总学分构成
								讲授	实验	实训	讲授	实验	实训			
专业教育	专业选修课程	YN3007140039	运筹学实验	4	1	27	1.5		1			27			√	
		YN3007140040	抽样技术与应用	4	2	36	2	2			36			√		
		YN3007140041	抽样技术与应用实验	4	1	27	1.5		1			27			√	
		YN3007140042	概率极限理论	4	2	26	2	2			36				√	
		YN3007140043	贝叶斯统计	5	2	36	2	2			36			√		
		YN3007140044	数据统计分析案例	5	2	54	3		2			54		√		
		YN3007140045	属性数据分析	5	2	36	2	2			36			√	√	
		YN3007140046	非参数统计	6	2	36	2	2			36			√	√	
		YN3007140047	计量经济学	6	2	36	2	2			36			√	√	
		YN3007140048	计量经济学建模实验	6	1	27	1.5		1			27		√	√	
		YN3007140049	生物统计	6	2	36	2	2			36			√	√	
		YN3007140050	金融统计	6	2	36	2	2			36				√	
		YN3007140051	大规模数据处理	6	2	36	2	2			36				√	
		YN3007140052	因果推断	6	2	36	2	2			36				√	
		YN3007140053	深度学习	7	2	36	2	2			36			√	√	
		YN3007140054	统计预测与决策	7	2	54	3		2			54			√	
		YN3007140055	试验设计	7	2	36	2	2			36			√	√	
		YN3007140056	试验设计实验	7	1	27	1.5		1			27			√	
		YN3007140057	数据查询语言SQL	7	2	54	3		2			54			√	

续表

课程平台	课程模块	课程代码	课程名称	修读学期	总学分	总学时	周学时	学分类型分配 讲授	学分类型分配 实验	学分类型分配 实训	学时类型分配 讲授	学时类型分配 实验	学时类型分配 实训	辅修专业课程	辅修学位专业课程	学生毕业应修总学分构成
专业教育	专业选修课程	YN3007140058	风险管理	7	2	36	2	2			36					本模块应修学分数:16
		YN3007140021	专业英语	7	2	36	2	2			36					
	阅读计划	YN3007170009	阅读计划(1)	3	1	36	1									
		YN3007170010	阅读计划(2)	4	1	36	1									
	研究计划	YN3007170008	研究计划	3—8	2										√	
	综合实践环节 集中实践	YN3007170014	数据科学综合实践	6	2					2						
		YN3007170005	科研规范训练	6	2					2						
		YN3007170012	专业实习	8	4					4						
		YN3007170002	毕业论文	8	4					4						
拓展教育	跨学科教育						学生跨学科门类自主修读									
	专业深度教育	YN3007140062	概率论基础	7	3	54	3	3			54					本模块应修学分数:6
		YN3007140063	数理统计	7	3	54	3	3			54					
		YN3007180086	泛函分析	7	3	54	3	3			54					
	个性拓展教育	YN3007150001	职业规划与就业选择	7	2	36	2	1.7	0.3		30	6				
		YN3007150002	创业案例分析	7	2	36	2	1.7	0.3		30	6				
		YN3007150004	数据统计分析产业应用	7	2	36	2	1.7	0.3		30	6				
毕业学分总计					158											

西南财经大学
统计学专业培养方案（2024级）

一、指导思想

高举习近平新时代中国特色社会主义思想伟大旗帜，全面贯彻党的二十大精神和党的教育方针，落实立德树人根本任务，坚持社会主义办学方向，坚持为党育人、为国育才，坚持扎根中国、融通中外、立足时代、面向未来的发展道路，践行高等教育为人民服务、为中国共产党治国理政服务、为巩固和发展中国特色社会主义制度服务、为改革开放和社会主义现代化建设服务的理念，主动引领"新财经"，紧密结合生产劳动实践，全面深化本科教育教学综合改革，完善一流本科人才培养机制，全面提高人才自主培养质量，着力培养信念坚定，具有爱国情怀、社会责任感、创新精神和国际视野，德智体美劳全面发展的拔尖创新人才。

二、专业类基本信息

学科门类：理学
授予学位：理学学士
专业代码：071201 统计学
标准学制：四年
毕业最低学分要求：145 学分
学分统计：

模块及类别	必修		选修	合计	占总学分比例
	门数	学分	学分		
思想政治与通识课程	21	57	16	73	50%
专业课程	15	51	21	72	50%
总学分	/	108	37	145	/
实践教学学分(学时)	/	47	/	47	32%

三、培养目标

1. 统计学大类培养目标

统计学专业旨在践行高等教育为人民服务、为改革开放和社会主义现代化建设服务的理念，通过理论和实践相结合的教学理念，使学生具有扎实的统计学理论基础，及运用统计方法、统计模型和统计软件解决实际问题的能力。在培养过程中不断强化专业理论及应用案例学习，使学生具备发现问题、分析问题、解决问题的基本能力，以及较强的自学能力、适应能力和创新能力。致力于培养掌握数理知识和信息技术，解锁数据挖掘与分析技能，具备数据思维和实践能力，兼具科技视野与人文情怀的复合型人才。

2. 本专业毕业生须达到以下目标

目标	专业名称
	统计学
目标1：思想政治方面	具有优良的思想政治素质、良好的社会主义公民道德、认真求是的职业操守和服务社会的奉献精神，践行社会主义核心价值观，坚持正确的政治导向
目标2：专业素养方面	具备扎实的统计学理论基础以及计算机编程能力，能够运用所学的统计学知识解决实际问题，具备进一步攻读统计类或者经济类硕士研究生的专业基础
目标3：应用与实践方面	能够在社会经济各个部门从事统计信息处理和数据分析核心工作，具备从数据出发提出问题并解决问题的能力
目标4：创新精神方面	具备良好的学习能力、适应能力和创新能力，能够适应并且引领当前创新社会的发展方向，具备人工智能前沿技术的应用能力
目标5：国际视野方面	了解国内外发展形势，具备全球化视野和较强的英语能力，能够阅读、理解、总结和翻译英文专业文献，了解统计学相关领域的前沿进展和趋势

四、培养要求

本专业要求学生能够掌握数理基础、统计学理论、数据科学方法、智能前沿技术应用等；能够运用所学解决相关领域的实务问题；能够在系统认知、数智思维、工程实践、跨界沟通等方面持续成长；具备批判思维、创新思维、独立思考等多样性思维；具有终身学习的意愿、习惯和能力；具有良好的思想政治素质、职业操守和服务社会的奉献精神。

毕业生应获得以下几方面的知识、能力和素养：

1. **数理基础**：具有扎实的数理基础和工程实践能力；
2. **实践能力**：具有较强的统计建模能力和算法应用能力；
3. **高阶技能**：具有较强的数智思维能力和人机协同能力；
4. **智能技术**：具有较强的人工智能技术应用能力；
5. **综合素质**：具备良好的语言表达、人际沟通和跨文化交流能力，具有优良的爱国情怀、人文修养、职业道德和社会责任感；
6. **学科前沿**：熟悉统计学、数据科学、人工智能等领域的理论前沿和发展动态。

五、培养路径

1. 实行大类培养。统计学类专业前期按大类进行基础教育，后期进行分专业教育，并采取专业准入与专业准出的方式。分别设置思想政治课、通识基础课、通识核心课、通识选修课程、学科基础课、大类平台课、实验与实践课、专业核心课、专业选修课以及跨专业选修课，强化学习过程的自主性，倡导研究性学习。

2. 加强理论教学与实践教学结合，注重综合能力培养。培养过程中着重强调数理基础课程设置与教学安排。专业课程培养将结合案例教学、项目教学，培养学生理论与实践结合的能力。注重课程知识性、人文性、引领性、时代性和开放性，推动启发式教学、参与式教学、过程性考核，通过师生互动、专题研讨等方式实现教学相长，鼓励主动学习，激发专业热情，引导深度思考。此外，教学过程注重融合马克思主义立场观点方法教育与科学精神培养，提高学生正确认识问题、分析问题和解决问题的能力。

3. 注重个性化培养。注重学生科学思维方法的训练和科学伦理的教育，培养学生探索未知、追求真理、勇攀科学高峰的责任感和使命感；以学生为主体、教师为主导，进行因材施教，注重课程创新性和前沿性，鼓励学生主动获取知识，尊重学生个性。

4. 强化实践培养和过程性考核。注重教育和引导学生弘扬劳动精神，将"读万卷书"与"行万里路"相结合，扎根中国大地了解国情民情，在实践中增长智慧才干，在艰苦奋斗中锤炼意志品质。通过学年论文、项目教学、课程实习、岗位实习、毕业实习等实践教学手段，提高学生实践能力，培养团队合作精神。课程实施方案中列出必要的与课程相关的阅读书目和其他参考资料，教师将通过课堂提问、课堂讨论、读书笔记、读后感、文献综述等方式加强过程性考核。

5. 开拓国际视野，培养创新精神。鼓励参与多种形式的国际交流、跨界活动，注重科学思维训练和科学伦理教育，培养学生探索未知、追求真理、勇攀科学高峰的责任感和使命感，培养主动适应科技、经济、文化、社会发展需要的高素质创新型人才。

六、培养目标、专业能力与课程设置矩阵图

1. 本专业毕业要求对培养目标的支撑关系矩阵(以"√"标识)

毕业要求	培养目标				
	培养目标1	培养目标2	培养目标3	培养目标4	培养目标5
毕业要求1：数理基础	√	√			√
毕业要求2：实践能力		√	√	√	
毕业要求3：高阶技能		√	√	√	√
毕业要求4：智能技术			√	√	√
毕业要求5：综合素质	√		√	√	√
毕业要求6：学科前沿		√		√	√

2. 本专业课程体系与毕业要求的关联度矩阵

课程模块	课程名称	毕业要求					
		1	2	3	4	5	6
思想政治课程	中国近现代史纲要	H	H	H	H	H	H
	形势与政策	H	H	H	H	H	H
	思想道德与法治	H	H	H	H	H	H
	毛泽东思想和中国特色社会主义理论体系概论	H	H	H	H	H	H
	习近平新时代中国特色社会主义思想概论	H	H	H	H	H	H
	马克思主义基本原理	H	H	H	H	H	H
通识教育基础课程	大学生职业生涯规划与创业基础	L	M	H	H	H	M
	军事理论	L	M	M	H	H	H
	国家安全教育	H	H	H	H	H	H
	大学生心理健康与人生发展	L	M	L	H	L	L
	体育	L	L	H	H	L	L
	专门用途英语	M	M	M	H	L	L
	综合英语	M	M	M	M	L	L
	听说写能力训练	M	M	M	M	L	L
	高等代数	H	H	H	H	M	M
	数学分析	H	H	H	H	M	M
	人工智能与现代科技	H	H	H	H	M	M
	计算机与大数据基础	H	M	M	M	L	M

续表

课程模块	课程名称	毕业要求					
		1	2	3	4	5	6
通识教育核心课程	通识教育核心课程	L	M	H	H	M	M
学科基础课程	程序设计与科学计算	H	H	H	H	M	M
	优化方法	H	H	H	H	M	M
	概率论原理	H	H	H	H	M	M
	随机过程	H	H	H	H	M	M
大类平台课程	统计与数据科学导论	H	H	M	H	H	H
	数理统计原理	H	H	H	H	H	M
	机器学习与数据挖掘	H	H	H	H	M	M
	回归分析	H	H	H	H	M	M
统计学专业核心课程	实变函数与泛函分析	H	H	H	H	H	H
	多元统计分析	H	H	H	H	M	M
	计算统计	H	H	H	H	M	M
	统计软件与编程	H	H	M	H	H	H
专业选修课程	经济博弈论	H	H	H	H	H	H
	抽样调查与应用	H	H	H	H	M	H
	因果推断	H	H	H	H	M	H
	强化学习	H	H	H	H	H	H
	数据智能前沿	H	H	H	H	H	H
	数据智能方法 I	H	H	H	H	M	H
	数据智能方法 II	H	H	H	H	M	H
实验与实践课	劳动教育	M	H	H	H	H	H
	创新、创业与社会实践	M	H	H	H	H	H
	名著阅读	M	M	M	H	H	H
	数据分析综合实验	H	H	H	H	H	H
	军事技能	M	M	H	H	H	M
	毕业实习	H	H	H	H	H	H
	毕业论文	H	H	H	H	H	H

注：课程对各项毕业要求的支撑强度用 H(高)、M(中)、L(弱)表示。

七、主要课程

数学分析、高等代数、优化方法、程序设计与科学计算、概率论原理、随机过程、数理统计原理、实变函数与泛函分析、回归分析、多元统计分析、贝叶斯统计、时间序列分析、数据可视化、因果推断、机器学习与数据挖掘、统计软件与编程、强化学习、抽样调查与应用、深度学习、数据智能前沿等。

八、计划学制、毕业最低学分要求、专业准入准出标准和授予学位

1. 计划学制

按学分制的规定执行,一般为四年,最长可延至六年。

2. 授予学位

符合学位授予条件的学生,授予理学学士学位。

九、课程设置

1. 思想政治课板块

课程代码	课程名称	学分	周学时	总课时	课堂学时	实践学时	课程性质	开课学院	开课学期
IPT102	中国近现代史纲要	3	3	51	34	17	必修	马克思主义学院	1
IPT205	形势与政策	2	2	64	64	0	必修	马克思主义学院	1—8
IPT107	思想道德与法治	3	3	51	34	17	必修	马克思主义学院	2
IPT104	毛泽东思想和中国特色社会主义理论体系概论	3	3	51	34	17	必修	马克思主义学院	3
IPT109	习近平新时代中国特色社会主义思想概论	3	3	51	34	17	必修	马克思主义学院	4
IPT103	马克思主义基本原理	3	3	51	34	17	必修	马克思主义学院	4
	合计	17	17	319	234	85			

注:"思想政治课"详见原则性意见附件1。

2. 通识课程板块

(1) 通识基础课模块

课程类别	课程代码	课程名称	学分	周学时	总课时	课堂学时	实践学时	课程性质	开课学院	开课学期
综合素质类课程	JOB100	大学生职业生涯规划与创业基础	2	2	34	34	0	必修	学生职业规划与就业指导中心	2
	MTT101	军事理论	2	2	36	36	0	必修	武装部	1
	MTT201	国家安全教育	1	1	16	16	0	必修	武装部	1
	HUM104	大学生心理健康与人生发展	2	2	34	34	0	必修	心理健康教育中心	2
外语类课程	ENG230	专门用途英语	2	2	34	34	0	限选	外国语学院	2—6
	ENG220	通用英语	2	2	34	34	0	限选	外国语学院	1
	ENG125	听说写能力训练	2	2	34	0	34	必修	外国语学院	1—6
数学类课程	MAT401	数学分析Ⅰ	6	6	102	102	0	必修	数学学院	1
	MAT402	数学分析Ⅱ	6	6	102	102	0	必修	数学学院	2
	MAT313	高等代数Ⅰ	4	4	68	68	0	必修	数学学院	1
	MAT314	高等代数Ⅱ	3	3	51	51	0	必修	数学学院	2
计算机类课程	CST121	计算机与大数据基础	2	2	34	18	16	必修	计算机与人工智能学院	1
	CST122	人工智能与现代科技	2	2	34	34	0	必修	计算机与人工智能学院	3
体育类课程	PED100	体育Ⅰ	1	2	36	0	36	限选	体育学院	1
	PED200	体育Ⅱ	1	2	36	0	36	限选	体育学院	2
	PED300	体育Ⅲ	1	2	36	0	36	限选	体育学院	3
	PED400	体育Ⅳ	1	2	36	0	36	限选	体育学院	4
合计			40	44	757	563	194			

注："外语类课程"详见原则性意见附件3；"计算机类课程"详见原则性意见附件4；"体育类课程"详见原则性意见附件5。

(2) 通识核心课模块

注：详见原则性意见附件6，学生需在哲学智慧与思维表达、文史经典与文化传承、艺术创作与审美体验、世界文明与全球视野中，任意3个模块中选择1门课，修读不少于

6个学分。

(3) 通识选修课模块

注：①动态开课，学生至少修读2个学分；

②学生应在通识核心课模块或通识选修课模块的"艺术创作与审美体验模块"中至少选修1门艺术类课程。

3. 专业课程板块

(1) 学科基础课模块

课程代码	课程名称	学分	周学时	总课时	课堂学时	实践学时	课程性质	开课学院	开课学期
DSC102	程序设计与科学计算	3	3	51	17	34	必修	统计学院	2
DSC201	优化方法	3	3	51	17	34	必修	统计学院	3
DSC203	概率论原理	4	4	68	68	0	必修	统计学院	3
STA305	随机过程	3	3	51	51	0	必修	统计学院	4
	合计	13	13	221	153	68			

(2) 大类平台课模块

课程代码	课程名称	学分	周学时	总课时	课堂学时	实践学时	课程性质	开课学院	开课学期
STA100	统计与数据科学导论	3	3	51	17	34	必修	统计学院	1
DSC204	数理统计原理	3	3	51	51	0	必修	统计学院	4
DSC321	机器学习与数据挖掘	3	3	51	17	34	必修	统计学院	4
STA308	回归分析	3	3	51	17	34	必修	统计学院	5
	合计	12	12	204	102	102			

(3) 统计学专业核心课模块

课程代码	课程名称	学分	周学时	总课时	课堂学时	实践学时	课程性质	开课学院	开课学期
STA204	实变函数与泛函分析	3	3	51	51	0	必修	统计学院	5
STA304	多元统计分析	3	3	51	17	34	必修	统计学院	6
STA303	计算统计	3	3	51	17	34	必修	统计学院	6
STA307	统计软件与编程	3	3	51	17	34	必修	统计学院	6
	合计	12	12	204	102	102			

(4) 专业选修课模块

课程代码	课程名称	学分	周学时	总课时	课堂学时	实践学时	课程性质	开课学院	开课学期
MSC200	经济博弈论	3	3	51	51	0	选修	管理科学与工程学院	4
BST201	抽样调查与应用	3	3	51	34	17	选修	统计学院	5
DSC306	因果推断	3	3	51	17	34	选修	统计学院	6
DSC402	强化学习	3	3	51	17	34	选修	统计学院	6
DSC403	数据智能前沿	3	3	51	17	34	选修	统计学院	6
DSC322	数据智能方法Ⅰ	2	2	34	17	17	选修	统计学院	1、3、5
DSC323	数据智能方法Ⅱ	2	2	34	17	17	选修	统计学院	2、4、6
	合计	19	19	323	170	153			

注：至少修读9个学分。

(5) 跨专业选修课模块

注：①建议在全校范围内选择本专业培养方案以外的12学分学科基础课、大类平台课、专业核心课或专业选修课。

②推荐选修：MAT517 数学建模与数学实验、BST200 统计学、BST304 国民经济统计学。

4. 实验与实践课板块

课程代码	课程名称	学分	周学时	总课时	课堂学时	实践学时	课程性质	开课学院	开课学期
PRT115	劳动教育	2	2	32	8	24	必修	统计学院	1—8
PRT102	名著阅读	2	0	34	0	34	必修	人文与艺术学院	1—8
PRT109	创新、创业与社会实践	2	0	0	0	0	必修	统计学院	1—8
STA333	数据分析综合实验	2	2	34	0	34	必修	统计学院	6
MTT102	军事技能	2	56	112	0	112	必修	武装部	1
PRT110	毕业实习	4	0	0	0	0	必修	统计学院	8
PRT111	毕业论文	8	0	0	0	0	必修	统计学院	8
	合计	22	60	212	8	204			

南方科技大学
统计学专业培养方案 (2024级)

一、专业培养目标及培养要求

1. 培养目标

本专业的目标是培养有志于从事统计科研或数据分析类工作的专门人才。该专业的本科生将具备扎实的数学和统计理论基础，熟练的计算机编程技术，擅长实际数据的统计建模和分析，能够进一步进行与统计学相关的科研或在企事业及政府部门从事数据分析、数据挖掘、统计调查、统计信息管理等相关工作。大数据时代的到来为统计学带来了很多机会和挑战。本专业的毕业生将有牢固的统计理论基础和较广的知识面去把握住这些机会，迎接这些挑战。

2. 培养要求

本专业毕业生应达到以下要求：

(1) 具有扎实的数学基础，掌握统计学的基本理论、基本知识，了解与社会经济统计、生物医药统计或工业统计等有关的自然科学、社会科学、工程技术的基本知识；掌握一门外语，能够较熟练地阅读本专业的外文资料，具备听、说、读、写的基础，掌握资料查询、文献检索及运用现代信息技术获取相关信息的基本方法，受到科学研究的初步训练。

(2) 具有应用统计学知识和原理分析问题和解决问题的基本技能；能熟练使用计算机（包括常用语言、工具和数学软件），具有编写简单应用程序的能力；具有采集数据，设计调查问卷和处理调查数据的基本能力；具备较强的实践能力和创新能力，以及良好的沟通、表达能力和团队协作精神，有较宽的知识面和一定的人文社会科学素养。

(3) 学生应具有扎实的统计学和数学基础，受到比较严格的科学思维训练，了解统计学发展的历史概况以及当代统计学的某些新发展和应用前景，了解统计学应用的广泛性；具备应用统计学的基本理论分析和解决实际问题的能力；具有熟练使用统计软件进行数据处理的能力；具有较高的统计学应用的素养和一定的创新能力。

二、学制、授予学位及毕业学分要求

1. 学制：4年。

2. 学位：对完成并符合本科培养方案学位要求的学生，授予理学学士学位。

3. 最低学分要求：本专业毕业最低学分要求为153学分。具体要求如下：

课程模块		课程类别	最低学分要求
通识课程	思想政治教育模块	思政类	17
	基础素质培养模块	体育类	4
		军训类	4
		综合素质类	2
		美育类	2
	基础能力培养模块	计算机类	3
		写作类	2
		外语类	14
	人文社科基础模块	人文类	6
		社科类	
		国学类	2
	自然科学基础模块	数学类	12/14
		物理类	10
		化学类	3
		地生类	3
	通专衔接模块	专业导论类	2
专业课程	专业必修课程	专业基础课	11
		专业核心课	18
		集中实践(毕业论文、实习、科研创新项目等)	14
	专业选修课程	专业选修课	24/22
		合计学分	153

注：思想政治教育模块、基础素质培养模块、基础能力培养模块(外语类&写作类)、人文社科基础模块、通专衔接模块课程的修读要求详见通识培养方案。

三、自然科学基础模块及基础能力培养模块计算机类课程修读要求

课程类别	课程编号	课程名称	学分	建议修读学期	先修课程	开课单位
数学类	MA101a/MA117	数学分析Ⅰ/高等数学(上)	5/4	1秋	无	数学系
	MA102a/MA127	数学分析Ⅱ/高等数学(下)	5/4	1春	MA101a/MA117	数学系
	MA107/MA113	高等代数Ⅰ/线性代数	4	1秋/1秋春	无	数学系
物理类	PHY101/PHY105	普通物理学(上)/大学物理(上)	5/4	1秋	无	物理系
	PHY102/PHY106	普通物理学(下)/大学物理(下)	5/4	1春	PHY101/PHY105	物理系
	PHY104B	基础物理实验	2	1—2春秋	无	物理系
化学类	CH103/CH105	化学原理/大学化学	4/3	1—2春秋	无	化学系
地生类	BIO103/BIO102B/EOE100	生物学原理/生命科学概论/地球科学概论	3	1—2春秋	无	生物系/地空系、海洋系、环境学院
计算机类	CS109/CS110/CS111/CS112	计算机程序设计基础/Java程序设计基础/C程序设计基础/Python程序设计基础	3	1—2春秋	无	计算机系

四、进入专业前应修读完成课程的要求

进入专业时间	课程编号	课程名称	先修课程
第一学年结束时申请(1+3)进入专业	MA101a/MA117	数学分析Ⅰ/高等数学(上)	无
	MA102a/MA127	数学分析Ⅱ/高等数学(下)	MA101a/MA117
	MA107/MA113	高等代数Ⅰ/线性代数	无
	PHY101/PHY105	普通物理学(上)/大学物理(上)	无
	PHY102/PHY106	普通物理学(下)/大学物理(下)	PHY101/PHY105
	CS109/CS110/CS111/CS112	计算机程序设计基础/Java程序设计基础/C程序设计基础/Python程序设计基础	无

续表

进入专业时间	课程编号	课程名称	先修课程
第二学年结束时申请(2+2)进入专业	MA101a/MA117	数学分析Ⅰ/高等数学(上)	无
	MA102a/MA127	数学分析Ⅱ/高等数学(下)	MA101a/MA117
	MA107/MA113	高等代数Ⅰ/线性代数	无
	PHY101/PHY105	普通物理学(上)/大学物理(上)	无
	PHY102/PHY106	普通物理学(下)/大学物理(下)	PHY101/PHY105
	PHY104B	基础物理实验	无
	CH101/CH105	化学原理/大学化学	无
	BIO103/BIO102B/EOE100	生物学原理/生命科学概论/地球科学概论	无
	CS109/CS110/CS111/CS112	计算机程序设计基础/Java程序设计基础/C程序设计基础/Python程序设计基础	无

注：(1)如本院系所有专业第一学年结束时进专业的学生总人数大于等于该院系教研系列教师(PI)总人数×2×60%，则该院系所有专业可以针对第二学年结束时申请进专业的学生执行所设置的进专业课程要求。

(2)如本院系所有专业第一学年结束时进专业的学生总人数小于该院系教研系列教师(PI)总人数×2×60%，则该院系所有专业针对第二学年结束时申请进专业的学生不执行所设置的进专业课程要求。

(3)如第一学年结束时申请进专业的学生人数超过该院系教研系列教师(PI)总人数的4倍，则该院系可以按照事先确定的规则选拔学生。确定规则时原则上考查学生的专业适应性，不以学分绩为依据(具体规则由院系制定并提前公布)。

(4)针对第二学年结束时进专业的学生不执行设置要求的院系，如果第二学年结束时申请进专业的学生人数和第一学年结束时已经进专业的学生人数累计超过该院系教研系列教师(PI)总人数的4倍，则该院系可以按照事先确定的规则在申请进专业的学生中进行选拔。确定规则时原则上考查学生的专业适应性，不以学分绩为依据(具体规则由院系制定并提前公布)。

五、专业课程教学安排一览表

专业必修课教学安排一览表

课程类别	课程编号	课程名称	学分	其中实验/实践学分	建议修读学期	建议先修课程	开课单位
专业基础课	STA203	概率论基础	3		2/秋	MA102a/MA127	统计数科系
	MA203a/MA231/MA213-16	数学分析Ⅲ/数学分析Ⅲ(H)数学分析精讲	5		2/秋	MA102a/MA127	数学系
	MA204	数理统计	3		2/春	MA215/STA203/MA212	统计数科系
		合计	11				
专业核心课	STA201	运筹与优化	3		2/春	MA107/MA113	统计数科系
	MA329	统计线性模型	3		3/秋	MA204/MA212	统计数科系
	MA309	时间序列分析	3		3/秋	MA204/MA212	统计数科系
	MA308	统计计算与软件	3		3/秋	MA204/MA212	统计数科系
	MA304	多元统计分析	3		3/春	MA204/MA212	统计数科系
	STA306	贝叶斯统计	3		3/春	MA329	统计数科系
		合计	18				
集中实践课程	STA490	毕业论文(设计)	12	12	4/秋春		统计数科系
	STA480	科研创新项目**	2	2	任何学期		统计数科系
	STA470	专业实习**	2	2	寒暑假		统计数科系
		合计	14	14			
		合计	43	14			

注：(1)学生必须选择科研创新项目(包括各类科研活动、科技创新性项目、省级以上竞赛获奖、发表论文、国内外进修以及参加一定量研讨班等，由系里认定学分)和专业实习中的一门开展实践。学生可以选择在第一学年后的任何学期开展科研创新项目和专业实习，专业实习时间最低要求为4周。

(2)部分课程的开课学期可能会发生变动，请以开课单位实际开课学期修读对应课程。

专业选修课教学安排一览表

课程编号	课程名称	学分	其中实验/实践学分	建议修读学期	建议先修课程	开课单位
MA109/MA111	线性代数精讲/高等代数Ⅱ	4		1/春	MA113	数学系
CS203B	数据结构与算法分析B	3	1	2/秋	CS205	计算机科学与工程系
STA217	数据科学导论	3		2/秋	MA102a/MA102B	统计数科系
STA204	离散数学及其应用	3		2/秋	MA102B\MA127\MA102a，MA107A\MA113	统计数科系
MA201a	常微分方程A	4		2/春	(MA203a/MA213-16)并且(MA109/MA111/MA121)	数学系
MA206	数学建模	3		2/春	MA201a/MA230/MA201b	数学系
MA214	抽象代数	3		2/春	MA109/MA111/MA121	数学系
MA202	复变函数	3		2/春	MA203a/MA213-16	数学系
MA322	寿险精算	3		2/春	MA215/MA212	数学系
MA208	应用随机过程	3		2/春	MA213-16 并且 MA215 (或者 MA212)并且 (MA109/MA111/MA121)	数学系
MAS221	统计学习的基本原理	2		2/夏	MA215 或者 MA212	数学系
MA228	非寿险精算	3		3/秋	MA215 或者 MA212	数学系
MA303	偏微分方程*	3		3/秋	MA201a 或者 MA201b	数学系
MA301	实变函数*	3		3/秋	MA203a 或者 MA213-16	数学系
MA305	数值分析	3		3/秋	MA203a 或者 MA213-16	数学系
MAT7035	计算统计	3		3/秋	MA204	统计数科系
STA320	统计学习	3		3/春	MA204	统计数科系

续表

课程编号	课程名称	学分	其中实验/实践学分	建议修读学期	建议先修课程	开课单位
STA327	广义线性模型	3		3/秋	MA329	统计数科系
MA333	大数据导论	3		3/春	MA215 或者 MA212	数学系
MA417	非参数统计	3		3/春	MA212 或者 MA204	统计数科系
MA325	偏微分方程数值解	3		3/春	MA303	数学系
MA409	统计数据分析(SAS)	3		3/春	MA329	统计数科系
STA404	网络科学与计算	3		3/春	MA204	统计数科系
STA314	抽样调查与试验设计	3		3—4/春	MA204 或者 MA212	统计数科系
STA435	统计英语写作与演讲	3		3—4/春		统计数科系
CS405	机器学习	3	1	4/秋	MA107A 并且 MA212	计算机科学与工程系
MA405	生存分析	3		4/秋	MA329	统计数科系
	合计	82	2			

注：(1)修读数学分析Ⅰ、Ⅱ、Ⅲ系列的同学专业选修课学分为22学分，修读高等数学(上)、高等数学(下)、数学分析精讲序列的同学专业选修课学分为24学分。

(2)此培养方案制定后，由统计与数据科学系开设的新课，都可以认定为统计学专业的选修课学分。

(3)部分课程的开课学期可能会发生变动，请以开课单位实际开课学期修读对应课程。

(4)部分研究生课程(开放给本科生选修)，如 STA5004 函数型数据分析、STA5006 高等随机过程、MAT7102 概率统计专题、MAT8031 高等统计学、STA5103 统计前沿选讲Ⅲ、STA5007 高级自然语言处理，也可以认定为选修课学分。

实践性教学环节安排一览表

课程编号	课程名称	学分	其中实验/实践学分	建议修读学期	建议先修课程	开课单位
STA470	专业实习*	2	2	暑假		统计数科系
STA480	科研创新项目*	2	2	任何学期		统计数科系
STA490	毕业论文(设计)	12	12	4/秋春		统计数科系
CS109/CS110/CS111/CS112	计算机程序设计基础/Java程序设计基础/C程序设计基础/Python程序设计基础	3	1	1—2春秋	无	计算机系

续表

课程编号	课程名称	学分	其中实验/实践学分	建议修读学期	建议先修课程	开课单位
MA110	MATLAB 程序设计	3	1	2/春	无	数学系
CS205	C/C++程序设计	3	1	1/春	无	计算机科学与工程系
CS203	数据结构与算法分析	3	1	2/秋	CS205	计算机科学与工程系
CS405	机器学习	3	1	4/秋	MA107A 并且 MA212	计算机科学与工程系
PHY104B	基础物理实验	2	2	1/春秋		
	合计	33	23			

统计学专业课程结构图

时间	一年级	二年级	三年级	三/四年级
秋季	数学分析Ⅰ/高等数学(上)	数学分析Ⅲ/数学分析精讲	统计线性模型	生存分析
	高等代数Ⅰ/线性代数	概率论基础	时间序列分析	计算统计
		数据科学导论	统计计算与软件	实变函数
				高等统计学
				广义线性模型
春季	数学分析Ⅱ/高等数学(下)	数理统计	多元统计分析	毕业设计
	线性代数(滚动)	运筹与优化	贝叶斯统计	专业实习或科研创新项目(二、三、四年级任意学期开展)
		常微分方程 A	统计数据分析(SAS)	抽样调查与试验设计
		大数据导论	统计英语写作与演讲	非参数统计
			统计学习	统计研究论题
				网络科学与计算
				应用随机过程

附 录

附录 I 统计学"101 计划"专家组成员名单

牵头人：

陈松蹊　清华大学

成　员（按姓氏拼音排序）：

崔恒建　首都师范大学

范剑青　普林斯顿大学

房祥忠　北京大学

耿　直　北京工商大学

黄　坚　香港理工大学

金加顺　东南大学/卡耐基-梅隆大学

林华珍　西南财经大学

刘　军　清华大学/哈佛大学

潘建新　北师香港浸会大学

邵启满　南方科技大学

宋旭光　北京师范大学

王启华　中国科学院数学与系统科学研究院

王晓军　中国人民大学

王兆军　南开大学

吴建福　香港中文大学（深圳）

杨立坚　清华大学

姚琦伟　伦敦政治经济学院

附录Ⅱ 统计学"101 计划"工作组成员名单

综合协调工作组

  组　　长：宋旭光　北京师范大学

课程建设工作组

  组　　长：房祥忠　北京大学

教材建设工作组

  组　　长：王兆军　南开大学

实践项目工作组

  组　　长：王晓军　中国人民大学

附录Ⅲ 核心课程体系建设负责人名单及分工表

序号	组	课程名称	牵头高校	课程负责人	指导专家组
1	A	统计推断	北京大学 西南财经大学	姚方 常晋源	邵启满（组长） 王启华 杨立坚
2		多元统计分析	北京师范大学 东北师范大学	朱力行 郑术蓉	
3		非参数统计	中国科学技术大学	王学钦	
4	B	回归分析	清华大学 云南大学	杨宇红 唐年胜	崔恒建（组长） 吴建福 姚琦伟
5		数据抽样与试验设计	南开大学 华东师范大学	刘民千 刘玉坤	
6		时间序列分析	南开大学 复旦大学	邹长亮 黄达	
7	C	贝叶斯统计	清华大学	邓柯	范剑青（组长） 耿直 金加顺 刘军
8		统计机器学习	南方科技大学 上海交通大学	荆炳义 刘卫东	
9		统计计算	中国人民大学 复旦大学	朱利平 郁文	
10		人工智能的统计基础	北京大学 厦门大学	张志华 钟威	
11	D	数据科学导论	华东师范大学 上海财经大学	周勇 冯兴东	林华珍（组长） 房祥忠 潘建新
12		生物统计	北京大学 中国人民大学	席瑞斌 李扬	
13		经济统计	北京师范大学 江西财经大学	宋旭光 平卫英	

附录Ⅳ 16所建设高校名单

序号	学校代码	学校名称
1	10003	清华大学
2	10001	北京大学
3	10002	中国人民大学
4	10269	华东师范大学
5	10384	厦门大学
6	10200	东北师范大学
7	10055	南开大学
8	10027	北京师范大学
9	10358	中国科学技术大学
10	10246	复旦大学
11	10421	江西财经大学
12	10272	上海财经大学
13	10248	上海交通大学
14	10673	云南大学
15	10651	西南财经大学
16	14325	南方科技大学

郑重声明

高等教育出版社依法对本书享有专有出版权。任何未经许可的复制、销售行为均违反《中华人民共和国著作权法》，其行为人将承担相应的民事责任和行政责任；构成犯罪的，将被依法追究刑事责任。为了维护市场秩序，保护读者的合法权益，避免读者误用盗版书造成不良后果，我社将配合行政执法部门和司法机关对违法犯罪的单位和个人进行严厉打击。社会各界人士如发现上述侵权行为，希望及时举报，我社将奖励举报有功人员。

反盗版举报电话　　（010）58581999　58582371
反盗版举报邮箱　　dd@hep.com.cn
　　通信地址　　北京市西城区德外大街4号
　　　　　　　　高等教育出版社知识产权与法律事务部
　　邮政编码　　100120

读者意见反馈

为收集对教材的意见建议，进一步完善教材编写并做好服务工作，读者可将对本教材的意见建议通过如下渠道反馈至我社。

　　咨询电话　　400-810-0598
　　反馈邮箱　　hepsci@pub.hep.cn
　　通信地址　　北京市朝阳区惠新东街4号富盛大厦1座
　　　　　　　　高等教育出版社理科事业部
　　邮政编码　　100029

防伪查询说明

用户购书后刮开封底防伪涂层，使用手机微信等软件扫描二维码，会跳转至防伪查询网页，获得所购图书详细信息。

　　防伪客服电话　　（010）58582300